Buch

Auf der Basis der von ihm entdeckten neuen Methode zur Entschlüsselung der Nostradamus-Texte legt der Autor dessen Visionen und Prophezeiungen zum Beginn des dritten Jahrtausends vor.
Er beschreibt, welche Ziele die moderne Wissenschaft nach Nostradamus in den nächsten Jahren erreichen wird, welche Katastrophen sich in der Computerentwicklung anbahnen, welche Folgen die Genforschung und -manipulation haben wird und welches Schicksal den Religionen und den ihnen verbundenen Menschen im neuen Jahrtausend beschieden ist. Im Schlußkapitel schildert Dimde die verblüffenden Parallelen zwischen der in der Bibel prophezeiten Apokalypse und der Zukunftsschau des Nostradamus.

Autor

Manfred Dimde, geboren 1941, hat sich lange Zeit neben seinem Beruf mit dem Werk des Nostradamus beschäftigt. Fasziniert von der Verschlüsselungstechnik des großen Sehers arbeitete er zehn Jahre daran, die Centurien zu entschlüsseln. Mit Hilfe des Computers gelangte er schließlich an sein selbstgestecktes Ziel. Mittlerweile kann Manfred Dimde auch nachweisen, daß die Verschlüsselungstechnik des Nostradamus nicht nur von diesem benutzt wurde, sondern auch von Dante, Leonardo da Vinci, Rabelais und sogar von Goethe.

Manfred Dimde

Die Prophezeiungen des
NOSTRADAMUS
zur Jahrtausendwende

Enthüllungen
eines neuen Zeitalters

GOLDMANN VERLAG

Originalausgabe

Umwelthinweis:
Alle bedruckten Materialien dieses Taschenbuches
sind chlorfrei und umweltschonend.

Der Goldmann Verlag
ist ein Unternehmen der Verlagsgruppe Bertelsmann

© 1993 by Wilhelm Goldmann Verlag, München
Umschlaggestaltung: Design Team München
Umschlagfoto: Archiv für Kunst und Geschichte, Berlin
Belichtung: Compusatz, München
Druck: Presse-Druck Augsburg
Verlagsnummer: 12202
Redaktionelle Bearbeitung: Wulfing von Rohr/MSI, Santa Fe
Ba· Herstellung: Sebastian Strohmaier
Made in Germany
ISBN 3-442-12202-3

3 5 7 9 10 8 6 4 2

Inhalt

Vorwort 9

1. **Vom Umgang mit der Zukunft nach Nostradamus** . . . **11**

2. **Was man wissen muß** **17**
   Die Geschichte einer immer wiederkehrenden
   menschlichen Tragödie 19
   Nostradamus und die Namen von geschichtlichen Größen . 22
   Das große und das kleine Schicksal 24
   Nostradamus – Sachverständiger oder Scharlatan? 27
   Les Propheties – Das Universalnachschlagewerk des Nostradamus bis zum Jahr 3798 · Die Kritiker · Die Anhänger · Der neue Weg · Wie Michel de Notredame, der sich Nostradamus nannte, im Paris des Jahres 1555 Karriere macht

3. **Strukturen des Nostradamus-Werkes** **33**
   Der Aufbau 35
   Die Texttafel · Wo beginnt der Text · Von den Inhalten · Vom Grundschema der Text-Zeit-Matrix des Nostradamus

   Das Handwerkszeug des Nostradamus 40
   Die Buchstabenkette · Die Buchstabenregeln

4. **Nostradamus – Seine Verse in eigener Sache** **45**

5. **Nostradamus und die »Etruskische Bruderschaft«** . . . **57**
   Von Pythagoras bis Goethe 60
   Die Akusmatiker · Die Mathematiker · Die Zeichen der Mathematiker · Von Diokletian bis Siena · Dante · Siena · Von Siena zu Nostradamus · Herder, Goethe und Shakespeare?

6. Weissagungen im Vergleich 75

Christliche Vorhersagen und Nostradamus-Prophezeiungen
an den Beispielen Dritter Weltkrieg und Ende der Welt .. 77

Nostradamus und seine Aussagen im Vergleich 80
Die Weissagungen von La Salette (Auszug), den Weltuntergang
betreffend.

Nostradamus-Aussagen zum Thema Dritter Weltkrieg
im Vergleich 85
Wie es Sepp Wudy, der Seher aus dem Bayerischen Wald sah ·
Der Bauer aus dem Waldviertel, Niederösterreich · Der Bauer
»Fuhrmannl« · Der Pfarrer von Fließ im Tiroler Oberland · Wladyslaw Biernacki · Der blinde Hirte Karls IV. · Eine Stimme aus
Norwegen

7. Weissagungen für wichtige Staaten der Erde 93

UdSSR/GUS und Folgestaaten 95
Die Vereinigten Staaten 100
Großbritannien 111
Frankreich 114
Italien 122
Spanien 129
Israel 132
Japan 135
Ungarn 143
Deutschland 144

8. Die Offenbarungen des Johannes im Vergleich zu den Nostradamus-Prophezeiungen 151

Eine Vorbemerkung 153
Die Offenbarungen des Johannes sind wörtlich zu nehmen 155
Die Struktur der Offenbarungen des Johannes 156
Die Zeitperioden der Pferde · Die weiteren Parallelen · Die Begegnung mit einer außerirdischen Intelligenz · Der Streit zwischen
Raumfahrern und Erdbewohnern · Die Geschichte mit dem »Sonnenweib« – Der Umbau unseres Planetensystems und die Beschreibung des neuen Planeten, der für die Menschen ab 3200 vorgesehen ist · Menschen, die im Wasser leben · Vom Abgesandten
der Urheimat der Menschen

**9. Die großartige Entwicklung der Wissenschaften
in den nächsten fünfhundert Jahren** **185**

**10. Die Entwicklung der christlichen Religion
in den nächsten fünfhundert Jahren** **213**

Einige Vorbemerkungen 215

Können wir mit einer Chronik der Päpste
bei Nostradamus rechnen? 217

Die Christen geben Rom auf 222

Die Zukunft der jüdisch-christlichen Religion 223

**11. Dinge, von denen heute niemand etwas ahnt:
Kopf, Tier, Erfindungen** **231**

Der »Kopf« 233

Das »Tier« 242

Erfindungen und Technik 246

ANHANG

Neues aus der Nostradamus-Forschung 267
Die drei Wege zu den Weissagungen · Der sprachliche Einstieg,
der Weg über die Buchstaben (Das zwölfteilige Täfelchen – Die
Tafel mit den 144000 Buchstaben – Der Nabel) · Der mathematische Einstieg (Mathematische Auffälligkeiten – Die geheimnisvolle Zahl 3768 – Die Zahl 144000 – Nostradamus und die Zahl Pi) ·
Schlußbemerkung

Nostradamus-Computertexte 285
Ein ungewöhnliches Angebot: Das erste Nostradamus-Computerprogramm

Literaturhinweise 287

Vorwort

Liebe Leserin, lieber Leser,

mit diesem Buch lege ich Ihnen den zweiten Teil der entschlüsselten Geheimnisse des Nostradamus vor. Auch dieses Buch soll wieder eine Verbindung aus wortgetreuen Übersetzungen und Kommentaren sein, welche auf die möglichen Hintergründe hinweisen sowie auf das, was Nostradamus so und nicht anders sagen wollte.

Verständlicherweise dürften Sie mehr an den von Nostradamus vorausgesagten Ereignissen interessiert sein und möchten auf die theoretischen Ableitungen vielleicht gern ganz verzichten. Dann überspringen Sie einfach die ersten Abschnitte. Allerdings muß ein wenig Theorie sein, um künftigen Nostradamus-Interpreten Anhaltspunkte zu geben, wie sie meine Arbeit nachvollziehen und »reproduzieren« können.

Möglicherweise ist gerade das von Ihnen gekaufte Buch dazu ausersehen, einem künftigen Besitzer in fünfzig oder hundert Jahren zu helfen, den Einstieg zu diesen Geheimnissen aus der Renaissance zu finden.

Was sind das für Geheimnisse, die uns Nostradamus aus jener Zeit hinterlassen hat? werden Sie sich fragen. Im Vordergrund stehen keineswegs Vorhersagen über Schicksalsschläge für einzelne Menschen oder ganze Länder. Vielmehr beschreibt Nostradamus in seinem Werk in einer zweiten und dritten Lesart, die im Altertum üblich und in der Renaissance wiederentdeckt wurde, neue Formen von Intelligenz und neue Formen von organisiertem Leben, auf die wir im Laufe der nächsten Jahrhunderte stoßen werden. So soll es zum Beispiel in etwas mehr als tausend Jahren Auseinandersetzungen geben zwischen Knochenträgern, so wie wir welche sind, und »knochenlosen Gehirnträgern«!

Für manche Leser ist allein schon der Gedanke daran entsetzlich. Das braucht aber nicht so zu sein, denn wenn wir die Geschichte der Menschheit zu begreifen beginnen, und die Zeit des »Nur-Glaubens« vorbei sein wird, dann werden wir knochentragende Menschen auch andere Zustandsformen der Schöpfung akzeptieren können und uns nicht mehr vor ihnen ekeln oder fürchten.

Zwischen unserer Art, Leben zu tragen und Intelligenz zu besitzen, und anderen Formen wird stets der Unterschied der Körperformen bleiben. Im günstigsten Fall werden wir nebeneinander in gegenseitigem Verständnis füreinander leben können.

Nach Nostradamus gelten für alle Zustandsformen der Schöpfung dieselben elementaren Grundgesetze der Natur, und durch sie sind wir alle als Brüder verbunden.

Manfred Dimde
Sommer 1993

1.
Vom Umgang mit der Zukunft nach Nostradamus

Im ersten Buch habe ich in einem Kapitel auf den Umgang mit Orakeln im alten Griechenland hingewiesen. An dieser Stelle sehe ich die ausdrückliche Notwendigkeit, daß wir uns Gedanken über die Handhabung der Weissagungen des Nostradamus in Gegenwart und Zukunft machen sollten.

Seit wir die genaue Datierung bezüglich der jeweiligen Gültigkeit der Weissagungen des Nostradamus kennen und anhand von weit über hundert Versen die Richtigkeit des Zugangs zu seinen Vorhersagen nachweisen konnten, stehen wir vor dem Problem, Schrecken und Entsetzen auszulösen, wenn wir zum Beispiel für das Jahr 1995 lesen: »Alles ist zerfetzt« oder: »Niemand entkommt dem Brand«.

Diese Stelle im Prophezeiungstext liest sich zunächst so, als ob sie sich auf die ganze Welt bezöge und alle und alles »zerfetzt« würde. Tritt das Ereignis dann ein, werden wir schnell begreifen, daß wir zwar über Fernsehen und Zeitungen ausführliche Informationen von dem dramatischen Geschehen erhalten, aber selbst nicht betroffen sind.

Merken Sie sich bitte grundsätzlich die erste Regel: Für die – wie Nostradamus selbst sagt – »mit Blut und Tränen« beladenen Prophezeiungen gilt: Sie sind nur für eine begrenzte Region der Erde bestimmt.

Nur ganz wenige Ausnahmefälle sind mir bekannt, in denen Nostradamus Prophezeiungen, die alle Menschen betreffen, hinterlassen hat. Dann sagt er aber auch ausdrücklich zum Beispiel: »Das ganze menschliche Geschlecht«, oder »Die Kugel (Erde) zur Hälfte« oder »Die große Stadt« (eine ganz neuartige Siedlungsform) und weist damit darauf hin, daß alle Menschen betroffen sind.

Mancher Kritiker mag anführen, daß Nostradamus-Prophezeiungen nichts Neues mehr seien, daß der Wissenschaft jene Fakten schon heute bekannt sind, die demnächst Realität werden. Es wird manchmal weiter argumentiert, daß einige Interpreten des großen Sehers Nostradamus die Prognosen der Wissenschaft für ihren Meister reklamierten. Das führt dann leicht zu einer Abwertung der Leistungen von Nostradamus. Wir vergessen nämlich allzugerne, daß dieser Prophet einer neuen Zeit Dinge, die unsere Wissenschaftler heute vorhersehen, bereits vor vierhundertfünfzig Jahren gekannt beziehungsweise sie zumindest so beschrieben hat, wie sie als Zukunftsvision vor seinem inneren Auge entstanden.

Heute wissen wir, wie Luftschiffe, Flugzeuge und andere Luftfahrtgeräte aussehen, und wir belächeln Nostradamus. Das wäre jedoch ungerecht.

Mit Nostradamus sind wir in einer ähnlichen Situation. Er sah viel, versuchte das Wesentliche seiner Visionen in Worte zu fassen, damit das Ereignis später identifiziert werden konnte. Aber er dachte, wie ein Bürger der Renaissance zu denken gewohnt war. So müssen wir auf die Feinheiten bei Nostradamus genau achten. Einige Beispiele dazu:
   Unter »air« oder »er« verstand er die Atmosphäre unseres Planeten. Wenn sich also jemand in der »er« bewegte, dann beschrieb er Luftfahrzeuge, Flugzeuge. Sprach er dagegen von »ciel« – wir übersetzen dieses Wort korrekt mit Himmel –, meinte er damit die Raumfahrt, die Fortbewegung von einem Planeten zum anderen innerhalb unserer Galaxis.
   Die ersten Raumkapseln der USA und der UdSSR bezeichnet er als »Galeeren«, weil man sie nicht verlassen kann. Der Astronaut muß mit dem Gefährt, mit dem er gestartet ist, auch wieder auf die Erde zurückkehren. Später spricht er von »Schiffen«, Raumfahrzeugen also, an denen angedockt wird und von denen die Besatzung wieder zu unserem Planeten fliegt.
   All diese und viele ähnliche Dinge sind von mir nach bestem Wissen und Gewissen in den ins Deutsche übertragenen Texten mitberücksichtigt worden. Ich habe stets die Verse eines Jahrhunderts von Vers 99 rückwärts bis Vers 1 übersetzt, um eventuelle Irrtümer, die durch meine persönliche Interpretation entstanden waren, zu vermei-

den. Anschließend wurden die Verse von mir ein zweites Mal übersetzt: diesmal von Vers 1 bis Vers 99. Der Vorteil dieses Vorgehens lag darin, daß ich Eigennamen – wie »das Tier«, »der Hahn«, »das Pferd« – als Ereignisse in ihrer tatsächlichen Auswirkung definieren konnte. Folglich blieben diese Begriffe erhalten, weil sie öfter auftauchten und ich den Zusammenhang bereits kannte.

Bei einem anderen Vorgehen wäre das Risiko entstanden, daß ich manchen Begriff einfach dem Hobel einer flüssigeren deutschen Texterfassung geopfert hätte.

Sie können das eben Beschriebene gut nachvollziehen, wenn Sie die Schilderung der Installation einer künstlichen Sonne im Jahr 2140 nachlesen, schließlich die daraus entstehenden technischen Probleme und schließlich den Absturz dieser Konstruktion und die anschließenden Diskussionen innerhalb der Gesellschaft. In der Reihenfolge rückwärts übersetzt liegen dann zuerst der Text des Absturzes und dann die Beschreibung der Installation vor, so daß sich bei der Übersetzung der Installation dieser künstlichen Sonne schon die Feinheiten herauskristallisieren.

Einer Auffassung sogenannter Experten der Nostradamus-Forschung möchte und muß ich an dieser Stelle grundsätzlich widersprechen. Vielfach wird von manchen unter ihnen behauptet, daß Nostradamus die Helden der Geschichte in seinen Prophezeiungen namentlich erwähnt habe, und es werden »Beweise« vorgelegt. Bislang ist es mir noch kein einziges Mal gelungen, diese »Beweise« zu reproduzieren. Die Nachvollziehbarkeit ist jedoch eine selbstverständliche Anforderung an jede wissenschaftliche Forschung. Ich mußte zum Schluß kommen, daß derartige Behauptungen jeder faktischen Grundlage entbehren.

Nostradamus hat eine ganze Reihe von Begriffen geprägt, die eine wissenschaftliche Großtat beschreiben, aber er hat sie niemals mit den dann gebräuchlichen Namen und Bezeichnungen belegt. Er bleibt in seinen Bezeichnungen ein Sohn seiner Zeit.
Dazu gehören
die Lichter   künstliche Sonnen im Erdorbit,
der Kopf   im Weltraum kreisende Computeranlagen,

der Spieß	ein besonderer Typ Weltraumschiff,
das Tier	ein von den Menschen mutiertes Lebewesen,
der Engel	fliegende Menschen,
der Prinz	ein aus einer Gruppe auserwählter Mensch,
die Barbaren	außerhalb ihres Landes kriegführende Menschen,
die Galeere	Raumkapsel heutiger Bauart,
das Schiff	Raumschiff nachfolgender Generationen,
das Alte	Geschichte der menschlichen Vergangenheit,
Verheißung	Geschichte der Zukunft der Menschheit,
neue Himmel	veränderte Planetenbahn unseres Systems,
der Stein	Gerät mit einer bestimmten Funktion,
der Wind	eine Energieform,
der Ton	die Frequenztechnik.

Mein Ratschlag an alle Leser, sowohl an die kritischen, die sich mit den Perspektiven, die Nostradamus aufzeigt, nicht abfinden wollen oder können, als auch diejenigen, die einen neugierigen Blick in das dritte Jahrtausend wagen wollen:

Lassen Sie alles auf sich einwirken, ohne gleich von der »Vernunft« her zu urteilen. Fragen Sie sich innerlich: Könnte dies alles wohl irgendwann möglich sein? Folgen Sie Ihrer eigenen inneren Stimme, die Ihnen bestimmt antworten wird.

2.
Was man wissen muß

Die Geschichte einer immer wiederkehrenden menschlichen Tragödie

Wir, die wir um die zweite Jahrtausendwende der christlichen Zeitrechnung leben, glauben, am Ende einer großartigen Entwicklung zu stehen. Unsere Zeit, in der die technischen Fortschritte und wissenschaftlichen Entdeckungen einen nicht enden wollenden Strom von neuen Erkenntnissen hervorbringen, sei nicht mehr steigerungsfähig.

Infolgedessen machen wir uns um unsere Enkel Sorgen, die in naher oder ferner Zukunft darauf warten, geboren zu werden. Wir stellen uns vor, daß unsere »Kinder«, schwach wie Neugeborene nun einmal sind, auf uns, unsere Hilfe und unsere Kraft angewiesen sind. Diese »Knochen der Zukunft«, wie Nostradamus sie nennt, bedürfen unserer Unterstützung jedoch nicht. Sie werden gesünder sein, länger leben, ihren Lebensalltag besser organisieren, als wir es je vermochten. Alles, was wir an Entwicklungen in diesem Jahrhundert erlebt haben, wird demnächst vielfach überboten werden. Unsere Nachfahren werden über unsere Einfalt lächeln.

Voraussetzung für all das wird aber der Zugang zu unerschöpflichen, billigen Energiequellen sein, die man innerhalb der nächsten fünfundvierzig Jahre entdeckt haben wird. Fünfzig Jahre später haben die Staaten neue Aufgaben übernommen, die mit der Grundversorgung der Bevölkerung zusammenhängen. Die eigentliche soziale Revolution steht der Menschheit noch bevor. Sie wird das Leben gründlicher ändern als seinerzeit die Einführung des Christentums in Mitteleuropa.

Wie ein roter Faden zieht sich durch die vergangenen und künftigen Jahrhunderte, daß die Nachkommen über mehr Energie, bessere Techniken, gewaltigere Kriegspotentiale verfügen werden.

Die Folgen eines rasanten Fortschritts einerseits und den Ruf nach Bewahren (= Rückschritt) andererseits erleben wir innerhalb der islamischen Welt unserer heutigen Zeit sehr deutlich. Unmerklich, ganz allmählich, bilden sich selbst in der vom Christentum geprägten Hemisphäre Polarisierungen von »Pro« und »Kontra« zum »Fortschritt« heraus.

Diese Parteienkonzentration wird sich in den nächsten dreihundert Jahren noch vergrößern und schließlich laut Nostradamus in einen fortschrittsfeindlichen, an irdische Aktivitäten gebundenen Block und in einen fortschrittswütigen, die Eroberung des Universums anstrebenden Block münden – Menschen also, die nicht mehr überwiegend auf unserer guten alten Erde leben wollen.

Die Gruppe der Gegner des Fortschritts wird immer dann besonders »Oberwasser« bekommen, wenn die Umsetzung irgendeiner neuen wichtigen Erkenntnis oder Erfindung scheitert, oder in einem Desaster endet – was die Regel zu sein scheint.

Wenn die Forderung »Ab in den Rückschritt« ihren Höhepunkt und das Leben, der Lebensstandard, seinen Tiefpunkt und ein unerträgliches Maß erreicht haben, dann wird der Ruf nach Verbesserung der Lebensumstände erneut so laut, daß es zu einer Renaissance des technischen Fortschritts kommt.

Dies wiederum führt zu einer wachsenden Arroganz von seiten der Wissenschaft und Technik, deren Fehler es war und sein wird, immer mehr und noch größere Projekte anzugehen, ohne die Mitmenschen auf die daraus entstehenden Konsequenzen umfassend vorzubereiten.

In einem sehr kleinen Maßstab erleben wir heute diese zwei Polarisierungen.
Stadium A: Es herrscht Wohlstand, guter Lebensstandard dank immer neuerer und besserer Technik und Wissenschaft.
Stadium B: Ruf nach Schutz der Umwelt, der Gesundheit, nach einer natürlichen, energiesparenden Lebensweise, die mit religiösen und weltanschaulichen Ansichten konform gehen oder in Einklang gebracht werden. Fortschritt wird verpönt.
Kommentar: B ist nur möglich, weil A funktioniert.
Es folgt
Stadium C: Armut, primitiver Lebensstandard, veraltete Technik, kümmerliche Wissenschaft.

Stadium D: Ruf nach Verbesserung der Zustände (Reformen). Kein Gedanke an künftige Lebensprobleme von Nachkommen, weil die eigene Lage schlecht ist, und man mitten im Überlebenskampf steckt. *Kommentar:* D mündet früher oder später in A ein. Der Kreislauf beginnt von vorn.

Dieses Pendeln zwischen den Polen wird auch in den nächsten Jahrhunderten stattfinden, immer wieder für Unruhe unter den Menschen sorgen und zur zeitweisen Verfolgung ganzer Gruppen führen.

Nun ist das Urteil über zukünftige Fortschritte immer mit dem Vergleich zum Lebensstandard und zum Bild der heutigen politischen Strukturen unseres Lebensraumes verbunden. Wir vergessen allzu leicht, daß viele technische, wirtschaftliche und auch wissenschaftliche Fortschritte einen Wandel dieser Strukturen zur Voraussetzung haben.

Die Aussicht auf Veränderungen der anerzogenen oder liebgewonnenen Gewohnheiten ruft bei Zeitgenossen leicht Unmutsäußerungen hervor, weil man sich diese Zukunft nicht als angenehm vorstellen kann. Oft höre ich Bemerkungen wie: »Da möchte ich dann nicht mehr leben«, oder: »Das ist ja schrecklich«.

Solche Äußerungen sind subjektiv und aus der Sichtweise kurz vor der Jahrtausendwende zumindest verständlich. Ich andererseits würde gerne in jeder Zeit der Zukunft leben, weil dann unseren Nachkommen das Weltbild des Universums weitestgehend bekannt ist, und es jeder der nachfolgenden Generationen leichtfallen wird, außerirdischen Intelligenzen zu begegnen, den Sinn des körperlichen Lebens zu begreifen und für sich Klarheit über das Phänomen Zeit zu gewinnen.

Mein Rat: Leben Sie, so gut Sie können mit der Gegenwart, und verschwenden Sie keine Energie, um die Zukunft zu bekämpfen.

Nostradamus und die Namen
von geschichtlichen Größen

Durch die Nostradamus-Literatur geistert immer wieder die Behauptung mancher Interpreten, in der es heißt, daß er selbst die Namen der Helden oder Bösewichter niedergeschrieben habe. Meinen bisherigen Erkenntnissen zufolge stimmt das, wie vorhin bereits erwähnt, nicht. Um bei einigen »Größen« unserer neueren Geschichte zu bleiben, hier die Beispiele aus den Originaltexten:

- **Napoleon** nannte er den Hahn – wohl deshalb, weil seine Uniformen Brust und Bauch betonten, so daß die für einen Hahn klassische Pose zu beobachten war.
- **Lincoln** beschrieb er als denjenigen, der aus dem Volk emporgestiegen ist und aus dessen kurzer Robe eine lange wird.
- **Wilhelm II.** titulierte Nostradamus als den Kronprinzen – also als einen Mann, dessen Fähigkeiten nicht für einen König oder Kaiser ausreichten.
- **Mussolini** wurde von ihm als der Schwarze oder als der Gewalttätige beschrieben.
- **Hitler** bezeichnete Nostradamus als den Cäsar des Selbstgeschreis.
- **Stalin** hieß der Lügenmund.
- **Kennedy** erhielt von Nostradamus den Titel Dummkopf – vermutlich weil er ihn für den späteren Vietnamkrieg der Amerikaner verantwortlich macht.
- **Armstrong,** der erste Mensch, der den Mond betreten hat, war der Prinz auf fremder Erde.
- **Khomeini** trat als der weiße Turban mit dem byzantinischen Herzen auf, weil »byzantinisch« bei Nostradamus für erzkonservative Ansichten steht.
- **Gorbatschow** wurde als Einhorn definiert, das an der Lüge festhält, da wohl das Blutmal auf seiner Stirn typisch für ihn ist.

- **Clinton** bezeichnet Nostradamus als »das Lachen des Ungewissen«.

Weitere Bezeichnungen, die wir aber zum heutigen Tage noch keinem Lebenden zuordnen können, sind in der Reihenfolge ihrer Nennung innerhalb der nächsten zwanzig Jahre: die Gans, der rote Zion, der gewalttätige Herkules, Speichellecker vor dem Thron, die durchtriebene Frau, der alte Führer und sein Sohn, der Stiernackige.

Erinnern Sie sich bitte ruhig dieser Textstelle, wenn es eines Tages möglich sein wird, diese Beschreibungen den entsprechenden Politikern zuzuordnen. Keiner der Nostradamus-Interpreten der vergangenen vierhundert Jahre war in der Lage, seinen Lesern eine solche »Namens-Vorschau« zu liefern.

Das große und das kleine Schicksal

Lassen Sie mich bitte zum Schluß dieses Kapitels über allgemeine Hinweise noch ein Wort zum sogenannten »großen« und zum »kleinen Schicksal« sagen.

Das Prophezeiungswerk des Nostradamus ist ausschließlich dem »großen Schicksal« gewidmet. Aus dem, was er uns hinterlassen hat (sofern es den Einstieg in seine geheimen Textkammern zu finden gelingt), geht hervor, daß er den einzelnen Menschen, dessen Familie und dessen Sippe, dem »kleinen Schicksal« zuordnet.

Als »großes Schicksal« definiert Nostradamus: ein Volk, einen Kontinent, die Erde, unser Sonnensystem.

»Ohne Schicksal«, weil alles Seiende selbst bewegend, ist das Universum – oder, religiös ausgedrückt, die Schöpfung.

Für die Schöpfung oder das Universum gibt es kein Schicksal im Sinne unseres Verständnisses, somit auch keine Propheten. Dieses »ohne Schicksal« ist den Gesetzmäßigkeiten der Mathematik unterworfen. Mathematik ist zeitlos und immerwährend.

Für das kleine Schicksal sind Hellseher zuständig, Wahrsager aus Karten, Handleser und Astrologen, welche die Planeten des Sonnensystems für ihre Prognosen heranziehen. Gott schreibt an den Himmel – die Sachkundigen deuten, was sie dort lesen können.

Das große Schicksal – es zu verkünden, davor zu warnen – ist Sache der Propheten.

Eine fortwährende Diskussion in allen Weltanschauungen gilt der Frage der Beeinflußbarkeit des Schicksals. Der christlich geprägte Westen verneint ein festgeschriebenes Schicksal. Daher also die Frage: Kann man seinem Los entgehen, es verändern? Die Antwort einer Pythia in Griechenland lautete folgendermaßen: »Man kann ein Schicksal, das für einen Menschen bestimmt ist, nicht verhindern, allenfalls hinauszögern und abmildern.«

Vielleicht hilft die nachstehende kleine Geschichte etwas, Sie mit Ihrem Schicksal zu versöhnen. Stellen Sie sich bitte vor: Vor Ihrer Geburt haben Sie mit jemandem, der mächtiger ist als Sie, ein Schicksal für sich vereinbart. Diese Übereinkunft wird Ihnen am Ende Ihres Lebens eine Reihe von Vorteilen bringen, sonst hätten Sie gerade Ihr spezielles Schicksal nicht akzeptiert. Andererseits bedeutet es auch, daß Sie – ähnlich dem Handikap eines Golfspielers – sich einige mildernde Vorteile haben aushandeln können. Während Ihres laufenden Lebens ist Ihr persönliches Schicksal nichts anderes als die Bereitstellung der Aufgaben in der Abfolge der mit Ihnen getroffenen Vereinbarung.

Das Meistern dieser Aufgaben ist der Sieg in diesem Teilbereich; als Lohn wird Ihnen unter anderem die Lösung der nächsten Ihnen gestellten Aufgabe leichter fallen.

Die Aufgaben nicht bewältigen zu können, bedeutet nichts anderes, als unter schlechteren Bedingungen die nächste Aufgabe angehen zu müssen. In dieser Situation kommt es zu einem folgenschweren Irrtum, dem sich die meisten Schicksalsträger hingeben. Sie meinen, den eingegangenen Vertrag während des laufenden Lebens kündigen zu können. Das geht aber nicht, sonst käme es tatsächlich zu einem Chaos der Schicksale, und niemand könnte seine Absprachen einhalten.

Nostradamus zufolge gibt es das kleine und das große Schicksal. Wie sind sie miteinander verknüpft?

Das große Schicksal hat mit dem einzelnen Individuum direkt nichts zu tun. Alle Schicksalsträger unterliegen aber seinem Einfluß. Wirkt sich dieses große Schicksal aus, dann kann das Individuum sein kleines Schicksal nicht mehr ohne weiteres ausleben.

Ein Beispiel: Die Sonne erlischt. Folge: In wenigen Minuten wird allen Individuen die Lebensgrundlage entzogen, der Vertrag ist vorerst für jeden Schicksalsträger »annulliert«. Weil jeder betroffen ist, kommt es zu keinem Chaos der Schicksale. Vergleichen Sie bitte diese Situation mit dem »Dornröschen-Effekt« im Märchen. Die Hauptdarstellerin und ihre Umgebung sind in tiefen Schlaf gefallen.

Vielleicht ahnen Sie jetzt, warum es legitim war, daß die alten Kirchenväter die Johannes-Visionen, die Enthüllungen der Apokalypse mit in das Buch der Bücher der Christen, in die Bibel, aufnahmen.

Die Johannes-Offenbarungen handeln vom »großen Schicksal«, auf das der einzelne Mensch keinen Einfluß nehmen kann. Er kann es weder vorher aushandeln noch sich ihm verweigern.

Nostradamus hatte niedergeschrieben, daß er nichts getan habe, was gegen die heilige Kirche verstoße. Ganz im Gegenteil, er hat durch seine Veröffentlichungen die Johannes-Offenbarungen – warum auch immer, wie auch immer – in einzelnen Details ergänzt und mit Zeitangaben versehen.

Wer von Ihnen begreift, welche Leistung hinter der Enthüllung der »Zeitschiene« steckt, hat den ersten Schritt zu einem besseren Verständnis des Michel de Notredame, der am 14. Dezember 1503 im provenzalischen Saint-Remy geboren wurde, getan.

Nostradamus – Sachverständiger oder Scharlatan?

Die Visitenkarte des Nostradamus, wie wir sie heute drucken würden, sähe so aus:

NOSTRADAMUS

Arzt und Lebensberater

Berater der französischen Könige

Leibarzt der französischen Könige

Berater der französischen Regierung

Berater des Hauses Savoyen

Präsident eines geheimen »Philosophischen Zirkels«

Autor

Herausgeber eines Almanachs

Alleiniger Sponsor eines Kanalprojekts

Würde so die Visitenkarte eines Scharlatans aussehen?

Mitte des 16. Jahrhunderts, als die Renaissance – jene Zeit, in der das Studium der griechischen Sprache und die Kenntnis von der griechischen Literatur in Mitteleuropa sich einer großen Popularität erfreute – schon erste Ermüdungserscheinungen zeigte, wurde ein etwas über fünfzig Jahre alter Mann aus Salon en Provence, einem Ort in Südfrankreich, über nacht berühmt. Er hieß Michel de Notredame, war Landarzt in Salon en Provence und legte sich (zumindest stellt sich uns das heute so dar) für seine Buchveröffentlichungen den Künstlernamen Nostradamus zu. Tatsächlich werden wir sehen, daß dieser Name in erster Linie ein eigens »konstruierter« Brudername eines Mitglieds der bis heute noch unbekannten »Etruskischen Bruderschaft« war, der Dante (1265–1321) zu neuem Leben verholfen hatte. Das, was diese etruskische Traditionsgemeinschaft zu bewahren bemüht war, wurde von Dante in der »Göttlichen Komödie« verschlüsselt niedergelegt. Viele bekannte Persönlichkeiten der Renaissance, insbesondere aus der Zeit des Nostradamus, wie Leonardo da Vinci, Leo X., Maximilian I., Franz II., kannten offenbar die Quelle, die in der Toskana sprudelte, und es entbrannte geradezu ein Machtkampf, wer Italien betreten durfte und wer nicht.

Goethes und Herders Italien-Reisen etwa zweihundertfünfzig Jahre später sind unter diesem Aspekt neu zu beleuchten. Shakespeare – hinter diesem literarischen Namen versteckt sich wohl Sir Frances Bacon (was der amerikanische Philosoph und Wissenschaftler Manly Palmer Hall überzeugend nachwies) – kannte jene Geheimnisse ebenfalls. Es war Herder, der Goethe half, dieses Wissen zu ergründen ... und Herder war, übrigens genau wie Schiller, ein Shakespeare-Experte!

Goethe hinterließ in seinem »Faust« schließlich das Ergebnis seiner Recherchen – verschlüsselt versteht sich. Nach Vollendung seines Werkes schrieb oder sprach er die bedeutsamen Worte: »Es können in Äonen die Spuren von meinen Erdentagen nicht vergehen.«

Und so wie Dante in den ersten Zeilen seiner »Göttlichen Komödie« das Wort »nostr...« verwendet, tut es Nostradamus im Vorwort an einen imaginären Sohn namens César Notredame, und führt Goethe als letzter dieser Kette das Codewort versteckt im Namen Nostradamus im ersten Monolog des »Faust« ebenfalls ein.

Kehren wir nach diesem kurzen Exkurs zurück zu Nostradamus. War er der Einstein der Zeitreisenden im späten Mittelalter?

Michel de Notredame aus Saint-Remy in der Provence wurde 1503 geboren und starb im Juli 1566 als Multimillionär in der Stadt Salon en Provence. Er hinterließ Frau und sechs Kinder.

Zu seinen engsten Freunden gehörte Rabelais, der Franziskanermönch und Berater von Kardinälen und Päpsten. Gemeinsam mit Rabelais studierte Nostradamus im südfranzösischen Montpellier um 1530 Medizin.

Als Rabelais nach dem Tod von Franz I. im Jahre 1547 in Ungnade fiel, begann der kometenhafte Aufstieg des Nostradamus. Zuvor hatte Nostradamus schon von Rabelais die Idee übernommen, jährliche Almanache für die reichen Barone und Gutsbesitzer herauszugeben. Die Besonderheit des Almanachs von Nostradamus bestand darin, daß er jedem dieser Jahrbücher einen geheimnisvollen Prophezeiungsvers für das »Politische Jahr« vorausstellte.

Les Propheties – Das Universalnachschlagewerk des Nostradamus bis zum Jahr 3798

Je älter er wurde, desto intensiver beschäftigte er sich mit der Idee, einen Kalender für die Zeit nach seinem Tode, bis zum sogenannten Weltuntergang, zu erstellen. Im März 1555 war es dann soweit, er veröffentlichte den ersten Teil seiner Verse. Die Prophezeiungen des Doktor Nostradamus beschäftigten seither viele Millionen Menschen.

Die Kritiker

Anfänglich waren es Geistliche, die sich kritisch mit seinem Werk auseinandersetzten. Spottverse wurden verbreitet, die Nostradamus als Dummkopf hinstellten, der der lateinischen Sprache nicht mächtig gewesen sei. Jedoch konnten diese geschickt lancierten Bosheiten und andere Bemühungen, ihn unmöglich zu machen, die weitere Ausbreitung seines Prophezeiungstextes nicht verhindern.

Die Anhänger

Später versuchten Nostradamus-Anhänger, ein System zu finden, das Lesbarkeit und Verständlichmachung der rätselhaften Verse ermöglichte. Alle diese Bestrebungen wirkten sich zum Nachteil von Nostradamus aus, denn sie waren weit von der tatsächlichen und widerspruchsfrei nachvollziehbaren Lösung seiner genial verschlüsselten Visionen entfernt. Vor allem in Südamerika, Italien und Spanien beschäftigt man sich ausgiebig mit Nostradamus-Interpretationen.

Der neue Weg

Seit 1986 nun lassen sich die Prophezeiungen des Nostradamus wortwörtlich nachvollziehen, weil die zeitliche Zuordnung der Texte durch die Entdeckung des inneren Systems der Vorhersagen gelungen ist. Zeit- und Textschlüssel werden in meinem ersten Buch »Die Weissagungen des Nostradamus – Neu entschlüsselt« (Goldmann-Taschenbuch Nr. 12166) in der aktuellen Neuausgabe ausführlich behandelt.

Wer also dort im Originaltext der Prophezeiungen von 1555 blättert und den Text für 1991 sucht, hat folgendes zu tun: Er schlägt Centurie IX, Vers 91 auf. Ein anderes Beispiel: Will man die Prophezeiung für 1860 lesen, so sucht man in der VIII. Centurie den Vers 60.

Damit ist mit wenigen Worten die Zeittechnik eines Universalalmanachs für Hunderte von Jahren beschrieben.

Die zweite Erkenntnis, die ich 1986 veröffentlichte, war die Technik der Veränderungen und »Verschlüsselungen« am Text. Nostradamus hatte mit ganz einfachen Mitteln den Originalsinn der französischen Worte nachträglich verändert. Hierbei nutzte er ein Problem der damaligen Drucktechnik. Die Buchstaben b und p, und auch andere wurden aus Kostengründen von den Druckern mit den gleichen Lettern, jedoch auf dem Kopf stehend, gesetzt. Und schon wird aus einem Wort wie »bord« (Grenze, Ufer) ein »port« (Hafen), oder aus »dent« ein »tent«, aus einem Zahn also ein Zelt, und dergleichen mehr.

Wie Michel de Notredame, der sich Nostradamus nannte, im Paris des Jahres 1555 Karriere macht

Katharina von Medici, Königin von Frankreich, war 1555 auf die Erstausgabe der Nostradamus-Schrift »Wahre Prophezeiungen« aufmerksam geworden und lud ihn nach Paris an den Hof ein. Dort feierte der Arzt aus der Provinz einen Triumph nach dem anderen, war Mittelpunkt der Höflinge und als Günstling der Königin ein wahrlich Privilegierter. Nostradamus arbeitete Tag und Nacht für das Königshaus und verblüffte seine Auftraggeber immer wieder mit seinen Vorhersagen, die er aus Fixsternhoroskopen herauslas.

Gemäß der Sitte der damaligen Zeit wurde er nicht mit Geld, sondern in Form von Schmuckstücken aus dem persönlichen Besitz des Kunden entlohnt. Lediglich König und Königin erstatteten ihm größere Summen in klingender Münze, weil ihm dadurch das standesgemäße Leben eines vom König Privilegierten möglich wurde und er gleichzeitig seine Altersversorgung sicherte.

Als er von seinem ersten Parisaufenthalt zurückkehrte, war er zum Multimillionär geworden. Seine sensationellen Auftritte am Hof des französischen Königs hatte ihm in kürzester Zeit auch an anderen europäischen Zentren, vor allem in Italien und Spanien, zu ungeahnter Popularität verholfen.

Der Ruhm Nostradamus' basierte nicht auf Prophezeiungen über die Weltgeschichte, sondern auf individuellen Voraussagen zu künftigen Schicksalsereignissen seiner Klienten, die ihn um Rat fragten – also auf dem, was unter dem Stichwort »kleines Schicksal« zuvor kurz besprochen wurde. Es ist kaum vorstellbar, daß ein Scharlatan den gesamten französischen Hochadel an der Nase herumführen konnte. Manchmal haben wir Angehörige des 20. Jahrhunderts vielleicht das Gefühl, diesen Menschen von 1555 haushoch überlegen zu sein. Intrigen und Machtkämpfe hatten den französischen Hochadel nicht nur zu auf den eigenen Vorteil bedachten Taktierern, sondern auch zu durchaus kritischen Geistern gemacht.

Halten wir noch einige Fakten fest: Sein Buch »Wahre Prophezeiungen«, das zum Bestseller seiner Zeit wurde, konnte nur von reichen Adligen gekauft werden. Den Inhalt vermochte niemand zu verstehen, aber weil Nostradamus ein glänzender Ruf vorausging und seine individuellen Prognosen so zutreffend waren, akzeptierte man seine Verse mit dem verborgenen Sinn. Das Buch eines Narren wäre kaum weiter beachtet worden.

Einen Grund gab es schon, warum die französischen Grafen und Herzöge die Bücher des Nostradamus erwarben. Sie hofften, aus seinen Texten herauslesen zu können, wann der König sterben würde. Dieses Datum war für jeden französischen Adligen ein schmerzliches Ereignis, weil dann zehn Prozent seines Vermögens als Abgabe fällig wurden, und erst mit der Zahlung dieser Steuer erhielt der Adlige seine Rechte und Besitzungen vom neuen Herrscher über Frankreich bestätigt.

Seine Klienten von damals haben die für sie bestimmten individuellen Prophezeiungen des »kleinen Schicksals« – ob sie nun eintrafen oder nicht, mit ins Grab genommen –, da von seiten des Volkes kein Interesse an ihren persönlichen Belangen bestand. Die Jahrhunderte überstanden hat nur sein Werk »Les Propheties« mit 942 Versen des »großen Schicksals«, welche die politische Weltgeschichte und somit alle Menschen zu allen Zeiten betreffen.

3.
Strukturen des Nostradamus-Werkes

Der Aufbau

Von dem Augenblick, in dem es möglich wurde, die Struktur und den Aufbau des Prophezeiungsbuches von Nostradamus zu erkennen und sein System zu entschlüsseln, war es nur noch ein kleiner Schritt dahingehend, die verschiedenen Elemente der Vorhersagen genauer zu unterscheiden.

Es gibt:
- Verse mit Prophezeiungen, die weltliche Ereignisse betreffen;
- Verse mit Prophezeiungen, welche die Geschichte der Menschheit und vor allem deren zukünftigen Weg beschreiben;
- Verse mit Hinweisen auf die größten Geheimnisse des Universums und der Schöpfung und dabei überwiegend auf mathematische Formeln;
- Verse in eigener Sache mit Andeutungen, warum Prophetie möglich ist und wie diese »Zeitreisen« zustande kommen.

Trotz aller bisherigen Entdeckungen und Möglichkeiten der Entschlüsselung stehen wir erst am Anfang, das Werk des Nostradamus in seiner Gesamtheit zu begreifen. Es werden noch Jahre vergehen, in denen viele andere Menschen sich der Öffnung der Schätze des Nostradamus widmen müssen. Ich meine, wir brauchen aber nicht bis dahin zu warten, sondern können bereits jetzt gleichsam »Zwischenergebnisse« vorlegen und zur Diskussion stellen.

Die Texttafel

Noch einige sehr wichtige Stichworte zur Struktur des Textes: Nostradamus hat sich eine Texttafel, bestehend aus 144 000 Buchstaben, unterteilt in vierhundert Zeilen senkrecht und dreihundert bis dreihun-

dertsechzig Buchstaben waagerecht (beide Möglichkeiten sind korrekt), ausgedacht. Diese Texttafel ist von ihm in zehn senkrechte Abschnitte unterteilt worden.
- Die zehn senkrechten Abschnitte nannte Nostradamus jeweils Centurie oder Buch. In seinem »Buch der Anweisungen« bemerkt er: »Die Erben mögen die Haut in senkrechte Streifen schneiden.«
- Die nächste Textmatrix innerhalb einer Centurie bzw. eines Buches, wie sie auf den ersten Blick sichtbar ist, besteht aus je vier Zeilen, die den Vers bilden. Je Streifen oder je Buch entstanden so hundert vierzeilige Verse.

Wo beginnt der Text

Eine weitere Besonderheit, die zu einer der wichtigsten Entdeckungen der neueren Nostradamus-Forschung wurde: Das Buch der Prophezeiungen beginnt nicht in Centurie I mit dem Vers 1, wie von allen Autoren und Interpreten bisher wie selbstverständlich angenommen wurde, sondern in Centurie VI, Vers 100. Wenn wir die Textausgaben von 1605/1606, die offenbar von der »geheimen philosophischen Gesellschaft«, der Nostradamus angehörte autorisiert waren, heranziehen, sieht man dies besonders deutlich. Der Gesamttext aus jener Zeit weist eine »Einkerbung« in der siebten Spalte, etwa in der Mitte der Tafel auf. Die Markierung ist dadurch entstanden, daß achtundfünfzig Verse scheinbar fehlen. Gleichzeitig paßt der hundertste Vers von Centurie VI nicht in den Text. Er ist in lateinischer Sprache abgefaßt und besteht aus fünf Zeilen.

Da der hundertste Vers einer Centurie laut Nostradamus immer an deren Anfang steht, bedeutet dies, daß Vers 100 von Centurie VI die Markierung für den Anfang des Textes in der Zeit 1600 ist. Die Bücher erschienen 1605/1606.

Selbst diese Jahre haben eine Bedeutung. Nach Nostradamus wird in der 3606. Umdrehung unserer Erde um die Sonne das Leben auf unserem Planeten erloschen sein. Unsere Nachfahren haben ihn aufgegeben. Man wollte damit den Termin »noch 2000 Jahre« würdigen.

Ein weiteres Indiz ist die Huldigung Heinrich II. Im Mittelalter huldigte jeder Autor seinen regierenden Fürsten oder König auf den ersten Seiten seines Buches. Die Huldigung seines Königs plazierte Nostradamus zwischen Centurie VII,42 und VIII!

Von den Inhalten

Die vorhin erwähnte Texttafel aus 144 000 Buchstaben sollte von uns wie eine jüdische Buchrolle gesehen werden. Der Haupttext befindet sich in der Mitte, und rechts und links davon werden die Kommentare angeordnet. 12 000 Buchstaben bilden den Kerntext des Nostradamus-Werkes, der Rest sind die Kommentare – in unserem Fall das Vorwort an den Sohn César (alle, die das Geheimnis des Nostradamus entdeckt haben) und die Huldigung Heinrichs II. (des kommenden) Nostradamus.

Die erste Jahrtausendrunde der Verse behandelt die Zeit von 1555/1605 bis 2555. Hier geht es vielfach um Kriege, Greuel, Fort- und Rückschritt sowie die Veränderung der Lebensumstände auf dieser Erde. Religiös motivierte Auseinandersetzungen werden Nostradamus zufolge um 2600 aufhören.

Im Überblick kann man erkennen, daß das Jahrtausend von 1555 bis 2555 das ereignisreichste Jahrtausend überhaupt ist, denn es hat den Anschein, als ob sich das Tempo der Entwicklung, so wie wir es seit dem Beginn unseres Jahrhunderts deutlich und teilweise verwirrend erleben, noch weiter beschleunigen wird.

Nachdem die Macht des Islam ab etwa 2600 gebrochen ist und dessen Dogmatismus den Menschen nicht mehr Unterdrückung und Zwietracht bringt, geht es ab 2600 bis etwa 3100 – also in der zweiten Jahrtausendrunde – überwiegend um Besonderheiten der Wissenschaften, der Religion und der Weltraumfahrt sowie um die Auseinandersetzung mit einem »tierischen Wesen« auf unserer Erde, daß außer Kontrolle geraten ist.

Für die Zeit von 3080 bis 3797, also die Vollendung der zweiten Jahrtausendrunde, benötigt Nostradamus nur noch dreißig Verse, um alles Wichtige jener siebenhundert Jahre währenden Endzeit des Planeten Erde abzuhandeln. Eine kurze Erklärung zu dieser seltsamen Prophezeiung des Sehers: Nach 3080 gibt es kaum mehr Menschen auf der Erde. Und wo keine Menschen leben, da braucht man auch keine Verheißungen.

Der Grund ist, daß nach der Kollision mit einem Kometen oder dessen Bruchstücken die Erde austrocknet, erhitzt und versanden wird. Die bis dahin längst in großem Umfang weltraumfahrenden Menschen können nicht mehr zur Erde hinunter, weil ein Gesteinsgürtel jeden Landeversuch vereiteln wird. Sie machen sich auf, einen neuen Planeten unter einem neuen Himmel zu suchen.

In der zweiten Jahrtausendrunde werden die 942 Verse rückwärts gelesen. Diese Methode geht auf die Urfassung der Bücher Mose zurück. In Wirklichkeit haben wir es bei Mose mit zehn Büchern zu tun, von denen die fünf vorwärts gelesen, und anschließend rückwärts gelesen werden. Bei Nostradamus ist aufgrund dessen auch eine andere Orthographie erforderlich, daher ist die Bearbeitung schwierig und langwierig.

Die Hochachtung der Menschen dieser Erde, die Nostradamus eines Tages erlangen wird, beruht auf eben den Prophezeiungen in diesen Versen. Rückwärts gelesen, behandeln sie die Geschichte und Probleme der Menschheit mit den für sie eines Tages erreichbaren »Intelligenzien« vor dem Hintergrund der Geschichte der Schöpfung und des Universums. Verständnis für solche Zusammenhänge ist heute unbedingt erforderlich, um den Exodus der menschlichen Rasse vom Planeten Erde nachvollziehen zu können.

Zum Teil sind diese Texte vom Sinn her für uns noch unvorstellbar und dunkel. Für völlig ahnungslose Menschen kommt es oft einem Schock gleich, von derartigen Dingen zu lesen und zu wissen. Dieses Buch soll helfen, sich an solche Gedanken zu gewöhnen und sich damit zu beschäftigen, ohne in Panik zu geraten.

Vom Grundschema der Text-Zeit-Matrix des Nostradamus

Es gibt 942 bekannte Verse. Diese Zahl wählte Nostradamus bewußt, denn 3 mal 100 mal 3,14 (= Pi!) ergibt 942. Kein Zufall, sondern Absicht.

Etwa zehn Verse davon benutzt Nostradamus, um Mitteilungen in eigener Sache der Nachwelt zu hinterlassen.

In hundert Versen, davon in jeweils zwei Zeilen, sind von ihm die hundert größten Geheimnisse der Menschheit einschließlich der zehn großen Naturgesetze niedergelegt worden.

Die restlichen Verse enthalten die Prophezeiungen »mit dem widerlichen Geruch«. Das sind die Vorhersagen, die uns in diesem Buch ausschließlich beschäftigen werden.

Alles, was Nostradamus im von links nach rechts gelesenen Text nicht unterbringen konnte, steht an selber Stelle im von rechts nach links gelesenen Text. Dieser Text ist aus der Sicht des Nostradamus »heiliger«, denn im jüdischen Ritus wird von rechts nach links gelesen!

Das Handwerkszeug des Nostradamus

Die Buchstabenkette

Die uns heute vorliegenden Worte der Original-Centurien hat Nostradamus aus einer »Buchstabenkette« kunstvoll »falsch« zusammengefügt. Hier ein Beispiel, für Sie in deutscher Sprache konstruiert.
Originaltext: Rauh er zu ...
Originalkette: Rauherzu
Centurientext: Rau herzu
 Will man zum Originaltext zurückfinden, muß man also die Buchstabenkette herstellen: Rauherzu.

Nun muß man aufgrund des folgenden und des vorangegangenen Textes entscheiden, was richtig ist: »Rau er zu« oder »Rau herzu«? Wer sich das in der Theorie als sehr schwierig vorstellt, merkt in der Praxis, daß dies die vergleichsweise leichteste Übung der Entschlüsselung von Nostradamus-Texten ist. Diese Sequenz steht in der Praxis nicht isoliert da, sondern ist Teil einer Minigeschichte. Hier ein Beispiel:
 Der vorausgehende Text lautet: Das Volk murrt. Der ergänzende Text lautet: rauh er zu ihnen. Der nachfolgende Text lautet: spricht.
 Die andere Möglichkeit »herzu« paßt einfach nicht in diese Zerlegung. Vorangegangene und nachfolgende Worte ergeben oft nur eine, manchmal allenfalls zwei Versionen der Zerlegung.

Die Buchstabenregeln

Bei der Übertragung der Texte ist zu beachten, daß die Buchstaben d = t, p = b, u = v, c = g usw. (siehe auch Goldmann-Taschenbuch 12166) vertauscht sein können. Aus einem Wort »port« = Hafen kann so das Wort »bord« = Ufer, Rand und dergleichen werden.

Im Zusammenhang mit der Rekonstruktion der richtigen Originaltexte (siehe Buch 1) sind diese Buchstabenregeln die entscheidende Hilfestellung. Der Praktiker wird sehr überrascht sein, wie gerade die vertauschten Buchstaben mithelfen, den Originaltext wiederzufinden.

Ein Beispiel für eine Übersetzung vorwärts und rückwärts: Originaltext Centurie I, Vers 1:
 »Estant assis de nuict secret estude,
 seul reposé sur la selle d'aerain,
 Flambe exigue sortant de sollitude,
 Faict prosperer qui n'est à croire vain.«

Allgemein übliche Übersetzung: (Hier Carlo Patrian, »Nostradamus – Die Prophezeiungen«)
 »Nachts sitze ich bei geheimen Studien
 Allein auf bronzenem Stuhl;
 Da dringt aus der Einsamkeit (eine) schlichte Flamme,
 Läßt erkennen, was nicht eitel ist.«

Der von mir ermittelte Text des Verses vorwärts, also von links nach rechts gelesen, lautet:
 »Osten zuvor verhilft vier zum Sieg
 Gemeines erforscht man
 Allein zurückgelassen
 dasjenige was in der Raumfahrt ist erforscht man
 Die Lampe erlischt weil sie das Bett der Sonne verläßt
 Die Tatsache entwickelt sich die nicht hundert ergibt
 Der König ist nutzlos.«

Wie ist ein solcher Unterschied bei der Übersetzung möglich? Nach meinen Erkenntnissen, das heißt nach sechsjähriger Forschungsarbeit – auch mit Hilfe eines ausgeklügelten Computerprogramms zum Vergleich von Textstellen etc. – konnte ich sowohl ausdrücklich im Text verbalisiert als auch methodisch reproduzierbar nachweisen, daß Nostradamus folgende Techniken beim »mühsamen Verdecken«, wie er selbst wörtlich sagt, benutzt hat:

Der Originaltext muß von Interpunktion und Wortzwischenräumen befreit werden, dann sieht eine Buchstabenkette so aus:
Estantassisdenuictsecretestude
Seulreposésurlaselledaerain
Flambeexiuqesortantdesollitude
Faictprospererquinestacroirevain

Dieser Text wird neu zerlegt:
»Est an assis d en vict / secret est ude
Seul repose sur la / celle d aera in
Lampe exi que sortant de sol lit ude
Aict prosperer qui n est a c / roi revain.«

Die daraus folgende Übertragung ins Deutsche konnten Sie bereits weiter oben lesen. Aber damit haben wir ja nicht einmal die Hälfte der Geheimnisse des Nostradamus-Textes enträtselt. Denn nun folgt die Zerlegung des Textes rückwärts:
»E tut ce ter c est qi une d sis satnat se
Ni araete le sal rus es o b er lues
E tut il l os et d nat ros ev qi xeeb mal
Ni ave roi r ca d seniu q rere b sorb d qi a.«

»Und alle diese Erden / hundert sind es / die einem der sechs Satane gehören
Niemals festgehalten ist das hinterlistigste Salz /
am Ende zwei Irrtümer der Wölfinnen
Und alle Inseln der Knochen und in der Rose Geborenen dem Übel bei [1055.2 = eine Zeitangabe] geweiht sind. Weder hat der König das Geheimnis dieser vier Alten noch das der Letzten /
zwei schlürfen von dem einen.«

Um Sie mit der Auslegung nicht allein zu lassen, gestatten Sie mir hier einen Exkurs: Laut dieser Textstelle gibt es hundert von Intelligenzen bewohnte »Erden« in unserem für uns erreichbaren Universum.
    Sie sind vor dem Wort »Satane« erschrocken? Dabei handelt es sich jedoch nicht um Teufel, wie jeder Eingeweihte weiß, sondern die sechs ersten Schöpfungsgedanken Gottes.

In der zweiten Zeile geht es um eine chemische Verbindung (hinterlistiges Salz) und einen Hinweis auf eine Verfälschung des Wissens durch Etrusker.

Die dritte Zeile enthält den Hinweis, daß diejenigen Erden, die mit knochenhabender Intelligenz bevölkert sind, ein Desaster erleben werden. Die letzten zwei Zeilen beziehen sich auf Überlieferungen der Etrusker, wonach der Ausgangspunkt der Flucht unserer Vorfahren in der Nähe des Sirius begann. Zwei schlürfen von einem (Wölfin – Romulus und Remus) – besser kann man auf die Etrusker nicht aufmerksam machen. Aber zurück zum Thema.

Der Nostradamus-Code enthält eine weitere Besonderheit – nämlich einen Doppelsinn in den Texten – die, wenn sie bekannt ist, dem Übersetzer kaum Schwierigkeiten bereitet. Voraussetzung ist, daß er systematisch vorgeht.

Nostradamus hat noch eine Technik genutzt, um mit wenigen Buchstaben und Worten viele Informationen hinterlegen zu können.

Stellen Sie sich bitte folgendes vor: Nostradamus hat das wichtigste Ereignis des Jahres 2000 und des Jahres 3000 für die Menschheit ersehen und niedergeschrieben. Nehmen wir einmal an, es handelt sich im Jahre 2000 um ein Unglück mit weitreichenden Folgen: Ein Kampfflugzeug ist in einen Atommeiler gerast und hat eine Verstrahlung ausgelöst. Und nehmen wir an, es handelt sich im Jahre 3000 um einen Angriff, der von Weltraumschiffen gegen eine dann existierende Marskolonie vorgetragen worden ist.

Nostradamus versucht, beide Ereignisse mit ähnlichen Worten zu schildern, die sowohl für 2000 als auch für 3000 zutreffen werden. Lediglich die »Adresse«, das heißt die Formulierung der Beschreibung zur Identifikation, um welches Ereignis es sich handelt, hat er zweideutig hinterlegt.

Hierzu wendete er den von ihm gerne praktizierten und oben schon erwähnten Buchstabentausch an: Ein hartes T wird zum weichen »D«, oder umgekehrt, so daß aus dem Wort »monde« (Welt) ein »mont« (Berg) oder »monte« (besteigen) wird.

Versuchen wir einmal, unser Beispiel nach der Methode des Nostradamus in Worte zu kleiden: »Angriff erfolgt auf den Berg, in dem Schlimmes entsteht.«

Im ersten Fall (2000) hat Nostradamus den Sturz des Flugzeugs auf den Betonberg des Reaktors als »Angriff« beschrieben. Im zweiten Fall (3000) wird es tatsächlich ein Angriff sein.

Diese mentale Beweglichkeit ist erforderlich, wenn man in die Entschlüsselung der Texte einsteigen möchte.

Das zweite Wort zur Identifikation ist das Wort Berg, französisch »mont«. Einmal sieht der Reaktorkegel wie ein Berg aus. Tauscht man – was nach den Regeln des Nostradamus legitim ist – das T gegen ein D im Wort mont aus, so entsteht »mond« (»le monde«), zu deutsch Welt. So haben wir eine zweite Aussage: »Angriff erfolgt auf die Welt, in der Schlimmes entsteht.«

In der vorangegangenen oder folgenden Textzeile wird Nostradamus eine weitere Identifizierung, diesmal für den Begriff »mond« geben, in dem er zum Beispiel offen vom Mars spricht. So ist es ohne weiteres möglich, die Zuordnung eindeutig zu treffen, denn im Jahre 2000 wird noch kein Mensch auf dem Mars gelandet sein, ergo kann es sich nur um das Jahr 3000 handeln, von dem wir mit Sicherheit annehmen dürfen, daß Menschen den Mars bevölkern.

Mit dieser kleinen Einführung in die Technik des Nostradamus möchte ich den theoretischen Teil dieses Buches abschließen und Ihnen eines der für mich faszinierendsten Kapitel der Nostradamus-Forschung vorstellen: Texte, die ich bisher gefunden habe zum Thema »Nostradamus in eigener Sache«.

4.
Nostradamus – Seine Verse in eigener Sache

Das fängt, wie kann es anders sein, mit den ersten beiden Versen des 1. Kapitels beziehungsweise der Centurie I. an. Wer nicht in die Geheimnisse des Nostradamus eingedrungen ist, wird aus seiner Sicht zu Recht sagen, daß diese ersten beiden Verse der Beginn des Werks seien, das heißt, dies sei der Anfang des Buchs. In der bisherigen Deutung durch Nostradamus-Autoren wurden die ersten beiden Vierzeiler immer schon als Mitteilungen in eigener Sache angesehen. Das ist logisch, denn sie stehen scheinbar am Anfang des Buchs.

I, 1 1. Zeile:

Original:	Estant assis de nuict secret estude
A Lesart:	Est ant as sis tenu 1 C T secre tes tute
B Lesart:	Est ant assis d en vict secret estude

Übersetzung:

Original:	Sitzend bei geheimen nächtlichen Studien
A Lesart:	Ist zuvor die Tafel sechs enthält ein hundert geheime Thesen insgesamt
B Lesart:	Osten zuvor verhilft zum Sieg. Geheime Übungen

I, 1 2. Zeile:

Original:	Seul repose sur la sell d'aerain:
A Lesart:	Sev l rebose sur la sell Taera in:
B Lesart:	Seul repose sur la sell d'aera in:

Übersetzung:

Original:	Allein sitzend auf dem bronzenen Dreifuß:
A Lesart:	Abfahrt der Zurückversetzung auf den Thron der eingeweihten Erde:
B Lesart:	Einsam zurückversetzt auf den Sattel der eingeweihten Zeit:

I, 1 3. Zeile:

Original:	Flamme exique sortant de sollitude,
A Lesart:	L amme exi que sortant de sollitude
B Lesart:	Flamme exique sortant tes olli tute

Übersetzung:

Original:	Eine winzige Flamme zeigt aus der Einsamkeit
A Lesart:	Die ausgetretene Seele, die die Einsamkeit verlassen hat
B Lesart:	Das Flämmchen verläßt die ganze ölige Lehre

I, 1 4. Zeile:

Original:	Fait prosperer qui n'est a croire vain.
A Lesart:	Aid prospere r qui n'est a c roi evain
B Lesart:	Fait prospere r qu ines ta croire vain

Übersetzung:

Original:	Wächst hervor, damit der Glaube nicht vergeblich ist.
A Lesart:	Hilfe erwächst durch R, daß nichts ist außer der Liebe der 100 Könige
B Lesart:	Macht größer die Weissagungen, welche einweihen deinen Glauben in die fünf, welche die Zahl haben

Das waren also unsere Möglichkeiten. Und hier die klassische Übersetzung, wie man sie in allen Nostradamus-Veröffentlichungen der letzten hundert Jahre findet:

1. Zeile:	Sitzend bei geheimen nächtlichen Studien
2. Zeile:	Allein sitzend auf dem bronzenen Dreifuß
3. Zeile:	Eine winzige Flamme zeigt aus der Einsamkeit
4. Zeile:	Wächst hervor, damit der Glaube nicht vergeblich ist.

Und nun die Version des Nostradamus in eigener Sache im Zusammenhang mit den notwendigen geringfügigen Anpassungen, um den Sinn zu verstehen:

1. Zeile:	Vorausgeht die Tafel sechs. Enthält ein hundert geheime Thesen insgesamt.
2. Zeile:	Einsam zurückversetzt auf dem Dreibein der Zeit, die alles weiß.
3. Zeile:	Der ausgetretenen Seele, die die Einsamkeit verlassen hat,

4. Zeile: Hilfe erwächst durch R, daß nichts ist außer der Liebe der 100 Könige.

Erstaunlich, wie sich alles zusammenfügt. Wer Band I über die »Weissagungen des Nostradamus – Neu entschlüsselt« gelesen hat, weiß, daß die Nostradamus-Zeitrechnung in Wirklichkeit 1555 und somit in Centurie V, Vers 55, beginnt. In Zeile 1 steht: Sechste Tafel = 16. Jahrhundert 100 geheime Prophezeiungen.

Die drei folgenden Zeilen beschäftigen sich mit der Sehermethode des Nostradamus, sind somit in eigener Sache geschrieben worden. So stellt sich uns die Frage: Wie sieht das Dreibein der eingeweihten Zeit aus?

Nostradamus spricht von einem »Austreten« einer Ekstase (Körperaustritt der Seele), das heißt, er hat die Zeitreisen unternommen, ohne den eigenen Körper mitzunehmen. Nostradamus erklärt weiter, daß sich die Seele durch die Bindung an den Körper in einer Isolierung, einer Einsamkeit befindet. Diese kann der Zeitreisende aufheben, wenn er den Körper verläßt.

Absolut neu und somit eine kleine Sensation für Esoteriker ist der Hinweis, daß Nostradamus mit Hilfe eines Gerätes, daß er hier »R« nennt, seine Zeitreisen unternommen hat. Mit »R« kürzte Nostradamus gerne eine Sache ab, die er als Rarität ansah. Seine Zeitreisen

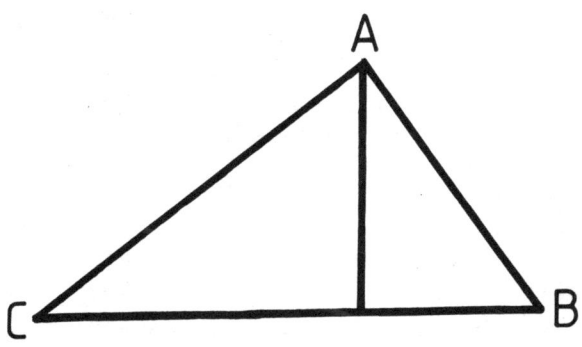

Mit dem Dreibein meint Nostradamus dieses rechtwinklige Dreieck. Unterschied: Punkt A liegt am rechten Winkel! Strecke AB = Zeit; AC = Raum.

glichen somit nicht einem unwillkürlichen »Zufallsausflug« der Seele – wie zum Beispiel bei »Traumreisen« –, sondern waren punktgenau programmiert für einen gewollten Zeitsprung.

Und nun der zweite Vers in eigener Sache, jedoch ohne vorherige ausführliche Ableitung:
Centurie I, Vers 2: Wasche das, was in die Hand gegeben, in der Mitte der Äste. Unweit der Insel. Tausend, wo fünfzig und der Saum und das P ist. Eine ängstliche Stimme. Göttlicher Glanz und das Göttliche ist nahe, sich niederzulassen.

Auf den ersten Blick erscheinen auch den bisherigen Nostradamus-Autoren die Texte auf der Hand zu liegen. Läßt sich doch recht gut herauslesen, daß Nostradamus hier die Riten der Vorhersagekunst, wie sie in Delphi und anderen griechischen Stätten praktiziert wurden, beschreibt. Man könnte vermuten, daß Nostradamus das entsprechende Buch des Marsilius Ficinius (1433–1499) gekannt hat.

Schaut man mehr auf die Zerlegung der Textzeilen und berücksichtigt dabei das »zwölfteilige Täfelchen«, von dem Nostradamus in den Anweisungen für die Offenlegung seiner Texte spricht, dann weisen dessen geometrische Dreiecke eine Reihe »Äste« und »Zweige« auf. Man merkt dann sehr schnell, daß hier ein Hinweis auf die göttliche Geometrie erfolgt.

Offenbar werden Konstruktionsregeln für ein Gerät beschrieben, das einem Zeitreisenden hilft, den Geist beziehungsweise die Seele vom Körper zu lösen und zu »starten«, um sich in andere Zeiten zu begeben und sich dort aufzuhalten. Wehren Sie bitte einen solchen Gedanken nicht gleich ab. Es handelt sich hierbei übrigens keineswegs um den einzigen Vers, in dem von Nostradamus ein solcher Hinweis gegeben wird.

Da ist zum Beispiel der Vers 6:
Centurie V, Vers 6: »Dem König der Propheten sicher der Schlüssel in die Hand gegeben ist. Wird kommen, um für den Frieden Italiens zu bitten.«

In diesen Zeilen verweist Nostradamus ausdrücklich auf die Tatsache, daß seine Prophezeiungen absolut seriös sind und er einen Hauptzweck dieser Arbeit darin sieht, Italien in einer schlimmen Zeit der Unterdrückung des Glaubens eine Hoffnung zu geben. (Denken Sie bitte daran, daß Italien laut Nostradamus rund fünfhundert Jahre lang islamisch sein wird. Nostradamus kündigt einen zweiten Propheten für die Zeit um 2500 an!)

In der nächsten Anmerkung, **Centurie V, Vers 39**, macht Nostradamus auf den Ursprung seines Könnens aufmerksam:
»Durch den wahren Zweig der Blume des Lichts hervorgegangen. Gestellt und beherbergtes Erbe der etruskischen Einweihung. Sein Antiblut, welches von langer Hand ausgedacht. In der Zeit von Florenz zum Blühen gebracht in den Wappen.«

Demnach geht die Fähigkeit des Visionärs auf die Einweihung in die Geheimnisse der Etruskischen Bruderschaft zurück, die eine Renaissance mit und ab Dante erlebte, einen Höhepunkt in Siena erfuhr und anschließend noch in Florenz in den geometrischen Formen (Wappen) blühte.

In dem Kapitel über die »Etruskische Bruderschaft« werde ich versuchen, Ihnen weitere Hinweise zu geben. Es ist faszinierend, wie deutlich Nostradamus auf die Etrusker verweist.

Aber es gibt noch weitere Verse in eigener Sache – wobei es für einen Nichtpropheten wirklich schwer ist, den nächsten Vers zu verstehen:
Centurie V, Vers 53: »Das Gesetz der Sonne und Venus zusammengefaßt. In sich aufnehmen den Geist der Prophetie. Nicht der eine, nicht der andere werden einverstanden sein. Durch die Sonne wird gehalten werden das Gesetz des großen Messias.«

Was auch immer damit gemeint ist, eines Tages wird man wohl begreifen, wieso die Sonne (eine sterbende Lebensbringerin) und die Venus (die bekanntlich ursprünglich nicht zu unserem Planetensystem gehörte) bei der Reise durch die Zeiten für den Propheten eine Rolle spielen.

Wenden wir uns dem nächsten Vers in eigener Sache zu. Hier spricht Nostradamus von einer Universalwissenschaft, die ihre Inhalte irgendwo – in Südfrankreich – versteckt hat. Ich kann dazu nichts sagen, außer daß am Oberlauf des Flüßchens Aude nach Schätzen der Katharer gesucht wird.

Und dies ist der Vers, der dafür verantwortlich ist, warum viele Nostradamus-Anhänger in Südfrankreich einem geheimen, von ihrem Idol verborgenen Schatz hinterherforschen.
Centurie V, Vers 58: »Vom Äquadukt aller Wissenschaften die Zählung gehalten wird. Bewacht das Schmierige. Durch Wald und Berg unzugänglich. In der Mitte der Brücke wird sein eine Tasche in der Faust. Die Kette gebrauche solange es wird schrecklich sein.«

Ich interpretiere diese Zeilen wie folgt. Ein in der Römerzeit errichteter Wasserkanal, der schwer zu erreichen ist, weil er inmitten von bergigem Gelände im Wald liegt, überquert einen Fluß. Dort mitten im Fluß steht ein Pfeiler (Faust). In diesem Pfeiler befindet sich eine Aushöhlung (Tasche). Lasse dich an der Kette hinunter, damit du nicht abstürzt.

Und was erwartet dich als Lohn (erste Zeile)? Die mathematischen Formeln aller Wissenschaften.

Acht Verse später setzt Nostradamus den vorangegangenen Text fort. Er lautet:
Centurie V, Vers 66: »Unter dem Heiligen, welche großartige Täuschung bei der 10. Nicht weit vom Äquadukt, welcher zerstört ist. Sonne und Mond sind das Leuchten ohne Glanz. Brennende Lampe, goldenes Dreieck. Grabmeißel.«

Jetzt erfahren wir, daß der künstliche Wasserlauf zu Zeiten Nostradamus' bereits zerstört war. Der Zugang ist aufgrund einer genialen Tarnung für den nicht in das Geheimnis eingewiesenen Sucher unauffindbar. Der Rest deutet auf Inhalte jener Schatzkammer.

Dieser Vers enthält zudem einen Hinweis, den wir unbedingt als weiteres Indiz beachten sollten. Das goldene Dreieck, hervorgehend aus der göttlichen Geometrie des Pythagoras, scheint hier gemeint zu sein. Demnach ist klar, daß es im ersten Vers I,1 nicht um einen dreibeinigen Schemel, den Dreifuß geht, sondern tatsächlich, wie schon vermutet, um das »Pythagoreische Dreieck«.

Weiter in den Texten.

Centurie V, Vers 66: »Hinaufsteige auf die höchste Höhe zur Rechten. Unsterbliches sitzt auf dem viereckigen Stein. Gegen die Mitte stelle dich an das Fenster. Niedere Gabe aus Gold in der Hand, stoße ohne Zögern zurück.«

Nostradamus gibt somit den Ort seiner Zeitreisen bekannt. Das bedeutet, er hat die Visionen nicht in seinem Haus in Salon en Provence erschaut, sondern an jenem geheimen Ort, dessen Inneneinrichtung er in diesem Vers beschreibt.

Der Sinn der Zeilen läßt sich wie folgt erläutern: Man steigt steil hinauf, wendet sich nach rechts und gelangt dann zu einem viereckigen Gebilde, das Nostradamus als Stein beschreibt, jedoch in Wirklichkeit ein Gerät, ein Mechanismus ist. Man soll sich genau in die Mitte davor stellen, wo sich ein Guckloch (Fenster) – heute würde ich sagen, ein Bildschirm – befindet.

Man soll nicht das herumliegende Gold oder die hier hinterlegten Schätze beachten (zurückstoßen), sondern den viereckigen Stein.

Die weiteren Mitteilungen in eigener Sache von 1600 bis 1899 habe ich bisher noch nicht eindeutig identifizieren können. Dies ist so schwierig, weil er offenbar nicht zu jedem Jahrhundert Notizen zu seiner Person hinterlassen hat. So habe ich für das 20. Jahrhundert nur zwei Zeilen gefunden. Sie lauten:

Centurie IX, Vers 84: »Die Flut bricht den Marmor und Verschluß des Grabes eines großen Römers – Lehre in die Einweihung der Medusa.«

Der größte Römer aller Zeiten wird wohl, und ich bin mir sicher, daß dies nach der Neuordnung der Geschichtsabläufe der Antike auch bestätigt wird, Pythagoras sein. Seine Jünger gründeten das wahre Rom! Sie wurden schon hundert Jahre später aus Rom vertrieben und sind in den toskanischen Etruskern später wieder aufgetaucht.

Nach diesem Text liegt es auf der Hand, daß irgendwo – vermutlich in der Toskana – von uns noch nicht bemerkt im Jahre 1984 der entscheidende Schritt geglückt sein dürfte, der uns den Zugang in die Geheimnisse des Pythagoras und die Kunst der Prophetie öffnen wird.

Etwa neunzig Jahre später (von 1984 gerechnet) ist es dann soweit: Nostradamus gibt die endgültige Originaloffenlegung seiner Prophetien bekannt.

Centurie X, Vers 73: »Die Zeit zeigt für 500 Jahre, das, was vorübergegangen ist. Sie wird gerichtet werden durch den großen idealistischen Spieler. Später wird die Welt seiner überdrüssig werden. Und ihm untreu werden durch die Geistlichkeit, die ihm geschworen hat.«

Geschichtliche Überlieferungen sind meiner Erfahrung nach in den meisten Fällen ungewollt, mangels Hintergrundkenntnissen oder sogar von den damals lebenden Historikern aus Gründen der Staatsräson bewußt verfälscht worden.

Nostradamus sagt, daß durch seine Prophezeiungen ein weiterer Nutzen für die Menschen darin besteht, daß sie im Vergleich seiner Texte mit historischen Texten Geschichtsfälschungen schneller entdecken und dadurch die Möglichkeit haben werden, die »Wahrheit« zu erfahren.

Ein Beispiel: Den spanischen König bezeichnet Nostradamus als Drahtzieher des Dreißigjährigen Krieges!

Noch ein Beispiel: Er berichtet davon, daß Napoleon nach seinem Waterloo-Desaster von den Alliierten betrogen wird, weil sie Zusagen nicht einhalten. Recherchiert man in den Geschichtsbüchern, dann entdeckt man, daß Napoleon wochenlang auf einem Schiff die Ausreise ins Exil hinausschob. Warum?

Die Prophezeiungsverse für das 22. Jahrhundert bringen uns den nächsten Hinweis in eigener Sache:

Centurie II, Vers 99: »Römische Scholle, die auslegt die Weissagung. Durch die gallische Vereinigung, durch die viele schikaniert werden.«

Nostradamus begründet hier die Herausgabe der Zukunftsschau unter anderem damit, daß er sie als eine Art tröstlichen Hinweis für das 2299 im tiefsten Tal islamischer Unterdrückung befindliche Christentum ansieht. Mit anderen Worten: Die im Untergrund lebenden Christen werden seine Prophezeiungen mit den darin enthaltenen Hinweisen auf das Ende des Islam als Trost und Hoffnung empfinden.

In einem Vers, der fünfzig Jahre später datiert ist, wird es nochmals zur Person Nostradamus interessant:
Centurie III, Vers 46: »Der Himmel überwacht die Situation unserer Vorhersage. Durch belebende Geistlichkeit und durch die Fixsterne. Was sich verändern wird plötzlich, indem es sich Altem nähert. Weder für sein Wohl noch für sein Wehe.«

In diesem Vers gibt Nostradamus einen Teil des Geheimnisses seiner Zeitzuordnung oder Zeitfindung bekannt. Es sind die Fixsterne. Damit ist auch klar, warum Nostradamus gegen Astrologen der üblichen Schulen wettert, denn er verspottet sie unter anderem im Vers 100 von Centurie VI. als Tölpel.

Er fährt in diesem Vers fort und sagt, daß die eigentlich größte Veränderung im Denken der Menschen die Wiederentdeckung unserer Vergangenheit sein wird. Hierzu müssen wir wissen, daß unsere Urahnen, die vor Jahrtausenden die Erde bevölkert haben, uns Aufzeichnungen über unsere Herkunft und unsere Zukunft hinterließen. Jene Datenbanken aus der Vergangenheit werden entdeckt und weder zum Wohl noch zum Schaden der Menschheit gereichen.

Im nächsten Vers wird es dann klar: Nostradamus benutzte irgendein Gerät, um sich auf Zeitreise im Geiste zu begeben. Der Begriff »Kopf« = »tet« wird von ihm ansonsten für eine Konstruktion angewandt, die ich als Großrechner übersetze. Es wird vor allem Rechenzentren im Erdorbit geben, weil sie wohl dort unter Weltraumbedingungen am schnellsten zu arbeiten imstande sind.
Centurie III, 74: »Sein wird auf Erden mein Kopf, den sie lachend kaufen. Um Nachsicht zu üben gegenüber dem Übel. Beklagen werden sie die Tatsache, ihren Herrn verspottet zu haben.«

Demnach werden im Jahre 2374 Menschen in der Lage sein, einen Apparat gleich jenem, den Nostradamus besessen oder in der vorher beschriebenen geheimen Höhle verborgen hat, zu kaufen. Von diesem nachgebauten »Kopf«, von dem ich schon in meinem ersten Buch gesagt habe, daß sich dahinter der sogenannte »Kopf des Johannes« verbirgt, wird es offenbar beliebig viele Reproduktionen geben.

Und das Gerät wird – wie sollte es anders sein – von den dann lebenden Menschen mißbraucht, laut Nostradamus unter anderem, um eine später ausgelöste Fehlentwicklung in der Zivilisation zu beschönigen oder gar zu rechtfertigen.

Lassen Sie uns zum Schluß dieses Kapitels den meiner Meinung nach letzten Vers in dieser Reihe betrachten:
Centurie III, Vers 94: »Für 500 Jahre mehr berechnet, als man halten wird. Derjenige, welcher gewesen war die Zierde seiner Zeit. Dann auf einmal es große Klarheit geben wird. Die diejenigen dieses Jahrhunderts sehr aufrichten wird.«

Worum geht es hier? Wenn wir diesen Vers statt für 2394 für 3394 zuordnen (was legitim ist) und gleichzeitig beachten, daß laut Nostradamus die Prophezeiungen für die Zeit von 1555 bis 3797 niedergeschrieben wurden, dann steht hier, daß Nostradamus für fünfhundert Jahre weiter Weissagungen hinterlassen hat, als nötig wären. Wir Menschen werden von 3797 minus 500, somit ab 3292, praktisch nicht mehr auf der Erde leben. Das wird weiter nicht schlimm sein, denn die Endzeit hat begonnen, und die Menschheit ist fähig geworden, sich in einem anderen Planetensystem, von dem Nostradamus übrigens in seinen Prophezeiungen berichtet, eine »neue Erde« unter »einem neuen Himmel« zu suchen.

Nostradamus sagt, daß er die ersten fünfhundert Jahre dieser Zeit des »Woanders-Seins« der Menschen in seinen Prophezeiungen mitberücksichtigt hat.

5.
Nostradamus und die
»Etruskische Bruderschaft«

Nachdem ich sie im vorangegangenen Kapitel bereits mehrfach erwähnt habe, möchte ich nun alles, was ich über die »Etruskische Bruderschaft« bis heute zusammenzutragen vermochte, veröffentlichen.

Ihr richtiger Name ist uns unbekannt. Und auch sonst wissen wir nicht besonders viel über diesen geheimen philosophischen Zirkel, wie ihn Nostradamus nannte.

Es sind nicht die Freimaurer, die etwa ab dem 17. Jahrhundert besonders von der englischen Insel aus aktiv wurden.

Es sind nicht die Rosenkreuzer, die Vorläufer der Freimaurer, deren Name von drei Rosen herrührte, die sie als Symbol pflegten.

Es sind nicht die Templer, die aus einem Kreuzritterorden hervorgegangen sind, obwohl es Kreuzritter waren, die das Wissen von einer Methode des Gottesnachweises wieder nach Europa brachten und dadurch die römische Kirche in große Verlegenheit brachten.

Es sind nicht die Katharer, ein Sammelbegriff für alle, die nicht mit den Dogmen der katholischen Kirche übereinstimmten.

Es sind nicht die Bogomilen, die in der zweiten Hälfte des ersten Jahrtausends die Geheimnisse um Johannes aus Kleinasien bis nach Südfrankreich brachten und übrigens heute als die Katharer schlechthin bezeichnet werden.

Es sind nicht die Urchristen, deren verschiedene Sekten in der ersten Hälfte des ersten Jahrtausends eine Geheimschrift benutzten, die verblüffende Ähnlichkeit mit jener hat, die auch Nostradamus rund anderthalbtausend Jahre später verwendet.

Es sind nicht die Römer, obwohl das Wissen von einer Art göttlicher Geometrie zur Grundausbildung eines jeden Edlen gehörte.

Es sind die Etrusker, von denen man zwar nicht weiß, woher sie stammen, die aber für Kundige viele Zeichen hinterlassen haben.

Von Pythagoras bis Goethe

Es war eine Gruppe der Pythagoreer, die um das Jahr 500 in Rom einen Idealstaat errichten wollten, in dem die Sprache, die Worte und deren Buchstaben gleich mathematischen Formeln zu setzen sind. Diese Gesetzmäßigkeiten mußten sich dann in der Musik in Harmonie und Disharmonie nachweisen lassen. Mathematik und die Philosophie dienten dazu, um die gesammelten Erkenntnisse – heute würden wir sie als Forschung bezeichnen – zu erleichtern.

Als diese Pythagoreer, die sich »Mathematiker« nannten, aus Rom vertrieben in die Toskana ausweichen mußten, waren sie die letzten, die in einer größeren Gemeinschaft die Erinnerung an etwas Geheimnisvolles pflegten, das ihr Gründer Pythagoras nach zweiundzwanzigjährigem Aufenthalt aus Ägypten mitgebracht hatte.

Es war identisch mit jenem Geheimnis, das die etruskische Kultur in Symbolen darstellte, die auffallende Ähnlichkeit mit ägyptischen Schriftzeichen zeigen. Möglicherweise muß Pythagoras als eine Art Erneuerer dieses Wissens betrachtet werden, dessen Wurzeln in Ägypten lagen.

Die Bezeichnung »Etruskische Bruderschaft« ist deshalb von mir gewählt worden, weil es zur Zeit keine Quelle gibt, die jene mysteriöse Gemeinschaft mit einem Namen belegt. Würde ich von einer »ägyptischen Bruderschaft« sprechen, dann wäre eine Begriffsverwirrung vorprogrammiert, zumal es Ägypten als Staat gibt. Sobald der wahre Name bekannt geworden ist, sollte man auf meinen Hilfsbegriff ohnehin verzichten. Ich danke bereits im voraus jedem Leser für Hinweise, aber glauben Sie mir, alle Recherchen führen auf die zuvor genannten Grundrichtungen zurück und führen nicht zu dem Namen, der existieren muß.

In diesem Jahrtausend war es Dante, der auf das Geheimnis der Etrusker stieß und damit in Italien die Renaissance auslöste. Diese

Bruderschaft, der übrigens auch Frauen angehörten, besteht/bestand aus einem europäischen, einem indischen und einem asiatischen Zweig. Deren Verbindungen untereinander sind in den von ihnen verwendeten Symbolen und Lehrtafeln nachweisbar, was eines Tages den Zusammenschluß aller großen Weltanschauungen begünstigen wird.

Blickt man auf die Überreste der etruskischen Kultur, entdeckt man den Zusammenhang mit den Pythagoreern. Diese Auffälligkeit hat mich bewogen, vorerst von einer etruskischen Bruderschaft zu sprechen. Wäre die Rede von einer pythagoreischen Bruderschaft, würde dies zu Verwirrungen führen, denn dann müßten die Akusmatiker, eine Richtung innerhalb der pythagoreischen Anhängerschaft, eindeutig ausgeklammert werden.

Nach dem Tode des Pythagoras spaltete sich seine Anhängerschaft in die Wortgläubigen, die man Akusmatiker nannte, und in die Regelgläubigen, die Mathematiker.

Erstere sagten: »Der Meister hat gesagt, also ist es so.«

Letztere akzeptierten nur, was sich durch Ableitungen und Regeln beweisen ließ.

Also: »Zwei und zwei ist vier. Wenn . . . ist, dann wird . . . sein, weil . . . ist.« Was zu beweisen war.

Nostradamus spricht von einem »geheimen philosophischen Zirkel« und deutet an einer anderen Stelle in seinen geheimen Begleitschriften an, daß der Name etwas mit einer schönen breiten Straße zu tun hat. Setzen wir im Experiment die Worte gleich Formel, könnten wir rekonstruieren:

Via Voxes

Das nun in Mathematik:

6	Alpha	– VI A
5	Omega	– V O
10	ist	– X es

oder 6 Alpha plus 5 Omega = 10.

Diese Buchstabenreihe »Via Voxes« hat auch deshalb einen gewissen Reiz, weil Nostradamus den Anfang seines Werks, das wir hier besprechen, bei der Centurie VI beginnen läßt: (Legis cantio . . .). Dessen Ende würde dann nach zehn Centurien zu finden sein.

Auf der anderen Seite der Betrachtung steht in den Vorhersagen für die nächsten Jahrhunderte die Wiederauffindung des »Tons der Töne«, laut Nostradamus der Transaktionston. Mit dieser Frequenz wird man unbegrenzt Energie gewinnen, Zeitreisen mittels hoher Frequenzen unternehmen und die Schöpfung als schwingendes Ganzes verstehen lernen.

Als im ersten Jahrhundert nach Christus Pompeji durch den Vulkanausbruch des Vesuvs für die Nachwelt konserviert wurde, ist eine Stadt voller geometrischer Mosaikbilder sowie pythagoreischer/etruskischer Ursymbole erhalten geblieben.

Zurück zu den Spuren der »Etruskischen Bruderschaft«: Am Anfang standen wohl Pythagoras und seine Schule. Seine Anhänger spalteten sich, wie schon erwähnt, sehr früh in zwei Gruppen, was für unsere Betrachtung sehr wichtig ist.

Die Akusmatiker

Diese Gruppe dominiert seit zweieinhalb Jahrtausenden, weil es leichter ist, zu postulieren:

Pythagoras hat gesagt, also ist es so. Buddha hat gesagt, also lebt man so. Jesus hat gesagt, also wird es verbreitet. Mohammed hat gesagt, also wird es verteidigt. Jehova hat gesagt, also ist es die einzige Wahrheit. Gott hat gesagt, also ist es der Ursprung aller Wahrheit.

Die Bibel ist Gotteswort, also ist es unumstößlich. Der Koran ist Gotteswort, denn Mohammed ist sein Prophet.

Die Akusmatiker, die Gläubigen, die nichts belegen mußten, hatten es leicht. Glaubst du mir etwa nicht – dann zieh ich mein Schwert und töte dich. Also glaubte man, um nicht umgebracht zu werden.

Die Mathematiker

Sie akzeptieren nur das, »was zu beweisen war«, eine typische Redewendung der Mathematiker. Ihr Problem bestand jedoch darin, daß sie damals mangels technischer Hilfsmittel ihre genialen Ableitungen nicht in die Praxis, das heißt durch Anwendung der Naturgesetze, umsetzen konnten.

Ihr Grundsatz nahm sie in die Pflicht, erst etwas beweisen zu müssen, bevor man ihnen Vertrauen schenken durfte. Je kühner die Ableitungen ausfielen, desto unmöglicher wurde damals deren Untermauerung. Die Mathematiker mußten sich mit der Zeit den Akusmatikern, den Jüngern der Intoleranz, ausliefern. Die Akusmatiker blieben sich treu und duldeten keine weitere Weltanschauung außer der ihren. So blieb den Mathematikern nichts anderes übrig, als irgendwann einmal in den Untergrund zu gehen, denn der gegen sie gerichtete Vorwurf lautete: Sie wollen die Schöpfung berechnen, sie wollen Gott berechnen! Und das kann man nicht, und das darf nicht geschehen. Für die Akusmatiker waren die Mathematiker die wahren Gotteslästerer.

Sie, die Begründer des »neuen« Roms, wurden hundert Jahre später, also vor fast zweitausendvierhundert Jahren, in den Untergrund gedrängt. Überlebt haben nur wenige Abhandlungen, die die Zusammenhänge von Mathematik und Schöpfung nicht berührten, in Griechenland. Aber selbst das Erlernen der griechischen Sprache war bis in das 16. Jahrhundert von der Kirche verboten.

Das hat sich während der letzten zweihundertfünfzig Jahre grundlegend geändert. Die neu entstandenen Naturwissenschaften und die Beobachtungen der Männer und Frauen, die sich mit Chemie, Physik, Astrophysik, Atomphysik und dergleichen beschäftigten, vermochten die Ableitungen der Urmathematiker zu beweisen.

Es wurde plötzlich möglich, Gesetzmäßigkeiten der Natur nachzuvollziehen und beispielsweise Theorien wie jene von Albert Einstein einige Zeit später fundiert zu belegen.

Eine Wissenschaft, die sich anschickt, das Atom zu untersuchen, die Ausdehnung des Universums erforscht, sich mit den Energievorräten des Weltalls beschäftigt, wird auch vor einer Berechnung der Schöpfung nicht zurückschrecken.

Welch Lichtblick! Die Mathematiker sind im Kommen. Heute schauen viele von ihnen triumphierend auf die Akusmatiker herab und nehmen die Wortgläubigen nicht mehr ernst. Das Pendel schlägt in die andere Richtung aus. Ist das eine gute Entwicklung?

Die heutigen Mathematiker, die sich mehr als Naturwissenschaftler verstehen, wissen von der traurigen Vergangenheit ihres Berufsstandes nichts, denn sie begründen all ihr Wissen auf die Männer und

Frauen der letzten zweieinhalb Jahrhunderte. Jedoch wird diese Einschränkung bald fallen und die »Etruskische Bruderschaft« ihre Renaissance erleben.

Die Zeichen der Mathematiker

Nachdem nur vereinzelte Spuren auf diese Gruppe hindeuten, stellt sich die Frage, ob es ein übergreifendes Indiz dafür gibt, daß Mathematiker im Sinne von Pythagoras am Werk waren. Diese Anzeichen sind vorhanden.

Beginnen wir mit der Auffindung allen Anfangs. Das 5 x 5-Brettchen ist der rote Faden durch die Jahrtausende.

Die Bibel: Johannesoffenbarungen
Die vierundzwanzig Weisen vor dem Thron Gottes,
was in einer Skizze folgendermaßen aussieht:

```
0 0 0 0 0
0 0 0 0 0           Eine mathematische Formel:
0 0 X 0 0           0 = die 24 Stühle,
0 0 0 0 0           X = der besondere Stuhl.
0 0 0 0 0
```

Das Geheimzeichen der Kreuzritter:

```
0 0 0 0 0
0 X X X 0
0 X A X 0
0 X X X 0
0 0 0 0 0
```

Das Täfelchen des Nostradamus:

```
N X 0 X S
X R X T X
X X A X X
X A X D X
M X U X S
```

Das Täfelchen Johann Wolfgang von Goethes:

```
D X 0 X C
X 0 X T X
X X R X X
X A X F X
U X S X T
```

Und schließlich die Urmutter aller dieser Vorlagen:
Stellen Sie sich bitte eine Art Schachbrett vor, das aus fünf mal fünf schwarz-weißen Feldern besteht.

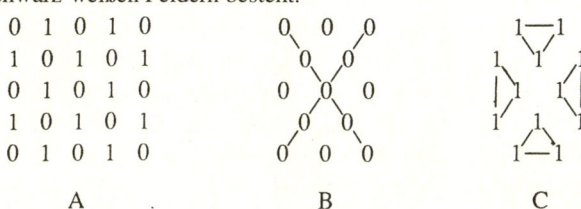

A ist die Vermischung aus zwei Zustandsformen. Nostradamus nennt diese »Zwei« auch die »Urewige Zwei«, aus der alles hervorgeht, in die alles zurückkehrt.

Entflechten wir die gleichmäßige Vermischung der »Urewigen Zwei«, dann erhalten wir zum einen B, den »Strahlenden Becher« des Nostradamus, und C, ein Gebilde, das wie ein Malteserkreuz aussieht, wie wir das Symbol heute nennen. Diese Zeichen, einmal als »Raute«, dann als »Strahlender Becher« dargestellt, sind Ihnen schon im ersten Band vorgestellt worden.

Überall, wo uns diese Symbole oder Schablonen begegnen, war zumindest das Wissen der »Etruskischen Bruderschaft« vorhanden.

Von Diokletian bis Siena

Als die Christen einige Jahrhunderte nach Beginn der christlichen Zeitrechnung in Rom das Geschehen bestimmten, waren die letzten Pythagoreer bereits neunhundert Jahre zuvor in den Untergrund gegangen.

Wohin sind sie geflohen? Es liegt auf der Hand, daß sich diese

»Mathematiker« nicht nur in Richtung westliche italienische Mittelmeerküste abgesetzt haben. Einige wollten offenbar zurück nach Griechenland, wo ja ihr Lehrer und Meister Pythagoras zu Hause war. Hinsichtlich der Gruppe, die sich von Rom aus westwärts wandte, können wir annehmen, daß sie in den Etruskern aufgingen. Von der Gruppe die sich nach Osten wandte, wissen wir bis heute nichts. Denkbar, daß nicht alle Flüchtlinge Griechenland erreicht haben.

In der Gegend von Split, an der heutigen kroatischen Adria, wo Schiffe einst aus Italien landeten, müssen Angehörige der östlichen Gruppe im heutigen Städtchen Trogir »hängengeblieben« sein. Es kam dort zwar nie zu einer Blüte der Mathematiker des Pythagoras, aber zu einer Auffälligkeit, der mehr Beachtung geschenkt werden sollte.

Fünfundzwanzig Kilometer von Trogir entfernt baute der römische Kaiser Diokletian, der aus dieser Gegend stammte, einen prächtigen Alterssitz. Sein Leben verlief der damaligen Zeit und den Karrieremöglichkeiten entsprechend. Er wurde Soldat und als Befehlshaber der Garde schließlich zum Kaiser ausgerufen. Diokletian herrschte gemeinsam mit einem Mitkaiser von 284 bis 305 über das römische Imperium, bevor er abdankte und seinen Lebensabend bis 316 n. Chr. in Split im heutigen Kroatien verbrachte.

Die Reste seines Palastes sind heute noch sehenswert. Sein Wissen, das er besaß, ist im heutigen Split unbekannt, aber für denjenigen, der nach den Spuren der »Etruskischen Bruderschaft« sucht, ganz offen sichtbar. Die Geschichte, die Konstantin I. ehrt, muß möglicherweise umgeschrieben werden. Die Ehre gebührte Diokletian. Was Dante für die italienische Renaissance war, muß Diokletian für seine Zeit gewesen sein.

Der Grund für die Wahl seines Altersruhesitzes lag, wie schon erwähnt, etwa fünfundzwanzig Kilometer von Split entfernt auf einer Insel: das heutige Städtchen Trogir. Es beherbergt seit fast neunzehnhundert Jahren eines der großen Geheimnisse der Christenheit und war für Diokletian der Anlaß, seinen Lebensabend in der Nähe von Trogir zu verbringen.

Wenn in Rom der Petersdom steht, dann steht in Trogir der Johannesdom! Seit Jahrhunderten mit Mühe verdeckt, daß Johannes auf dem Wege nach Rom dort gestorben ist und in Trogir begraben wurde.

»Hic site corpus Johanni« markiert die Stelle im Boden der Kathedrale.

Zu einem späteren Zeitpunkt wird die staunende christliche Gemeinde erfahren, daß Johannes der Mathematiker und Petrus der Akusmatiker innerhalb der Gruppe um Jesus war. In Trogir müssen Mathematiker gelebt haben, die sich um ihren toten Freund Johannes kümmerten. So wird in Trogir in einem Depot der Bauplan für einen »sprechenden Kopf« aufbewahrt. Es ist die Kopie der Kopie der Kopie und wird auf etwa 1245 datiert.

Es lag aber im Interesse der römischen Kirche, Trogir nicht zum zweiten Mittelpunkt der Christenheit werden zu lassen mit allen Konsequenzen, die eine Diskussion um den wahren Sitz der katholischen Kirche ausgelöst hätte.

Im Zusammenhang mit den Kreuzzügen wurde diese Tatsache wieder bekannt und von Rom bis aufs Blut bekämpft. Hier die Akusmatiker um Petrus, da die Mathematiker um Johannes. In den italienischen Häfen wurde jeder Reisende aus dem Osten, insbesondere Kreuzritter, die zurückkehrten, erstochen, so daß viele versuchten, auf dem Landweg in ihre Heimat zu kommen.

Trotzdem gelangte dieses Wissen über Saint Gilles, einen französischen Hafen, nach Europa, und Rom mußte sogar einen Kreuzzug gegen die »Katharer« in der dortigen Gegend ausrufen.

Dante

Unabhängig davon wußte eine Gruppierung italienischer Katharer von dem Geheimnis um Johannes. Dante Alighieri, der größte italienische Dichter, geboren um 1265 in Florenz, erfuhr – möglicherweise durch das Studium der Chronik seiner Familie, denn er konnte seine Abstammung bis auf einen Kreuzritter aus der Zeit um 1100 zurückführen – von den Zusammenhängen.

Sein Hauptwerk, die »Divina commedia«, die »Göttliche Komödie«, deutet schon vom Namen darauf hin, daß sie das Geheimnis der Schöpfung, der Geschichte der Urmenschheit enthält. Sie ist nach dem gleichen System verschlüsselt wie die Prophezeiungen des Nostradamus, wobei wir klarstellen müssen, daß Nostradamus von Dante gelernt hat.

Es ist auch kein Zufall, daß die Göttliche Komödie aus hundert

Gesängen besteht. Der Name »Göttliche Komödie« beinhaltet auch das göttliche Spiel, das heißt die Komödie seiner Schöpfung. Bei Nostradamus wird die Geschichte der Menschheit bis in die Zukunft abgehandelt. Hat Nostradamus womöglich von Dante abgeschrieben, ins Französische übersetzt und neu verschlüsselt? Der Gedanke dürfte nicht ganz abwegig sein, denn da ist die Stadt Siena in der Toskana. Diese Stadt versuchte das Geheimnis der Geheimnisse zu verwalten. Es ist daher kein Zufall, daß Siena wiederum über lange Zeit die Bischöfe von Trogir stellte, die alle den Namen Johannes trugen!

Siena

Durch Dante wurde das Geheimnis der Mathematiker in der »Göttlichen Komödie« hinterlegt. Die Stadtväter von Siena, stark etruskisch beeinflußt, weil unter ihnen immer wieder Wissende den politischen Ton angeben konnten, bauten einen Dom, der von den Abmessungen größer geworden wäre als der Petersdom in Rom. In letzter Minute wurde dieser Frevel durch kluge Köpfe in Siena verhindert, so daß die Stadt nicht in Gefahr kam, völlig zerstört zu werden.

Die wissenden Stadtväter von Siena ritzten die von Dante neu entdeckten Gesetze der Mathematiker in Marmor, schmückten damit den Fußboden des Doms und ließen die Büsten von 172 Päpsten auf diese Geheimnisse blicken. Unterhalb dieser Ansammlung von Pontifizes hat man die Büsten von 36 christlichen Kaisern, von Konstantin bis Theodosius, aufgestellt. Mit diesem genialen Trick verhinderten sie eventuelle Forderungen, diese Marmorbilder als ketzerisch zu entfernen. So dachten die Wissenden: Etwas, worauf alle Päpste seit Jesus blicken, kann nicht falsch sein.

Einige Symbole der Stadtbezirke von Siena erinnern an ein uraltes Spiel der Mathematiker, in dem ein Rennen durch die Schöpfungsgeschichte nachgespielt wird. Wen wundert es, daß jährlich ein Pferderennen mit den Symbolen und Farben aller Stadtteile veranstaltet wird. Die Bürger erfreuen sich an dem Spektakel – der Wissende lächelt über den Fingerzeig durch die Jahrhunderte.

Die deutlich sichtbare »göttliche Geometrie«

Von Siena zu Nostradamus

Die Zeit vergeht. Die Florentiner erobern unter dem Fürstengeschlecht der Medici Siena. Plötzlich bekommen die Medici ein auffälliges Interesse an den Geheimnissen der Mathematiker. Aber auch die Österreicher suchen rege. Sehen wir uns die folgende Kette im Zusammenhang an:

- Papst Leo X., ein Medici, läßt nach etwas suchen und schickt Leonardo da Vinci damit nach Frankreich zu
- Franz I. Dieser wird in das Geheimnis eingewiesen. Der Franziskanermönch Rabelais übernimmt die Verwaltung und gibt es an seinen Freund Nostradamus weiter.
- Nostradamus hinterläßt das Geheimnis in den Prophetien.
- Spur verliert sich.

- Maximilian I. weiß von dem Geheimnis, will unbedingt in die Toskana, was von Venedig verhindert wird.
- Paracelsus wird der Nachlaßverwalter Maximilians.

- Shakespeare
- Herder, Goethe studieren in Straßburg die Schriften des Paracelsus und stoßen auf Shakespeare.
- Nostradamus wird von Goethe im »Faust« erwähnt.

Herder, Goethe und Shakespeare?

Fangen wir bei den letztgenannten an und betrachten einige Aspekte bei Herder und Goethe einmal aus einer anderen Sicht.

Hinter Goethe steckt mehr als das Wirken und die Arbeit eines Dichterfürsten. Das wird zwar den Freunden und Mitgliedern der Goethegesellschaft nicht gefallen, aber sie werden an den Tatsachen, die ich in den nächsten Jahren veröffentlichen werde, nicht vorbeikommen.

Allgemein wird die Zusammenarbeit von Goethe und Schiller herausgestellt. Herder gebührt die Ehre, neben Goethe zu stehen.

Herder und Goethe trafen sich zum erstenmal in Straßburg. Herder war von Riga aus zu einer Rundreise gestartet, um nach einem Modell zu suchen, wie er die höheren Schulen in Riga organisieren könnte.

Goethe hatte wegen einer schweren Erkrankung sein Jurastudium in Leipzig abgebrochen und wurde nach seiner Genesung von seinem Vater nach Straßburg geschickt, wo der Erwerb der akademischen Titel ohne große Anstrengungen möglich war.

Herder und Goethe freundeten sich an. In einem protestantischen Pfarrhaushalt, in dem übrigens auch ein paar hübsche Töchter wohnten, wurden die beiden jungen Männer auf die Schriften von Paracelsus aufmerksam, die sie fleißig studierten.

Dort müssen sie auf etwas Geheimnisvolles gestoßen sein, denn fortan suchten sie gemeinsam, auch wenn die folgenden Jahre sie erst einmal wieder trennten.

Kaum hatte Goethe seine Position in Weimar gefestigt, holte er Herder nach, und die Suche wurde fortgesetzt. Man kam mit den Recherchen offenbar sehr gut voran, denn es entstand schon recht früh ein Werk, das sich 1990 als verschlüsselt entpuppte.

Herder lieferte die Fakten – Goethe bearbeitete den Text linguistisch in einer Meisterschaft, die ihm zu Recht den Titel »Dichterfürst« einbrachte.

Warum kann ich mir hinsichtlich Goethe so sicher sein? Alles würde auf sehr tönernen Füßen stehen, wenn nicht Goethe in seinem Gartenhaus ein Symbol hätte errichten lassen: Würfel und Kugel.

Dies ist für mich der Beweis, daß Goethe von der »Etruskischen Bruderschaft« wußte, denn das Gebilde in seinem Gartenhaus ist das in Stein gehauene Modell einer Sequenz aus der »Göttlichen Geometrie«.

Ein weiteres Indiz ist Goethes Fabel für eine etruskische Darstellung des Flötenspielers, der mit einem Mundstück auf zwei Flöten gleichzeitig spielt. Übrigens von Nostradamus in den geheimen Begleittexten erwähnt.

Herder, ein Shakespeare- und Paracelsus-Experte, ist offenbar bis zur Quelle des Wissens, das in den Werken dieser beiden geheimnisvollen Autoren versteckt war, vorgestoßen. Der Wegweiser zeigte nach Italien: einerseits nach Rom in die Vatikanische Bibliothek, andererseits auf zwei unbedeutende Orte in der Toskana.

Mit Sicherheit kann heute ausgeschlossen werden, daß Goethe aus Liebeskummer von Karlsbad nach Italien abgereist ist. Der wahre Hintergrund war, daß der Zirkel um Goethe die Ergebnisse der Hinweise, die bei Shakespeare gefunden worden waren, vor Ort überprüfen wollte.

Und wie ging es weiter? Goethe hat die Quellen in Italien entdeckt, und siehe da, seine Herzogin Amalie mit Gefolge und selbst Herder reisen nach Italien, um nun ihrerseits gezielt aus den Quellen zu trinken.

1808 ist »Faust I« vollendet. Es vergeht fast ein Vierteljahrhundert, bis Goethe sich daranmacht, den zweiten Teil fertigzustellen. Wenige Wochen vor seinem Tod, im Jahre 1832, schließt er das Werk ab.

Nachdem Goethe nochmal in einem mehrtägigen Probelauf sein Opus auf irgendwelche Dinge, die heute nicht mehr bekannt sind, mit Hilfe seiner Schwiegertochter überprüft hat, schickt er eine Abschrift des Manuskripts vorab an Wilhelm von Humboldt. Der wiederum antwortet umgehend und bestürmt den greisen Goethe in einem Brief, das Geheimnis des Werks für die Nachwelt zu lüften und den Schlüssel zu hinterlegen.

Goethe antwortet nicht. Er ist kurze Zeit später tot.

War Goethe der Nostradamus der Deutschen? Dies ist nicht von der

Würfel und Kugel im Garten des Goethehauses in Weimar

Hand zu weisen. Sie werden sehen, daß Goethe nach dem System des Nostradamus kodiert haben muß. In der Schablone, die Nostradamus den »Strahlenden Becher« nennt, läßt sich der Name des Helden:

Doktor Faust	Sie lesen:	bedeutet:
D O K	Kod us T	Code gebrauche T/D
O T		
R	Toor F AS	Zugang Tafel F
A F		
U S T	Rootas F	Drehe das F

schreiben und siehe da, ein Hinweis erscheint: Cod us 4, was ich als »verwende den Code D« oder »verwende den Kode 4« auslege, und so fort.

Nun könnten Kritiker einwenden, das sei ein Zufall, kein Aspekt mit Beweiskraft. Kein Problem: Wenn Sie den Text des »Faust I« in die Schablone des »Strahlenden Bechers« schreiben, dann lesen Sie im Klartext etwa im Prolog im Himmel: »Die Sonne tönt nach alter Weise in Brudersphären Wettgesang und ihre vorgeschriebne Reise vollendet sie mit Donnerklang.«

Wenn Sie diesen Text nach Nostradamus-Manier in den »Strahlenden Becher« geschrieben haben, dann erscheint der geheime Text des Herrn Goethe, und der lautet: Die Tön an der Weis E Dur . . . usf.

Dies soll nur ein Beispiel sein. Das Werk ist ein in allen Textstellen reproduzierbares System, das zu sprechen beginnt, wenn man den jeweiligen Anfang der Textstelle justiert hat.

Ausblick:

Weder Nostradamus noch alle anderen Wissenden waren Einzelgänger. Es gab für sie Gründe, über ihr Wissen noch nicht zu sprechen, weil der Wissensstand der Naturwissenschaften die Möglichkeit einer Beweisführung im großen ausschloß.

In den nächsten fünfzig Jahren wird das alles anders werden. Naturwissenschaften und mathematische Philosophie werden einander ergänzen und befruchten, um neue Denkwege zu betreten, die von der etruskischen Bruderschaft vor 2400 schon begangen wurden.

6.
Weissagungen im Vergleich

Christliche Vorhersagen und Nostradamus-Prophezeiungen an den Beispielen Dritter Weltkrieg und Ende der Welt

Lassen Sie mich, bevor wir mit der vergleichenden Betrachtung beginnen, einige Überlegungen anstellen: Nehmen wir an, daß die Fähigkeit, etwas vorherzuwissen, bei einer Anzahl Menschen vorhanden ist. Nehmen wir weiter an, wir könnten diese Menschen unabhängig voneinander zu einem bestimmten Ereignis, das an einem bestimmten Datum stattfinden wird, befragen, so müßten – vorausgesetzt diese Menschen hätten alle die Fähigkeit der Prophetie – die Aussagen im Prinzip gleichlautend sein.

Die meisten derart befähigten Menschen werden aber von ihren Klienten erfahrungsgemäß zum »kleinen«, das heißt zu ihrem persönlichen Schicksal befragt. Daher haben wir kaum die Möglichkeit, die Aussagen miteinander zu vergleichen, weil sie nicht aufgezeichnet und veröffentlicht werden.

Trotzdem gibt es einen Ansatz, wie man Vorherwissen miteinander vergleichen kann. Naheliegenderweise werden nicht die kleinen, persönlichen Schicksale öffentlich überliefert, sondern die großen Schicksale, also Ereignisse, die alle Menschen treffen. Beliebt ist es bei sehr gläubigen Sehern, sich mit dem Ende der Welt, das mit dem Jüngsten Gericht in Zusammenhang gebracht wird, dem oder den nächsten Kriegen oder sonstigen Gefahren für das Leben aller Menschen zu beschäftigen.

Meist ist dann damit die Aufforderung zu frommem Leben, zu Gebeten, Reue, Verzicht und zu äußerer und innerer Umkehr verbunden, wenn man die angekündigte Gefahr heil überstehen will.

Wir können feststellen, daß in der heutigen Zeit der interessierte Leser mit Literatur über Weissagungen gut versorgt wird. Das hängt auch mit dem unmittelbar bevorstehenden Jahrtausendwechsel (nach christlicher Zeitrechnung) zusammen.

Zwei Richtungen beschäftigen sich besonders viel mit Weissagungen. Auf der einen Seite sind es die Esoteriker im weitesten Sinn, auf der anderen Seite besonders christlich denkende, das Gebet intensiv praktizierende Christen, vornehmlich Katholiken. Letztere begründen ihre Bemühungen um ein frommes Leben damit, daß ein vorhergesagtes Unheil durch Gebet, Buße und Einkehr abgewendet oder zumindest gemildert werden kann.

Dies ist aber nicht auf die christlichen Weltanschauungen begrenzt. Es gibt in allen anderen Religionen dieser Erde »Mehrsehende«, die ihren Stämmen, Angehörigen oder Gläubigen Vorhersagen machen.

Wenden wir uns den »Propheten«, den »Voraussehern« zu und betrachten ihre Arbeitsweise. Da gibt es Menschen, die völlig unvermutet zu einer inneren Schau kommen. Sie sehen und können Dinge beschreiben, die nicht in ihre aktuelle Zeit passen. Andere fallen in eine Art Trance, einen schlafähnlichen Zustand, und erinnern sich sehr genau und detailliert an ihren »Wahrtraum«. Ein anderer Typ nickt leicht mit dem Kopf und geht »auf Sendung«. Es gibt noch viele weitere Arten der Schauung. Eins haben alle gemeinsam, und davon sind die Kinder von Fatima genausowenig ausgenommen wie eine Sibylle des alten Roms:

Ihr übersinnliches Können ist eingeschränkt, weil sie weder den genauen Zeitpunkt des Eintreffens von Ereignissen kennen noch zu einer genauen Ortsangabe imstande sind.

Nun sollten wir, die wir nicht über solche Fähigkeiten verfügen, uns am Beispiel eines Denkmodells etwas überlegen, was bisher noch nie in diesem Sinn und Umfang überlegt worden ist – jedenfalls ist mir ein Vergleich zwischen Nostradamus und anderen Sehern nicht bekannt geworden.

Hypothese:

Wir unterstellen, daß wir Kenntnis von Botschaften haben, die von Menschen, denen das Vorherwissen wirklich möglich ist, stammen, und verzichten auf die Klärung der Frage, ob und warum Prophetie überhaupt möglich ist oder nicht.

Wenn also Beherrscher dieser Vorsehfähigkeit – sie dürfen übrigens ruhig in unterschiedlichen Jahrhunderten gelebt haben – ein ganz bestimmtes markantes Ereignis schauen, dann müssen sie im Kern ihres Seherberichts praktisch identische Aussagen machen.

Möglicherweise legen sie dieses Ereignis aus der Sicht Frankreichs und aus der Mentalität eines Franzosen aus, es kann aber genausogut »italienisch« eingefärbt sein – die Kernaussagen müssen jedoch übereinstimmen. Kurzum: Zwei Seher müssen dasselbe sehen!

Sodann bleibt uns die Frage zu klären, welches Ereignis für alle Seher auf dieser Welt das bedeutsamste sein müßte. Sie werden feststellen, daß dieses Ereignis den gesamten Planeten betrifft, nämlich seinen Untergang!

Von den Hopi über die europäischen Zukunftsschauer bis hin zu den asiatischen Sehern ist die Vernichtung unseres Planeten als Vorhersagethema besonders beliebt.

Das zweite Ereignis – und dazu möchte ich mich aufgrund des mir vorliegenden Materials entscheiden – ist die zeitlich nächstliegende ernsthafte Gefahr für die Existenz der menschlichen Rasse.

Oft genug wird dieses Thema mit dem Weltuntergang in einen Topf geworfen. Fangen wir also mit dem Ende der irdischen Zeiten an, weil es uns noch nicht betreffen wird und daher vermutlich auch nicht sonderlich tangiert.

Nostradamus und seine Aussagen zum Thema Weltuntergang im Vergleich

Bei Nostradamus ist der Beginn vom Weltuntergang seit 1555 niedergeschrieben und auf die Jahre 3334 bis 3446 datiert:

»Dann, wenn die Venus die Sonne vernichtet, wird die Hundert geöffnet. Unter dem Leuchtenden [der Mund eines schwarzen Lochs] wird das Finstere [das Schwarze Loch] geformt sein. Wenn Merkur im Feuer aufgeht, werden sie die Lehre der Hundert entdeckt haben. Durch diese zwei die schöne Liga wird in Unfähigkeit versetzt.«

»Die Sonne verdeckt die Ekliptik durch Merkur. Er wird nicht bleiben für den zweiten Himmel. Blitzen für 100 Jahre – acht der Luft werden sein gemacht ohne drehenden Schritt. Die Sonne wird Feuer sein, um zu verkümmern und blaß zu werden.«

»Mehr als elfmal der Mond die Sonne nicht wollen wird. Alles vergrößert sich und senkt sich stufenweise. So tief, daß man das Gold zusammenklauben kann. So daß nach der Erkenntnis des Hungers Tiere die Lehre des Geheimnisses entdecken.«

»Jupiter schließt sich den zwei Lichtern an. Venus ist nicht mehr als ein Mond. Zum Vorschein kommt zuvor die Fülle des Weißen. Venus ist versteckt hinter dem Weißen des Neptun. Mars ist verwundet durch das folgenschwere Weiße.«

Was wir eben gelesen haben, ist nichts anderes als das Ende oder – positiver ausgedrückt – die Umgestaltung unseres Sonnensystems. Es wird von der Venus ausgelöst. Venus kollidiert mit der Masse der alten Sonne und wird vernichtet. Die »schöne Liga«, die Harmonie und das Zusammenspiel der Gravitationskräfte aller Planeten, wird dadurch gestört.

Sonne und Merkur befinden sich auch auf Kollisionskurs. Laut Nostradamus wird der Merkur kein Bestandteil des zweiten Himmels, der neuen Konfiguration des Sonnensystems, sein. Der Sturz des

Merkur in die Sonne wird für hundert Jahre ein Blitzen der Sonne, also Gaseruptionen auslösen. Die Anziehungskraft der Sonne läßt nach. Dadurch hören die acht anderen Planeten auf, sich um die Sonne zu drehen, die allmählich verblaßt.

Unser Mond versucht, sich aus der Anziehungskraft der Erde zu lösen, um eine eigene Umlaufbahn um die neue Sonne zu beginnen. Elfmal wird dieser Ausbruchversuch mißlingen. Die Erde vergrößert sich im Volumen. Sie will platzen. Die Bodenschätze unserer Erde liegen dadurch offen herum. Ihre Anziehungskraft läßt nach. Ihr Wasser entweicht in den Weltraum und wird vom Mond angezogen. Nostradamus zufolge wandelt sich der Mond zu einem Wasserplaneten, auf dem sich mit der Zeit Fische entwickeln.

Wie wird es woanders beschrieben?

Die Weissagungen von La Salette (Auszug), den Weltuntergang betreffend.

»Die Sterne werden ihre regelmäßigen Bahnen verlassen. Der Mond wird nur ein schwaches rötliches Licht wiedergeben. Wasser und Feuer werden auf der Erde furchtbare Erdbeben und große Erschütterungen verursachen, welche Berge und Städte versinken lassen.«

In der Botschaft von La Salette heißt es unter anderem auch: »Die Jahreszeiten werden sich verändern.«

Nostradamus beschreibt dieses für unsere Erde einschneidende Geschehen mit folgenden Worten:
Centurie I, Vers 47 für 2147:
»Am Genfer See die Gleichgesinnten werden unzufrieden sein. Die Tage werden kürzer sein, Teil der Wochen. Dann die Monate, dann das Jahr, dann alles in Ohnmacht schwächer wird. Die Ratsherren werden verdammt haben ihre nutzlosen Gesetze.«

Dieser Vorgang wird auch in den Johannesoffenbarungen in Kapitel 8, Vers 12 erwähnt: »Und der vierte Engel posaunte und es ward geschlagen der dritte Teil der Sonne, der dritte Teil des Mondes und der dritte Teil der Sterne, daß ihr dritter Teil verfinstert ward und der Tag den dritten Teil nicht schien und die Nacht desgleichen.«

Eine klare Aussage, die besagt, daß, aus welchen Gründen auch immer, sich die Jahresrechnung mit Tagen, Wochen und Monaten um etwa ein Drittel verringert. Ein weiterer für die christlichen Kirchen bedeutsamer Vorgang wird in der Botschaft von La Salette mit den Worten geschildert:

»Man wird Greuel an den heiligen Stätten sehen. In den Ordenshäusern werden die Blumen der Kirche in Fäulnis übergehen, und der Teufel wird sich als König der Herzen gebärden.«

Nostradamus schreibt und datiert dies für jene Zeit:

Centurie I, Vers 22 für 2144:
»In Kürze werden zurückkommen Opferbringende. Gegen das Kommende werden Märtyrer gemacht. Dann wird es keine Mönche, Äbte, keine Novizen geben.«

Vers 45 für 2145:
»Bereich der Sekten große Züchtigung durch Denunzianten. Bestien im Theater dressiert für das bühnenmäßige Spiel. Infolge der antiken Tatsache unrühmliche Erfindungen. Durch Sekten ist die Welt verwirrt und gespalten.«

Dies sind also die Greuel, von denen in der Botschaft von La Salette gesprochen wird. Man wirft Menschen in der Arena wilden Tieren vor, wie seinerzeit die Urchristen.

Vers 53 für 2153:
»Durch andere Gesetze alles Unchristlich wird.«

Das was hier auch von Nostradamus beschrieben wird, ist ein zeitweiliger Niedergang des Christentums, bedingt durch Entartungen der vorherrschenden Weltmacht Vereinigte Staaten, die zu diesem Zeitpunkt aus hundert Ländern bestehen wird.

Nostradamus-Aussagen zum Thema Dritter Weltkrieg im Vergleich

Beschäftigen wir uns nun mit einem Ereignis, daß erwartungsgemäß bei allen Vorhersagern einen zentralen Raum einnimmt: dem Dritten Weltkrieg und wie ihn die Seher beschreiben.

Bei Nostradamus ist es der letzte von vier Kriegen innerhalb von hundert Jahren. Er datiert ihn für die Zeit Ende 2010 bis 2014 und beschreibt den Beginn des Krieges mit folgenden Worten:

Centurie X, Vers 10 für 2010:
»Vier gekaufte Mörder. Ungeheurer Krieg entsteht. Großer Feind des ganzen menschlichen Geschlechts. Es wird sein schlimmer als derjenige der Großväter.«
»Elf [2011] sie gebären zwei Kriege. Mit Eisen, Feuer, Wasser, blutig und unmenschlich.«
Vers 11 für 2011:
»Unter der ionischen Küche – die gefährliche Vorbeifahrt. Wird sein vorübergehend der Nachgeborenen Last. In den Bergen das Schlimmste geht vorüber ohne Belastung.«

Mit der »ionischen Küche« meint Nostradamus die Chemie, also den Chemiewaffeneinsatz. Dieser Hinweis auf einen chemischen Angriff deckt sich mit den Beschreibungen des Sepp Wudy, der als Knecht im Bayerischen Wald arbeitete und in der Zeit von 1910 bis 1914 seine Vision niederschrieb.

Auf den ersten Blick könnte man meinen, daß man in den Bergen am besten überleben kann. Sicher, die Berge werden einen gewissen Schutz bieten, aber es ist durchaus möglich, daß mit den Bergen die Hochhäuser oder Gebäude, die als Bunker über der Erde gebaut wurden, gemeint sind. Denn wir müssen uns folgendes vor Augen führen:

Der Erdboden wird nach dem Angriff vergiftet sein. Das Gift wird sich erst nach einigen Jahren abgebaut (durch Regen ausgewaschen werden) haben. Zwar mag ein Erdbunker Schutz vor Atomexplosionen bieten, aber was passiert den Bunkerinsassen, wenn sie nach einigen Tagen oder Wochen aus dem Schutzraum heraus müssen? Spätestens dann werden sie dem Gift ausgesetzt sein.

Die Ursache für die Hungersnot, die ausbrechen wird, steht bei Nostradamus in Vers 13.
Vers 13 für 2013:
»Unter den Niederen. Not der wiederkäuenden Tiere. Erscheint die 10 [Oktober]. Geführt zum Sieg im Wind der zweipoligen Liga. Versteckte Soldaten lenken die dröhnenden Waffen [Raketen]«.
Vers 14 für 2014:
»Begleitet werden die meisten von Schwestern erbleichter Eiterpusteln. Zum Teil hat man sie nicht zu Einsiedlerinnen gemacht. [Hautausschläge und die Erkrankten, die nicht isoliert werden].«
Vers 15 für 2015:
»Zwei Kriege werden vom alten Führer in vier Jahren geführt und vom Durst [Trinkwassermangel] beladen. Am außerordentlichen Tag – der Sohn verleugnet die Sucher. Inmitten der Macht des Lebens – Der Tod wird kommen. Rauh und lang bei der 11. Der Senat auf der Insel stirbt – lange und leicht.«

Der Vers 15 ist wie eine Zusammenfassung anzusehen, er beschreibt das Ende des Krieges in Zeile 1 und in Zeile 3, daß er bei 11, also im Jahre 2011, beginnt und daß das Parlament auf der britischen Insel untergehen wird.«
Vers 18 für 2018:
»Das Hohe wird tief stürzen und das Niedere wird erhöht.« Als Folge des Krieges werden die Industrienationen technisch zurückgeworfen.
Nachtrag zum Dritten Weltkrieg:
Vers 25 für 2025:
»Vier Jahre werden die Hautabschuppungen andauern wie auf den Inseln der Tragödie.«

Soweit also der zeitliche Verlauf der Katastrophe. Nostradamus hat als einziger Prophet seine Vision mit Zeitangabe hinterlassen. Bei allen anderen Visionären finden wir weitere Details, aber keine Datierung.

Wie es Sepp Wudy,
der Seher aus dem Bayerischen Wald, sah

Der Wudy Sepp lebte und arbeitete als Knecht im abgelegenen »Frischwinkel« im Bayerischen Wald. Von ihm wußte man, daß er das »zweite Gesicht« hatte. Seine hier zitierten Visionen stammen aus der Zeit um 1910. (Sepp Wudy wurde 1915 eingezogen und ist im Ersten Weltkrieg in den Dolomiten gefallen.)

Als er einrücken mußte, soll er gesagt haben, das sei »nicht der letzte Krieg. Bald kommt wieder einer und dann kommt der letzte. Einer wird schrecklicher als der andere.«

»Wenn du die Zeit erleben tätest, so könntest du deinen Vetter in Wien von der Stube aus sehen [Fernsehen], und wenn du ihn schnell bräuchtest, könnte er in einer Stunde da sein.« (Er sah die modernen Verkehrs- und Kommunikationsmittel unserer Tage.)

Wudy war wie alle Visionäre zwar zu keiner genauen Zeitangabe fähig, aber er beschrieb den Feind des ganzen menschlichen Geschlechts so (Wiedergabe in Stichworten):

Der Beginn des Krieges:
»Es steht im Norden ein Schein, wie ihn noch niemand gesehen hat, und dann wird ringsum das Feuer aufgehen.«

Der Verlauf:
»Der Böhmerwald wird dreimal versengt werden wie ein Strohschübel.«

Die Auswirkungen für die Bevölkerung:
»Du hast das Essen vor dir und darfst es nicht essen, weil es dein Tod ist und du hast das Wasser im Grandl [Wasserkessel] und darfst es nicht trinken, weil es auch dein Tod ist. Auf dem Osser [Berg] kommt noch eine Quelle, da kannst du trinken.« *(Die Parallele zu Nostradamus, siehe Vers 14 zu 2014 und 25 zu 2025).*

»Die Luft frißt sich in die Haut wie ein Gift. Leg alles an, was du an Gewand hast, und laß nicht das Nasenspitzl herausschauen. Wenn dir die Haare ausfallen, hat es dich erwischt. Nimm ein Kronwittbeisl [Wacholderbeere] in den Mund, das hilft, und trink keine Milch 8 Wochen lang.« *(Bei Nostradamus siehe Vers 13: Not der wiederkäuenden Tiere.)*

»Wenn kein Uhu mehr schreit und die Hasen zum Haus kommen und umfallen, dann gehe weg vom Wasser und mähe kein Gras.«
Ratschlag zum Überleben:
»Setz dich in ein Loch und warte, bis alles vorbei ist, lang dauert's nicht, oder such dir eine Höhle am Berg.« *(Vergleiche Nostradamus, Vers 18.)*
Das Ende:
»Den großen Krieg werden nur wenig Menschen überleben. Der Böhmerwald wird veröden, die Dörfer zerstört werden, und aus den Fenstern werden Brennesseln herauswachsen und in den Häusern werden die Füchse und Hasen ein und aus gehen. Die Stadt Prag wird zerstört werden.«

»Die Leute, die den Krieg in Böhmen überleben, werden so wenig sein, daß sie unter einer Roßdecke oder auf einem Fuhrmannswagen Platz haben.«

»Der ganze Böhmerwald wird menschenleer sein, da werden von weit und breit Leute kommen, um das zu sehen.«

»Es wird nach dem Abräumen sein wie vor 100 Jahren, so wird es die Leute zurückwerfen.« *(Bei Nostradamus, Vers 18 (2018): »Das Höhere wird erniedrigt, das Niedere wird erhöht.«)*

Und nun zum Vergleich weitere Seherberichte.

Der Bauer aus dem Waldviertel, Niederösterreich

Ein anonymer Prophet, der oft zitiert wird, beschreibt den größten Konflikt seit 1959. Er ist für mich das typische Beispiel, wobei ein Seher zwei Ereignisse zeitlich miteinander vermischt. Seine Aussagen passen sowohl auf den Verlauf des Dritten Weltkriegs als auch auf den Beginn des großen Eroberungszuges des Islam, der laut Nostradamus erst ab 2060 zu erwarten ist.

Wenn ich unter Vergleich mit den Nostradamus-Prophezeiungen eine zeitliche Zuordnung der Visionen des Bauern aus dem Waldviertel vornehme, dann würden folgende Texte zueinandergehören:

Thema Dritter Weltkrieg:
»Die Sonne scheint sich zu verdunkeln, Regen, der alles verbrennt, fällt vom Himmel. Etwas fällt unter anderem in die Adria und in die Nordsee. Letzeres war gegen London gerichtet. Das Meer, das bis zu 80 Meter hoch austritt, verursacht riesige Überschwemmungen.«
Wie man sich schützen kann:
Der Bauer aus dem Waldviertel sieht sich in einem »flachen Hügel mit Holz einen Erdbunker bauen und darin überleben.« Er sagt, »wer nach 5 oder 6 Tagen sein Versteck verläßt, trägt noch immer bleibende Schäden davon. Die tödlichen Wolken werden nach Osten abgetrieben.«

Und wie lesen wir es bei Nostradamus?
Centurie X, Vers 11 für 2011:
»Unter der ionischen Küche – die gefährliche Vorbeifahrt. Wird sein vorübergehend der Nachgeborenen Last. In den Bergen das Schlimmste geht vorüber ohne Belastung.«

Der Bauer aus dem Waldviertel:
Ein bebensicherer Schutzraum:
»Sand und Erde als Filter gegen den Staub und das Gras, Wasservorräte oder Wasserversorgung aus Tiefbrunnen mit Handpumpe, Blechkonserven und Blechdosen.«

Wir dürfen also festhalten, daß unsere Hypothese stimmen könnte, wonach wahre Propheten ein bestimmtes Ereignis gleich sehen.

Der Bauer »Fuhrmannl«

Dieser Mann aus Robschitz in Westböhmen lebte von 1690 bis 1763. Seinen Spitznamen hatte Josef Naar, wie er richtig hieß, von seinem Beruf. Als Kutscher kam er viel in der Welt herum. In seinen letzten Lebensjahren begann er häufig von einer Zeit, die noch kommen werde, zu sprechen. Kernaussagen aus seiner Schau:
»Den Großen Krieg werden nur wenige Menschen überleben. Die Umgebung von Pilsen wird eine große Rolle spielen. Wer nicht

mindestens zwei Meilen von diesem Ort entfernt ist, soll auf Händen und Füßen wegkriechen, weil alles weit und breit in Grund und Boden vernichtet wird.«

»Der Böhmerwald wird veröden, die Dörfer werden zerstört werden, und bei den Fenstern werden überall Brennesseln herauswachsen und in den Häusern werden die Füchse und Hasen ein- und ausgehen.«

»Die Leute, die den Krieg in Böhmen überleben, werden so wenig sein, daß sie unter einer Roßdecke oder auf einem Fuhrmannswagen Platz haben. Das ganze Böhmerland wird menschenleer sein; da werden von weit und breit Leute kommen, um das zu sehen.«

Vergleichen wir diese Visionen mit den Berichten über die Zukunft bei Nostradamus, so erkennen wir die gleichlautenden Aussagen.
Centurie X, Vers 13 für 2013:
Nostradamus spricht »von der Not der wiederkäuenden Tiere«, von »Durst« und von »Hautabschuppungen«. Er sieht weite Teile Europas und Asiens entvölkert und als Konsequenz die benachbarten Staaten, zum Beispiel Spanien oder China und Japan, nach diesem Krieg zu neuen Mächten aufsteigen, die sich um die leeren Landstriche streiten.

Der Pfarrer von Fließ im Tiroler Oberland

Von Alois Simon Maaß, 1758 bis 1846, ist überliefert, daß er die Gabe der Seelenschau hatte. Er konnte somit vielen seiner Beichtkinder helfen. Seine Vorhersagen beziehen sich aus verständlichen Gründen auf seinen Wirkungskreis in Tirol. Ärgerlich setzt er sich mit dem gestiegenen Lebensstandard und Wohlstand unserer Zeit auseinander, darum beginnt er den Versuch einer Datierung des Dritten Weltkriegs mit den Worten:

»Wenn der Luxus so groß geworden ist, daß man Männer und Frauen an der Kleidung nicht mehr unterscheiden kann, und wenn unter jeder Stalltür eine Art Kellnerin steht [die Arbeitskluft der Mägde sauber und adrett ist], dann paßt auf, es kommen die letzten Zeiten.«

Ein anderer Hinweis lautet: »Wenn man ohne Pferd die ganze Erde umfahren kann, dann geht es dem Ende der Welt zu.«

Was den Weltuntergang angeht, übersieht Pfarrer Fließ einiges.

Naheliegenderweise kann er sich nicht vorstellen, daß dies nicht das Ende der Welt ist, so daß wir ihn entschuldigen müssen. Seine weiteren Vorhersagen lauten:

»Prutz verrint, Kauns verbrinnt [verbrennt] und Zams wird eine Ochsenalm [menschenleer].«

Diese Vorhersagen beziehen sich auf einen lokal begrenzten Raum seiner Heimat. Auch er sieht Brände und von Menschen nicht mehr bewohnte Gegenden.

Wladyslaw Biernacki

Dieser Prophet ist für uns interessant, weil er einmal noch lebt und zum anderen als der Seher von Papst Johannes Paul II. gilt. Biernacki gehört wohl zu den Visionären, die als »anerkannt« gelten dürfen. Laut Literatur soll er mit Johannes Paul II. schon in Briefwechsel gestanden haben, als dieser noch als Kardinal Wojtyla in Krakau tätig war. Als 1979 Kardinalprimas Stefan Wyszynski starb, sollen die polnischen Bischöfe eine Delegation mit sieben Namen von möglichen Nachfolgern zu Biernacki geschickt haben. Sein Hinweis bezog sich auf den später tatsächlich berufenen Dr. J. Glemp, der Erzbischof von Warschau wurde.

Johannes Paul II. soll von Biernacki Anfang der achtziger Jahre ein umfassendes Prophezeiungswerk persönlich überreicht bekommen haben. Dies mag manchen Christen zunächst etwas befremden, ist aber für Päpste nichts Ungewöhnliches. So ist bekannt, daß Rabelais als Visionär und Berater seiner Päpste um 1540 fungierte und seine Prophezeiungen die Entscheidungen hinsichtlich der Maßnahmen, die gegen die Türkeninvasion ergriffen werden sollten, die Politik in Europa beeinflußt haben. Rabelais, daran sei hier nochmals erinnert, war eng mit Nostradamus befreundet und gilt für mich als dessen Vorläufer.

Biernacki zum Dritten Weltkrieg:
»Es wird die Hölle auf Erden sein. Seine schrecklichste Phase wird dreieinhalb Monate dauern. Der Dritte Weltkrieg wird in Italien beginnen. Dort wird eine blutige Revolution ausbrechen, die in der Vatikanstadt selbst ihren Anfang haben wird.«

»Innerhalb weniger Stunden wird die Erde von immer stärker werdender Dunkelheit umgeben sein, bis zur totalen Finsternis. Aber es wird nicht das Ende der Welt sein, nur eine noch nie dagewesene weltweite Katastrophe, die sich die Menschheit selbst zuzuschreiben hat. Die Finsternis wird drei Tage währen, wobei jedermann im Hause bleiben, den Rosenkranz beten und niemandem die Tür öffnen soll. Das einzige Licht, das in dieser Zeit zu sehen sein wird, wird von geweihten Kerzen kommen . . .«

Ohne mir ein letztes Urteil anzumaßen, meine ich, daß es sich hier um die Vermischung von zwei großen Ereignissen innerhalb der nächsten hundert Jahre handelt. Da haben wir es auf der einen Seite mit der Beschreibung des Endes von Rom im Jahre 2064 zu tun (bitte lesen Sie im Kapitel über Religion nach), andererseits tatsächlich mit Ereignissen aus dem Dritten Weltkrieg. Daß nur noch Kerzen in Gebrauch sind, deutet auf einen atomaren Schlag hin, der die Steuerungsanlagen der Kraftwerke ausfallen läßt.

Gehen wir fast sechshundertfünfzig Jahre zurück.

Der blinde Hirte Karls IV.

Die älteste Überlieferung, die den Dritten Weltkrieg betreffen könnte, stammt aus dem Jahr 1356, der Regierungszeit Karls IV., dem von einem blinden Hirten die Weissagung verkündet wurde:

»Es wird drei Kriege geben und die volle Zerstörung von Prag durch eine fallende Sonne. Wo Prag steht, werden einmal die Bauern pflügen.«

Eine Stimme aus Norwegen

Anton Johannsson, am 24. Mai 1858 geboren, war aufgrund seiner hellseherischen Fähigkeiten längst berühmt, als er am 14. November 1907 folgende Vision hatte.

»Über allen Nordseestaaten lag Dämmerung. Kein Stern war zu sehen. Vom Meer her wehte ein starker Wind. In den norwegischen

Gebirgen war noch kein Schnee gefallen. Plötzlich begann der Boden zu beben. Gleich darauf erscholl vom Meer her ein furchtbares Getöse, und eine gewaltige Sturzwelle näherte sich mit rasender Geschwindigkeit der Küste.«

»Schottland, London, hatten den Hauptschlag abbekommen. Aber auch Holland, Belgien, die deutsche Nordseeküste, Hamburg wurden schrecklich heimgesucht.« (Aus A. Gustafson, Merkwürdige Geschichte – Die Zukunft der Völker, gesehen von Eismeerfischer Anton Johannsson.)

Hierzu paßt ein Hinweis, den Nostradamus für die Zeit noch vor Ausbruch des Dritten Weltkriegs niedergeschrieben hat und der vielleicht die Ursache für die Vision des Norwegers nennt.
Centurie I, Vers 5 für 2005:
»Wenn die höllischen Kasten unter dem Meer zusammen sind, vollendet sich brennend ihr Preis. Wenn beim Herrn der Neun das Monster sich wütend wäscht.«

Nostradamus beschreibt eine neue Waffe. Sie ist auf dem Meeresgrund verankert und gleicht Stützpunkten im Ozean, die ihre Energie aus Kernspaltung beziehen, denn der Begriff höllisch tauchte schon an anderer Stelle im Zusammenhang mit Atomenergie auf.

Es ist durchaus denkbar, daß im Verlauf des Krieges diese Stützpunkte angegriffen werden. Ihre Zerstörung mag eine Flutwelle solchen Ausmaßes erreichen, wie sie Johannsson gesehen hat.

7.
Weissagungen für wichtige Staaten der Erde

UdSSR/GUS und Folgestaaten

Die heutige UdSSR, ungeachtet dessen, daß es nunmehr unabhängige Republiken gibt, wird noch bis etwa 2015 eine Rolle spielen. Diese Rolle wird bedeutender sein, als mancher Zeitgenosse sich dies Anfang der neunziger Jahre vorstellen kann.

Nostradamus hat sich in diesem Jahrhundert sehr oft mit der UdSSR beschäftigt. Er bezeichnet diesen Staat mit dem Tiersymbol »der Wolf«. Stalin wurde mit dem Titel »der Lügenmund« bedacht, und für Gorbatschow hat Nostradamus als Tiersymbol »das Einhorn« parat.

Um überhaupt zu verstehen, was Nostradamus zufolge um Rußland abläuft, hier ein kurzer Rückblick. In den letzten Jahren der achten Dekade finden sich bei Nostradamus folgende Prophezeiungen.

Centurie IX, Vers 80 für 1980 UdSSR in Afghanistan
»Welch Verschleiß, sie werden kommen, um ihn nachdrücklich abzustützen.«

Die UdSSR marschiert in Afghanistan ein, um die dortige Regierung zu stützen. Es kommt in den folgenden Jahren zu einer Materialschlacht, die schließlich mit dem Rückzug der sowjetischen Armee endet.

Vers 83 für 1983 UdSSR reif für Veränderungen
»Ungebundenes Drängen an Rußlands Macht das Land erschüttert. Der Große hat sich sehr angefüllt – dort Zeit der Zerstörung. Die Luft des Himmels vom verschleierten Krieg erschüttert. Infolgedessen beginnen Gott und seine Heiligen zu Ansehen zu kommen.«

Mit der ersten Zeile beschäftigt sich Nostradamus offenbar mit den Vorgängen um Lech Walesa und Polen, wo erstmals der offene Konflikt mit der kommunistischen Macht erprobt wurde. Für Rußland beginnt das Zeitalter, in dem einzelne Volksgruppen, nach Unabhängigkeit strebend, sich von Moskau lossagen.

Die Sowjetunion ist Nostradamus zufolge mit Problemen überhäuft und wird als solche zerstört werden. Das heißt, der Keim für all das, was wir heute miterleben, ist laut Nostradamus im Jahre 1983 gelegt worden. Historiker werden dies noch zu untersuchen haben.

Der zweite Teil bezieht sich sicher auf Afghanistan. Die großen Opfer führen, wie wir alle später gesehen haben, zu einer Renaissance der orthodoxen Kirche in der UdSSR, die nicht nur in Moskau wieder etabliert wird, sondern auch in Serbien als orthodoxe Kirche byzantinischer Ausprägung eine recht merkwürdige Rolle zu spielen scheint. Man wird unwillkürlich daran erinnert, daß Nostradamus die Ursachen für den Ausbruch des Ersten Weltkriegs mit den Worten beschreibt: »Wenn das Heerlager des Glaubens außer Kontrolle gerät.«

Bedingt durch die Entwicklung in der UdSSR nach dem Ersten Weltkrieg, hat man die Verwicklung der orthodoxen Kirche und deren geheime Absichten in Europa für lange Zeit völlig aus den Augen verloren.

Besonders interessant wird es, wenn wir die Prophezeiungen für die UdSSR sehen im Jahre 1985, vermutlich der Zeitpunkt, zu dem Michail Gorbatschow die Zügel der Macht in die Hand bekommt. Der Vers ist deswegen auch so interessant, weil er im Jahre 1991 im Zusammenhang mit dem Putschversuch in Moskau einen Hinweis auf die Grundüberzeugung von Gorbatschow gibt.

Vers 85 für 1985 In der UdSSR scheint die Zeit für Kommunismus alter Prägung vorbei zu sein. Im folgenden die bereits 1984 vorgenommene Übersetzung, die 1986 erstmals veröffentlicht wurde und nach wie vor gültig ist:

a: »Vorüber was nicht gehen [wollte]«

b: »Süße Sprache«

c: »Einhörnig in dem man festhält«

d: »am Unglück«

e: »an der Lüge und«

f: »am Rötlichen«

Aus heutiger Sicht:
- a: Das System in der UdSSR hat sich überlebt.
- b: Versprechungen.
- c: Gorbatschows Blutmal auf der Stirn.
- d bis f: Nach innen hält er am alten fest.

Der Putschversuch vom August 1991, kombiniert mit der Nostradamus-Aussage, zeigt, daß es die Absicht von Gorbatschow war – und das trotz aller Darstellungen in der Presse –, eine langsame Systemveränderung unter Beibehaltung der alten Strukturen herbeizuführen. Er stand von 1988 bis August 1991 hinter den konservativeren Reformen.

Vers 89 für 1989 In der UdSSR wird Gorbatschows Liberalisierungsidee bis 1995/96 fortdauern. Der Spruch lautet: »Sieben – Jahre werden sein, in denen der Faden der Freiheit den Fortschritt trägt. Zeit des Niedergangs kommt durch die Anstrengungen der Araber.«

Der von Gorbatschow eingeleitete Wandel wird mit oder ohne ihn etwa bis 1996 dauern, wenn man von 1989 sieben Jahre dazuzählt. Man könnte auch vom Tage seiner Wahl zum Generalsekretär der KPdSU rechnen, dann kämen wir auf das Jahr 1994, das Jahr des »Blutstroms« für die Sowjetunion.

Nostradamus weist hier bereits auf einen Volksaufstand hin, der durch die islamischen Bevölkerungsteile in den verschiedenen Republiken ausgelöst wird, möglicherweise oder durch Waffenlieferungen arabischer Staaten unterstützt.

Vers 92 für 1992 Höhepunkt der Freiheit
Die Weissagung lautet:
- a: »Gefangene werden befreit«
- b: »Von Fehlern spricht man und begeht sie doch«
- c: »König des außenstehenden Ostens wird sich fern der Feinde halten«

Aus heutiger Sicht:
- a: Reisefreiheit für die UdSSR.
- b: Marktwirtschaft kann nicht erfolgreich eingeführt werden.
- c: China bleibt im konservativen sozialistischen Lager.

Vers 93 für 1993 Der Chef des Kreml in Bedrängnis
»Wenn zuvor Herkules kämpfen wird gegen den roten Zion.«

Herkules steht bei Nostradamus öfters für diejenige Person im Staat, die tatsächlich die Macht innehat. Man sollte diese Weissagung als Hinweis deuten, daß es noch zu einer ideologischen Auseinandersetzung kommen wird. »Roter Zion« hat mit einer Weltanschauung zu tun.«

Vers 94 für 1994 Die Republik Rußland gerät in Bedrängnis
»Schwache Angriffe erschüttern die slawische Vorherrschaft – Lübeck und Meißen werden halten zu den Angreifern.«

Als ich 1985 erstmals diesen Teil der Übersetzung vornahm, konnte ich mir nicht vorstellen, daß 1994 Lübeck (BRD) und Meißen (damals DDR) eine gemeinsame militärische Aktion durchführen könnten. Ich wußte zwar bereits, daß es im letzten Jahrzehnt unseres Jahrhunderts zu einem Umbruch im Osten kommen würde, aber die Konsequenzen schienen einfach nicht realistisch zu sein. Daher formulierte ich in meinem ersten im Oktober 1986 veröffentlichten Buch auf Seite 399:

»Ein sehr heikler Spruch. Er bezieht sich vermutlich auf den Umbruch im sozialistischen Lager. Aus diesem Grunde sollten wir auf eine weitere Offenlegung zum augenblicklichen Zeitpunkt verzichten und uns die tatsächliche Deutung nach dem eingetretenen Schicksalsschlag vor Augen führen.«

Sieben Jahre später bekommt dieser Vers eine besondere Brisanz. Deutsche mit UNO-Helmen im Einsatz!

Vers 95 für 1995 Meint Nostradamus mit der »neuen Tatsache« die Ablösung der Reformer in der UdSSR?
»Die neue Tatsache wird Manöver durchführen nahe der Zwei – in falscher Beurteilung dessen, was in der Nähe der Küste ist.«

Weiter vorn haben wir gelesen, daß der Niedergang der Liberalisierung in der UdSSR etwa um diese Zeit eingeleitet wird. 1995 wird aller Welt klar sein, daß dieser Faden der Freiheit für die Völker im Osten wieder gerissen ist. Die »neue Tatsache«, das sind die Kräfte, die versuchen werden, die alte Sowjetunion wiederzubegründen.

Vers 99 für 1999 Einer der Reformer kommt erneut zu Ansehen
»Wind für denjenigen, den man zum Verlassen seines Throns gezwungen hat.«

Nach Nostradamus sieht es so aus, als ob nochmals das Pendel zugunsten eines anderen Systems in den GUS-Staaten beziehungsweise der UdSSR ausschlägt. Liest man jedoch weiter, dann scheint diese Chance schon im Ansatz zu scheitern.

Centurie X, Vers 1 für 2001 Das Ende der Hoffnung auf Freiheit
»Nicht werden sich halten Protestdemonstrationen der wieder in die Gefangenschaft Geführten.«

Die Anfang unseres Jahrhunderts begonnene russische Tragödie nimmt ihren Fortgang – allerdings nur noch für knapp fünfzehn Jahre. Dann ist es mit dieser Großmacht endgültig vorbei.

Das Jahrzehnt des Ostblocks ist vorüber. Nostradamus verlagert nun seine Prophezeiungen mehr und mehr auf die Entwicklungen im islamischen Raum!

Vom Ende der ehemaligen UdSSR-Republiken

Vers 11 bis 14 für 2011 bis 2014 Eine Zusammenfassung

Was scheint sich zu ereignen? Ein in hohem Lebensalter stehender russischer Staatsmann, der von Nostradamus als der »Stiernackige« bezeichnet wird und der im Jahre 1990 mit seiner politischen Karriere begonnen hat, wird in eine von seiner Umgebung aufgebaute politische Falle tappen und in einer falschen Reaktion den Dritten Weltkrieg auslösen.

Der Drahtzieher soll ein bärtiger islamischer Staatsmann sein.

Die ehemalige Sowjetunion überlebt den Dritten Weltkrieg nicht. Ihr Gebiet wird, nachdem es wieder bewohnbar wurde, neu aufgeteilt. Der Sozialismus wird noch bis Ende des 21. Jahrhundert fortdauern und Opfer einer neuen politischen Bewegung werden, die auf der Idee der kostenlosen Bereitstellung aller lebensnotwendigen Dinge durch den Staat beruht und den Sozialismus gleich welcher Form offenbar noch in der Praxis überholt.

Die Vereinigten Staaten

Den USA, zu denen später hundert Staaten gehören werden, steht eine großartige Zukunft bevor.

Beginnen wir auch bei den USA mit einem kleinen Rückblick. Nostradamus bemerkt für das Jahr 1985:

Centurie IX, Vers 15 für 1915 Die USA übernehmen ihre Führungsposition zunächst aus der Ferne
»Derjenige der mittleren Deichsel wird stark aus der Ferne führen – an dem Wagen mit der Deichsel zogen damals Rußland, England, Frankreich.«

Vergessen wir bitte nicht, daß Nostradamus in England und USA einen Staat sieht, der zweigeteilt ist. Der kriegsentscheidende Einfluß kam aus den Vereinigten Staaten: Kriegserklärung der USA an Deutschland am 6. April 1917.

Vers 18 für 1918 Der Versuch, eine Friedensordnung herbeizuführen
»Aus der Ferne versucht man sich zu lösen von hundert der überflüssigen Irrtümer.«

Friedensbemühungen des amerikanischen Präsidenten Wilson: Verkündigung der »Vierzehn Punkte« am 8. Januar 1918. Irrtümer, ein Ausdruck des Nostradamus für Kriege.

Vers 22 für 1922 Engagement für einen Völkerbund
»Herrscher und seine Regierung in der Ferne. Im Jahre acht Weißes. In vier Jahren die Zeit beginnt, ihren Blick auf das Palais zu werfen.«

Herrscher und seine Regierung in der Ferne – eine typische Beschreibung bei Nostradamus. Hier ist wohl die US-Regierung gemeint.

Der US-Außenminister Kellogg unterzeichnet 1928 (»im Jahre

acht«) zusammen mit dem französischen Außenminister Briand den nach den beiden Politikern benannten Briand-Kellogg-Pakt. Weitere dreizehn Staaten, darunter die Signaturstaaten der sogenannten Locarno-Verträge, schließen sich diesem Abkommen an. Darin wird die Ächtung des Krieges als Mittel für die Lösung internationaler Streitfälle festgeschrieben. Es ist also ein Schritt in Richtung auf die friedliche Lösung internationaler Konflikte.

Vers 45 für 1945 Konferenz fern vom Regierungssitz
»Fern vom Regierungssitz wird etwas gegen das Wiederkommen gemacht. Zwei Welten, zwei Herzen nicht lachen. Schlimme Tyrannen.«

Es geht um die Konferenzen von Jalta und Potsdam. Nämlich um diese handelt es sich bei den Worten »Fern vom Regierungssitz wird etwas gegen das Wiederkommen gemacht«. Anläßlich der Zusammenkünfte halten sich die Regierungschefs Roosevelt, Stalin und Churchill weitab ihrer Hauptstädte auf. »Zwei Welten, zwei Herzen« bedeutet vermutlich, daß Präsident Roosevelt für Amerika und Stalin für die UdSSR in Wirklichkeit getrennte Interessen verfolgen.

Vers 47 für 1947 Die Idee zur Gründung der UNO
»Wechsel der Regierenden führt zu gefährlichem Denken. Gehirne sind klug, die eine Begegnung schaffen werden.«

Der Übergang der Regierungsmacht in den USA (Roosevelt stirbt am 13. April 1945) auf Harry S. Truman führt tatsächlich zu einer Verschärfung des politischen Denkens. Rund vier Monate später kommen die ersten Atombomben zum Einsatz. Der Beginn einer »ständigen Begegnung« wird am 25. April 1945 mit der Eröffnung der Konferenz der Vereinten Nationen in San Francisco geschaffen.

Vers 48 für 1948 New Yorks Aufstieg zum Welthandelszentrum
»Die große Stadt am Ozean des Meeres. In deren Nähe entstehen Pfuhle aus Kristall. In der Sonnenwende eine Menge Böses. Und wird das Erste sein. Zelte der Verkaufsmacht.«

Nostradamus beschreibt hier die Hochhäuser und das Welthandelszentrum New York, das sich auch in den nächsten hundert Jahren ausdehnen wird.

Vers 61 für 1961 Kennedys Kubaabenteuer in der Schweinebucht und das beginnende Engagement in Vietnam
»Der Dummkopf schickt an die Küste eine Seemacht. Gereizt aufs neue dies durch eingegangene Verpflichtungen. Mehrfach vom Übel. Entzogen die Hilfe des Allmächtigen. Unrecht ist dies. Sehr üblen Krieg gibt es.«

Am 10. April 1961 scheitert der Versuch einer Invasion Kubas durch von den USA unterstützte Gegner Fidel Castros kläglich in der sogenannten Schweinebucht. Für den amerikanischen Präsidenten des Jahres 1961, John F. Kennedy, war die Aktion eine sehr blamable Angelegenheit.

Kennedy schickt zwar im Jahr 1961 noch keine Truppen nach Vietnam, doch er befiehlt die Vorbereitung einer bewaffneten Intervention. So kommt es am 17. Juni 1961 in Saigon zum Abkommen über eine erweiterte Militärhilfe: Die USA vergrößern ihre Beratergruppe und erhöhen die Zuschüsse für den Ausbau der südvietnamesischen Streitkräfte.

Vers 62 für 1962 Im Strudel des Vietnamkonflikts
»In tiefster Erniedrigung wird es zum Exzeß kommen. Sie sind nicht auf Kreuzfahrt. Das Ranzige wird alles angreifen. Im Hafen dort, wo die Schiffe untergebracht sind, wohnt der Mißbrauch. Rauh man zusammenhält. Drei werden die Scharfschützen sein.«

Hier prophezeit Nostradamus, wie es in der Vietnamtragödie weitergehen wird. Offenbar ist in den vietnamesischen Hafenstädten auch Verrat an der Tagesordnung. In Erinnerung ist noch heute das brutale Regime von Präsident Diem, der wegen Folter und Grausamkeiten, begangen an politischen Gegnern und Partisanen, in die Schlagzeilen geriet. Er »hielt« Südvietnam »rauh zusammen«. Die letzte Zeile könnte Kennedy gelten. Demnach müßte man tatsächlich in Betracht ziehen, daß mehr Schützen an dem Attentat auf Kennedy beteiligt waren.

Vers 63 für 1963 Der Vietnamkrieg
»Voll von diesem Weinen schreit dieses große Getöse. Flink man hißt. Man hat zu Land keinen Streit gehabt. Oh welch schrecklicher Wechsel zum Elend. Bevor der Krieg einige Male wiederkehrt.«

Nostradamus kündigt hier die nächste Runde des Vietnamkriegs an. Der Streit beginnt, so sieht es Nostradamus, nicht auf dem Land, sondern demnach zu See oder in der Luft. Mit dem großen Getöse ist wahrscheinlich das Donnern der schweren Schiffsgeschütze gemeint. Am 2. und 4. August 1964 kommt es im Golf von Tonkin zur ersten Gefechtsberührung zwischen den Seestreitkräften Nordvietnams und der USA. Daraufhin führen die USA einen Vergeltungsangriff gegen nordvietnamesische Hafenanlagen durch.

Vers 65 für 1965 Vorhersage der Mondlandung durch die Amerikaner vier Jahre später
»Innerhalb von vier Jahren wird die Sorgfalt ein Sternenschiff einrichten, das dort festmacht, wo der Prinz gestellt sein wird auf fremde Erde.«

Nostradamus beschreibt hier die Planung und den Bau eines Raumfahrzeuges! Die »Sorgfalt!« steht für Technik und Planung. Wir befinden uns im 65. Vers, zuzüglich vier Jahre ergibt also 1969! Am 21. Juli 1969 betritt Armstrong als erster Mensch den Mond.

Vers 70 für 1970 Ankündigung des Ausgangs des Vietnamkriegs für die USA
»Jahre, in denen die Gepanzerten betrügen vier Jahre zerfetzte. Versteckte in vier Jahren werden sie den Tag der Lüge verfluchen. Die, die nichts vorhersahen, nichts werden haben getan als aus der Luft alles zerfetzt.«

Mit den »Gepanzerten« sind die Amerikaner gemeint, die sich durch eine große, technisch raffinierte Bewaffnung im Vietnamkrieg auszeichneten. »Aus der Luft zerfetzt« spricht wohl für den flächendeckenden Bombenabwurf auf Vietnam durch die US-Luftwaffe.

Vers 72 für 1972 Vietnamkrieg und Napalmbomben
»Noch einmal werden die heiligen Tempel verschmutzt. Und ausgeplündert durch den Senat der höllischen Brandopfer.«

In diesem Jahr kommt es erneut zu schweren Luftbombardements von Nordvietnam. Eine böse Bemerkung von Nostradamus bezüglich der USA, die er als den Senat der höllischen Brandopfer bezeichnet. Grund: Die USA haben die ersten Atombomben gegen Menschen eingesetzt und nun in Vietnam die Napalmbomben besonders intensiv und fast flächendeckend zum Einsatz gebracht.

Vers 84 für 1984 Reagan greift Ghadafi in Tripolis an
»Der König verursacht durch die Luft ein Blutbad, nachdem er die Ursache findet.«
   Der Angriff der USA auf Libyen verursachte ein Blutvergießen und richtete sich gegen die »Ursache« des Terrorismus. Auffallend ist, daß danach hinsichtlich Flugzeugentführungen weltweit Ruhe einkehrte.

Vers 91 für 1991 Der Sicherheitsrat als Akteur des Golfkriegs
»Die schreckliche Krankheit für Indiens völkischen Drehpunkt.«
   Der »völkische Drehpunkt« ist der runde Tisch des Weltsicherheitsrats in New York. Amerika, die USA, waren für Nostradamus, der etwa sechzig Jahre nach der Entdeckung Amerikas lebte, noch »Indien«. Kolumbus suchte bekanntlich ursprünglich den Seeweg nach Indien. Die »schreckliche Krankheit« deutet darauf hin, daß die Konsequenzen der UNO-Militäroperationen im Golfkrieg Anfang 1991 noch große Schwierigkeiten nach sich ziehen würden.

Die Zukunft der USA

Centurie X, Vers 1000 für 2000 Vorhersage der dreihundertjährigen Weltherrschaft
»Die große Herrschaft wird durch das Engelland errichtet – Dem zweifach ungeschickten Geist für mehr als dreihundert Jahre.«
   Mit dem Begriff »Engelland« sind die USA gemeint, das Land, das schon heute den dichtesten Flugverkehr hat. »Engel« sind bei Nostradamus »fliegende Menschen«. Den »zweifach ungeschickten Geist« ordnet Nostradamus den USA und Großbritannien zu, die er als einen Doppelstaat sieht.

Vers 8 für 2008 Auch die USA werden im Dritten Weltkrieg zu den Opfern gehören
»Indien bei zehn und die Kugel schmelzen – Zeit der Luft.«

An dieser Stelle überspringen wir bewußt die Ereignisse zwischen 2006 und 2035. Sie können unter dem Stichwort »Der Dritte Weltkrieg« nachgelesen werden. Die USA und insbesondere auch die südamerikanischen Staaten werden aus dem Dritten Weltkrieg als überlebensfähig hervorgehen.

Vers für 2052 Genmanipulation zum Zweck der Eiweißgewinnung aus Pflanzen birgt neue Risiken
»Zu der Bodenhefe will man werfen Zellgewebe, damit es sich verheiratet – Es werden sein die Edelmütigen, die dieses für lange Zeit handhaben werden – am Ort des Afters – Irrtümer wo die Kröte kutschiert – spielt nicht – seid wachsam – wegen der Bequemlichkeit, die die indischen Freunde lieben.«

Bodenenzyme und Zellgewebe: Lange Zeit liegt deren Produktion und Kontrolle in den Händen zuverlässiger Menschen. Offenbar werden in den Abwässern mit der Zeit aber gefährliche Mutationen auftreten, die von den Amerikanern nicht ernst genommen werden. Die »indischen« Freunde sind die USA, wie schon zuvor erwähnt.

Vers für 2056 Lufthoheit und Reichtum durch Weltraumfahrt
»Große Flut von Engeln wird verlassen einen Teil seines Mundes – Die Regierung der Engel-Liga durch regieren Schätze sich einverleibt.«

Engel sind fliegende Menschen und mit Flugzeugen gleichzusetzen. Dieser Begriff steht in den nächsten Jahrhunderten bevorzugt für die Weltraumfahrt; meist dann noch in Verbindung mit den Worten »ciel«, »Himmel«. Gemeint ist dann das Universum, Weltall, und »air« oder »er« bezeichnet die Lufthülle unseres Planeten.

Vers für 2066 Vormachtstellung über England
»Der Herr von London, eingesetzt durch die Regierung der reichen Seelen Amerikas, über die Insel, die sich mit den Hörnern stößt, herrscht – Das Zeitalter ist durch Gefrieren geprägt. Der König der Wiedertäufer einen großen Fehler gegenüber dem Antichristen macht. Dadurch daß sie alles in die aussätzigen Seelen investieren werden.«

Der Text dieser Prophezeiung ist eindeutig. Amerika und Großbritannien gehen offensichtlich zusammen. Die USA investieren in die islamische Welt, was in der Folge zu Problemen führen wird. Es ist auch erstmals davon die Rede, daß das Klima der Erde abkühlt.

Für die nächsten hundert Jahre werden die USA nicht mehr eindeutig erwähnt, was für Nostradamus typisch ist, wenn keine dramatischen oder nachhaltig verändernden Ereignisse bevorstehen. Die Vereinigten Staaten von Amerika dürften mit den hundert Sternen, von denen Nostradamus spricht, identisch sein. Ein Hinweis, daß die USA dann aus hundert Ländern bestehen dürfte.

Centurie I, Vers 32 für 2132 Beginn des Abstiegs
»Das große Reich wird bald woandershin verschoben – An einen kleinen Ort, welcher wohl bald zum großen Wachstum kommen wird – Der Ort wird wohl der Kleinste sein, zu klein, um gezählt zu werden – Wo in die Mitte sein Zepter gestellt wird.«
 Mit diesem Vers markiert Nostradamus das Jahr der Geburtsstunde einer neuen, künftigen Weltmacht. Deren Hauptstadt wird aus einem kleinen, völlig unbedeutenden Flecken hervorgehen.

Vers 43 für 2143 Neues Weltreich ist im Entstehen begriffen
»Zuvor – was für ein Zulauf der Wechsel der Herrschaft hat. Die Insel wird hinzukommen – ein Fall besonderer Großartigkeit. Der Platz entwickelt sich durch den Stützpfeiler des fein Zerriebenen. Hingestellt – verwandelt unter dem Feld des Nichtöligen, um es zu haben.«
 Nostradamus beschreibt die Gründe, warum es gerade an diesem Ort zu einer solchen Entwicklung kommt. Offenbar wird dort eine neuartige Energiequelle installiert. Die Beschreibung der Technik kann heute noch nicht gedeutet werden.

Vers 44 für 2144 Entartung der christlichen Religion
»In Kürze werden zurückkommen Opferbringende – Gegen das Kommende werden Märtyrer gemacht – Dann wird es keine Mönche, Äbte, keine Novizen geben – Der Honig wird so teuer wie ein König werden.«
 Der eigentliche Grund für den späteren Niedergang der USA wird eine Fehlentwicklung bezüglich der religiösen Weltanschauung im Lande sein. Eine – wie wir heute sagen, fundamentalistische – Bewe-

gung wird nach dem Motto »Zurück zur Urchristenheit« die Oberhand in Politik und Gesellschaft in den USA gewinnen und damit das Ende des Weltreichs einläuten.

Vers 45 für 2145 Verfall in religiösen Wahn
»Im Bereich der Sekten große Züchtigung durch Denunzianten – Bestien im Theater dressiert für das bühnenmäßige Spiel – Infolge der antiken Tatsache unrühmliche Erfindungen – Durch Sekten ist die Welt verwirrt und gespalten.«

In den USA kommt es zu einer extrem fanatischen Praxis des »christlichen« Lebens. Man eifert den Märtyrern der Urchristenheit nach.

Vers 53 für 2153 Verfälschung christlicher Glaubensdogmen
»Überdrüssig macht man dem großen Volk Sorgen – Und das heilige Gesetz ist völlig zerstört – Durch andere Gesetze alles unchristlich wird – Wenn das Gold das Silber von neuem zu unterwandern beginnt.«

Das urchristliche Prinzip ist in den USA so weit verwirklicht worden, daß Geld verboten wurde. Doch es beginnt sich langsam wieder durchzusetzen. Das Gesetz der Gleichheit aller Geschöpfe gilt nicht mehr.

Centurie II, Vers 8 für 2208 Reformation: Einführung von Prinzipien der wahren Urchristenheit
»Zeit der Heiligen der ersten römischen Art – Verworfen haben wird man die schlecht gebauten Grundlagen – Genommen haben werden sie ihre Gesetze die Ersten der Menschen und des Menschlichen – Gejagt, werden sie nicht alle halten den Heiligen ihren Gottesdienst.«

Der Versuch, die Entwicklung wieder in den Griff zu bekommen, erinnert irgendwie an den Untergang der UdSSR. Man möchte reformieren, ohne die liebgewonnenen Vorstellungen aufgeben zu wollen. Aber alles deutet in dieser Prophezeiung darauf hin, daß die Reform gelingen wird.

Vers 12 für 2212 Verfolgung der Reformatoren durch den Präsidenten
»Spiele der Klöster eröffnen altertümliche Phantasie – Die Bewohner der Einzigen werden versetzt werden in etwas Neues – Der große Monarch verfolgt sie, wird unterdrücken ihr Wiedererscheinen – Begeistert die Tempel den Schatz vorantragen.«

Man wird versuchen, christliches Denken der Urzeit zu restaurieren. Die Auseinandersetzungen zwischen den verschiedenen Parteien und deren Anschauungen werden schließlich in Unterdrückung enden und die religiösen Strömungen in den USA radikalisieren. Der letzte amerikanische Präsident nach der Verfassung der Gründerväter dürfte für die nächsten acht Jahre gewählt worden sein.

Vers 20 für 2220 Abschaffung des Präsidentenamts in den USA
»Brüder und Schwestern werden an verschiedenen Orten gefangengehalten – Man hält es für erforderlich, vorübergehend die Monarchie abzuschaffen.«

Die turbulente Entwicklung nimmt Ausmaße an, die für den heutigen Bürger der Vereinigten Staaten unvorstellbar sein dürften. Wenn wir später erfahren, daß es einen Präsidenten gibt, der gleichzeitig das religiöse Oberhaupt des Landes ist, dann läßt sich dieser Vers besser verstehen.

Vers 26 für 2226 Ankündigung des Niedergangs
»Zum Großen, welches bald verloren wird – Zeit des Schlachtfeldes.«

Relativ früh prophezeit Nostradamus den endgültigen Niedergang der USA. Die Verse für die Jahre 2255 bis 2257 geben nacheinander eine recht anschauliche Beschreibung.

Vers 55 für 2255 Versuch, die US-Macht zu stürzen
»Im Streit mit dem Großen wer kann tapfer sein – Zum Schluß der Sturz wird großartig gemacht – Während das, was diese Misere verursacht, übertreibt – Bei der Fahne dolchiger Hochmut.«

Vers 56 für 2256 Der Sturz der US-Macht wird durch einen Sektenführer herbeigeführt
»Welch eine Krankheit, welch ein Schwert, das man weltlich nicht

erklären kann – Der Tod auf dem Höhepunkt der Macht wird durch den Himmel veranlaßt werden – Der Priester wird sterben, wenn er die Zerstörung vollendet haben wird – Diejenigen des Schiffbruchs wollen dem Elan treu ergeben sein.«

Aus diesem Vers geht deutlich hervor, daß der Untergang der USA keine weltliche Ursache, also schlechtere Waffen, schlechteres Wirtschaftssystem oder dergleichen hat, sondern geistige, religiöse Gründe haben wird.

Vers 57 für 2257 Das Ende des Staates
»Bevor der Streit die große Mauer einstürzen läßt – Das Große wird sterben plötzlich sterben und mit Wehklagen – Es wird nicht halb vollendet sein der größte Teil wird schwimmen – In der Umgebung des sich Erhebenden der Engel der verfärbten Erde.«

Vers 69 für 2269 Die Beteiligung des Islam am Untergang
»Im Augenblick der Entzweiung der großen Monarchie – Unter den drei Teilen wird das lachende Gold gemacht haben sein Zepter – Gegen den Abt von der großen Hierarchie.«

Es ist auf das Jahr genau dreihundert Jahre her, daß die USA mit dem ersten Menschen auf dem Mond ihre spätere Vormacht im Weltraum begründen konnten. Die Großmacht wird in drei Teile zerbrechen. Es überlebt der Landesteil, der sich auf die Wirtschaft und nicht auf die Religion stützt. Der »Abt von der großen Hierarchie« ist der Priesterpräsident der USA.

Vers 73 für 2273 Verlust der Vormachtstellung in der Raumfahrt
»Am See der indischen Masten zerlumptes Ufer. Prinz tötet die tausend Jahre Vorteile an der Grenze.«

Der letzte Machthaber der USA wird an der Grenze, also im Erdorbit, die Weltraumanlagen zerstören lassen, so daß der Menschheit große Vorteile verlorengehen.

Ausblick

Auch nach dem Ende der USA leben in den Landstrichen Menschen, die sich allerdings anders organisieren. So wie heute niemand ernsthaft dem Untergang des französischen Königtums nachweint, so wird niemand dieses dann nicht mehr tragbare System betrauern.

Natürlich geht es für die Bevölkerung weiter – und das nicht schlecht. Ganz im Gegenteil, sie wird versuchen, noch besser zu leben und zu diesem Zweck ein Tier als Dienstboten des Menschen zu erziehen. Lesen Sie bitte im Kapitel »Das Tier« weiter, wenn Sie von der Bevölkerung auf diesem Kontinent mehr wissen wollen.

Großbritannien

Die Britischen Inseln versinken im Meer.

Centurie IX, Vers 38 für 1938 Beteiligung am Zweiten Weltkrieg
»Beginn der Plage durch die Rose der Hölle und die Engländer – Vorbei geht die Zeit der Empörung über den großen Dämonen.«

Die »Rose der Hölle« ist das Hakenkreuz und der »große Dämon« Hitler. Denken Sie bitte daran, daß Nostradamus kein Freund der Engländer ist.

Vers 49 für 1949 Das Geheimnis um Eduard VIII.
»Wenn die Schwiegertochter auserwählt ist, wird man gegen Antwerpen marschieren – Der Senat von London wird den König zum Rücktritt bringen – Er ist nicht geschädigt, sondern die, die dagegen sind – Im Bewußtsein der uneingeschränkten Macht.«

Ein sehr mysteriöser Text, der genau zehn Jahre zu spät kommt. Demnach erfolgte der Thronverzicht Eduards VIII. wegen Meinungsverschiedenheiten um die Kriegsvorbereitungen Englands.

Den nächsten Versen ist kein Kommentar hinzuzufügen, sie sprechen für sich.

Centurie X, Vers 100 für 2000 Vereinigung mit den USA zu einem Staat
»Die große Herrschaft wird durch das Engelland errichtet – Dem zweifach ungeschickten Geist für mehr als dreihundert Jahre – Große Serienfahrzeuge fahren über das Meer und das Land – Die mit klarem Verstand werden darüber nicht glücklich sein.«

Vers 15 für 2015 Vernichtung durch C-Waffen im Dritten Weltkrieg
»Inmitten der Macht des Leben – Der Tod wird kommen – rauh und lang bei der Elf [Zeitangabe 2011]. Der Senat auf der Insel stirbt – lange und leicht.«

Vers 17 für 2017 Nach dem Dritten Weltkrieg Wahl einer Frau zur Königin
»Die Königin wird erwählt – Die Sterne sehen ihre Insel verletzt.«

Zwanzig Jahre nach dem Dritten Weltkrieg ist England wieder in der Lage, Krieg zu führen.

2039 Streit zwischen England und Irland
»Erste Insel – Böse Witwe des glücklichen alten Ehemannes. Jahr Null – in zwei Jahren Inseln im Streit.«
    Vermutlich unterstützt und durch die USA wieder aufgebaut, kann England erneut in die Politik eingreifen.

Vers 40 für 2040 Ein neuer Herrscher für England
»Der junge Einfältige erscheint, um Britannien zwei Jahre zu regieren.«
    Wer noch Zweifel hatte, erkennt, daß mit diesen beiden letzten Versen wirklich Großbritannien gemeint ist.

Vers 66 für 2066 Vormacht der USA über England
»Der Herr von London – Eingesetzt durch die Regierung der reichen Seelen Amerikas – Über die Insel die sich mit den Hörnern stößt, herrscht.«

Zwanzig Jahre später erwähnt Nostradamus nochmals, daß die Verbindung zwischen den USA und Großbritannien sehr eng geworden ist.

Centurie I, Vers 43 für 2143 Loslösung von den USA
»Zuvor – was für ein Zulauf der Wechsel der Herrschaft hat – Die Insel wird hinzukommen – ein Fall besonderer Großartigkeit.«

Man muß die Entwicklung in England immer unter dem Aspekt des Niedergangs der US-Macht sehen. Aber England hat auch eigene, andere Probleme. Warum auch immer – ob nun der Boden absinkt oder die Weltmeere ansteigen – England wird in große Schwierigkeiten geraten.

Centurie III, Vers 70 für 2370 Die britische Insel versinkt im Meer und wird Stützpunkt einer Weltraummacht
»Das große Britannien wird Stützpunkt der Engel – Werden kommen durch das Wasser, das so hoch überschwemmt ist – Der neue Bund der Höhe keinen Krieg macht Außer gegen jene, die gekommen sind, sich zu vereinen.«

Damit ist England in den Prophezeiungen des Nostradamus als Staat, wie wir ihn kennen, das letztemal erwähnt worden.

Frankreich

Nostradamus, der um 1550 lebte, fühlte sich trotz seiner umfassenden Weltschau in erster Linie als ein Prophet der Franzosen. Viele Ereignisse hat er für die Zeit bis 1742 beschrieben, doch das ist für uns inzwischen schon Vergangenheit. Um den Stil des alten Meisters bis in die letzte Feinheit zu erforschen, wird es interessierten Franzosen sicher noch großes Vergnügen bereiten, die die Vergangenheit betreffenden Verse genauer zu analysieren und dabei auch manche Geschichtsverfälschung aufzudecken. Hier soll es aber mehr um die Zukunft Frankreichs aus heutiger Sicht gehen.

Centurie IX, Vers 38 für 1938 Ankündigung des Überfalls auf Frankreich
»Nicht mehr weit von der Versetzung eines tüchtigen Schlages, den die Gallier erwarten können. Keine Hilfe, auch nichts Gutes von denjenigen, die hinzukommen.«

Kurz vor dem Ausbruch des Zweiten Weltkriegs warnt Nostradamus seine Landsleute versteckt vor dem Überfall vor den Deutschen. Gleichzeitig weist er auf die Alliierten hin, von denen er auch keine besonders gute Meinung hat. De Gaulle hatte bekanntlich alle Mühe, sich auch nur halbwegs bei den Verbündeten durchzusetzen.

Vers 52 für 1952 Indochinakrieg und Anfang des Algerienkriegs
»Der Frieden nähert sich von der einen Seite – der Krieg von der anderen – Folglich war dort die Verfolgung [nie] jemals größer. Beklagenswert die Männer, Frauen, das unschuldige Blut auf dieser Erde. Dies wird durch Frankreich [verursacht] werden nach allen Grenzen.«

Während sich Frankreich langsam aus den Verpflichtungen in Indochina zu lösen versucht, erwächst in Algerien ein neuer Krisenherd.

Vers 55 für 1955 Ende der Kolonialkriege
»Der schreckliche Krieg, welchen man so dicht beherbergt, zieht im Osten herauf – Im Jahr darauf folgt die Krankheit – So schrecklich, daß Jung und Alt wie Tiere sind – blutig das Meer. Gesäubert vom Krieg – Glücklich in Frankreich.«
Nostradamus sagte schon 1555 voraus, daß Frankreich nach Beendigung seiner Kolonialkriege zu Glück und Wohlstand kommt.

Vers 57 für 1957 De Gaulle mit neuer Verfassung
»Am Ort dicht bei der Zehn wird ein König wieder eingesetzt – Und wird versuchen, das Gesetz zu ändern, bevor es zur Aussaat kommt.«
Auf dem Höhepunkt der politischen Kriege in Frankreich erinnert man sich an De Gaulle. Er macht seine Präsidentschaft von einer neuen Verfassung abhängig, über die abgestimmt werden muß und die mit großer Mehrheit angenommen wird.

Vers 75 für 1975 Rüge für die Landsleute
»Als Folge der Einkreisung der Länder durch die Rasierten – Wird das Volk über das Meer wenig französischen Beistand bekommen.«
In diesen Zeilen erhebt Nostradamus den Vorwurf, daß Frankreich nach dem Vietnam-Krieg der Bevölkerung dieses Landes eine umfassende humanitäre Hilfe verweigert hat.

Vers 78 für 1978 Die Weltraumrakete »Ariane«
»Durch die griechische Dame von häßlicher Schönheit – Gibt es glückliche Hilfen durch unzählige Protokolle.«
Die »griechische« Frau ist die französische Rakete »Ariane«, für die Nostradamus viele Erfolge vorhersagt. Aus der griechischen Mythologie kennen wir Ariadne, die Theseus mit ihrem Faden aus dem Labyrinth half und doch von ihm verlassen wurde! Manche meinen, daß der Name Ariane aber nicht auf die kretische Königstochter zurückgeht, sondern aus dem Vornamen Marianne abgeleitet worden sein soll.
Tatsache ist, daß am 26. Dezember 1979 vom französischen Raumfahrtzentrum Kourou in Französisch-Guyana der erste Start der Ariane erfolgte. Mit den vielen »Protokollen« sind wohl die europäischen Kommunikations-, Navigations- und Wettersatelliten gemeint, die

ihre Meldungen aus der Umlaufbahn zur Erde schicken und die als Nutzlast von »Ariane« in das »himmlische Bett«, also den Erdorbit, transportiert wurden.

Für Frankreich finden sich hinsichtlich der nächsten Jahrzehnte keine direkten Prophezeiungen, was als positiv zu bewerten ist. Das Land wird im Konzert der Völker seine Rolle spielen, aber nicht in Blut und Tränen versinken.

Der Dritte Weltkrieg wird Frankreich genau wie alle anderen Staaten treffen. Es liegt auf der Hand, daß Nostradamus unmittelbar nach Ende dieses Krieges einen Vers vorsieht, um zu signalisieren, wie es in Frankreich weitergehen wird.

Centurie X, Vers 16 für 2016 Nach dem großen Krieg
»Glücklich, Frankreich zu regieren – glücklich, zu leben. Unbekannt Blut, Tod, Furioses und Verbrechen – Keiner Blähung ausgesetzt wird sein das Leben. Der König ohne Macht – viele im Glauben sich in der Folge einweihen.«

Nostradamus sagt für Frankreich voraus, daß eine Zeit der Gewaltlosigkeit und der Demokratie heraufzieht. Die Bevölkerung ist durch die Ereignisse gereift. Eine Bewegung der Gewaltlosigkeit erlaubt dem Regierenden keine Machtdurchsetzung.

Vers 24 für 2024 Erhöhter Wasserstand des Mittelmeers als Folge des Krieges
»Vorüber geht die Zeit der Begegnung durch das Meer bis nach Marseille.«

Aus Gründen, die heute noch nicht erklärbar sind [vielleicht kommt es als Folge einer atmosphärischen Veränderung zu einer verminderten Verdunstung des Mittelmeerwassers], wird das Mittelmeer deutlich ansteigen. Das führt zu einer Überschwemmung der Küstenstraßen. Nach 2024 geht der Pegelstand wieder zurück.

Vers 26 für 2026 Religionsstaat für lange Zeit
»Lange Zeit noch wird das Lamm zu Frankreich halten.«

Was sich schon im Vers für 2016 ankündigte, wird hier erneut bestätigt und für eine längere Zeit noch in Aussicht gestellt. Frankreich wird nach dem Dritten Weltkrieg für eine sehr große Zeitspanne zu einer neuen Frömmigkeit zurückkehren.

Vers 34 für 2034 Machtansprüche des Südens
»Gallier welche herrschen durch den Krieg der Besetzung.«

Im Jahre 2034 hat sich der vom Krieg weniger betroffene südliche Teil Frankreichs so weit erholt, daß er Gebietsansprüche durch Besetzung der entvölkerten Landstriche durchsetzt.

Vers 58 für 2058 Der Versuch, Weltraumnation zu werden
»Gekreische gallischer Väter – Hundert schichten das Schiff – Versuche in der Grube der Wissenschaft gelingen – Einvernehmen wird erhalten.«

Im Jahre 2058 sind die Franzosen wieder in der Lage, in High-Tech-Bereichen mitzureden.

Vers 60 für 2060 Islamisierung Nizzas
»Ich weine, Nizza – Tausend Jahre byzantinischer Handel entwickelt sich.«

Um diese Anmerkung des Franzosen Nostradamus besser zu verstehen, sollten Sie die Texte lesen, die Nostradamus für diese Zeit bezüglich Italien hinterlassen hat. Es ist klar, daß es nicht ohne Auswirkungen bleiben kann, wenn Italien vom Islam überrannt wird.

Vers 87 für 2087 Der Versuch, Nizza dem Islam zu entreißen, mißlingt
»Großer König wird kommen – nimmt die Grenze nahe bei Nizza – Das große Reich des Todes wird in dieser Zeit sein – Ins Gegenteil wird sich der Traum Nizzas kehren – Über dem Meer alles pulverisiert wird – alle lebendige Spreu.«

Dreißig Jahre später wird man in Südfrankreich versuchen, Nizza und sicher auch weitere Teile Italiens aus dem Herrschaftsbereich des Islam zu befreien. Die Bestrebungen werden ein Blutbad verursachen und mißlingen.

Centurie II, Vers 6 für 2106 Mißerfolge in der Weltraumfahrt
»Der Osten wird den Druck ausgelöst haben – Den entgegengesetzten Weg als die Gallier geht er, wo die Raumfahrt ist.«

Man sollte diese Prophezeiung auch im Zusammenhang mit der Entwicklung in anderen Ländern sehen. Die USA und Japan/China geben in der Weltraumfahrt zu dieser Zeit den Ton an. Offenbar versuchen die Franzosen mit einem anderen System, in der Galaxis mitzureden. So, wie die Worte hier formuliert wurden, scheint es nicht der richtige Weg zu sein.

Vers 18 für 2118 Selbstverschuldung des künftigen Schicksals
»Durch den Mißklang und die Fahrlässigkeit der gallischen Leute wird der Durchlaß für Mohammed geöffnet. Vom Blut getränkt die Erde und das Meer den Streit anfängt.«

Nostradamus macht seinen Landsleuten große Vorwürfe. Er sieht, wie diese durch Unbekümmertheit das Schicksal der französischen Nation gefährden.

Vers 31 für 2131 Der Islam unterwirft Südfrankreich
»Innerhalb von vier Jahren die Gallier die harten Kriege haben werden.«

Ab 2131 wird Frankreich mehr und mehr vom Islam erobert. Dieses Schicksal ist bis zum Jahre 2555 vorhergesagt!

Vers 78 für 2178 Teilung in ein nördliches (christliches) und südliches (islamisches) Land.
»Der Herrscher von Frankreich wird sich vor seiner Schwester sehr fürchten.«

Vers 90 für 2190 Abwehrmaßnahmen gegen die islaminierten Südfranzosen
»Gegen die Gallier wird der strahlende Berg erbaut.«

Vers 29 für 2229 Verlegung des islamischen Religionsmittelpunkts
»Der Orientale wird verlassen seinen Thron. Passieren den Apennin und Gallien sehen.«

Seit 2065 hat der oberste islamische Religionsrat sein Hauptquartier in Rom. Etwa siebzig Jahre später wird er offenbar seinen Sitz nach Südfrankreich verlegen.

Vers 59 für 2259 Anschlag der islamischen Südfranzosen auf die USA
»Eine Gruppe der Gallier durch die Macht der großen Wächter – Töten den großen Neptun und seine dreizackige trunkene Kunst.«
Nun sind die Gallier islamisch, und so ist auch zu verstehen, daß von Frankreich die Expansion weitergeht.

Vers 69 für 2269 Islamische Intrige gegen die USA
»Der gallische König spricht über dasjenige zur rechten Hand. Im Augenblick der Entzweiung der großen Monarchie. Gegen den Abt von der großen Hierarchie.«
In Amerika regiert inzwischen ein Priesterpräsident, der von Nostradamus hier als Abt bezeichnet wird. Man bedenke, daß für die gleiche Zeit den US-Staaten der Beginn des Niedergangs bevorsteht.

Vers 72 für 2272 Streit im islamischen Lager (Rom ist auch islamisch)
»Bewaffnete Verunreinigungen von Italien aus schikanieren – Von allen Teilen der Streit ausgeht und große Verluste – Römer fliehen was für Gallier, die sie zurückweisen werden.«
Nostradamus beschreibt innerislamische Auseinandersetzungen. Ein Teil will nach Südfrankreich zu den dortigen islamischen Brüdern fliehen. Diese verweigern ihnen jedoch die Zuflucht.

Vers 99 für 2299 Glaube an die Nostradamus-Weissagung eines Untergangs des Islams
»Römische Scholle, die auslegt die Weissagung. Durch die gallische Vereinigung durch die viele schikaniert werden. Aber die keltische Nation wird an ihre Stunde glauben.«
Diese Prophezeiung gehört mehr zu den Versen, die Nostradamus in eigener Sprache hinterlegt hat. So wie er seinerzeit die Menschen vor dem Dritten Weltkrieg gewarnt und Hilfen angegeben hat, so formuliert er auch jetzt ausdrücklich, daß der Sinn seiner Weissagungen darin besteht, die letzten Überbleibsel christlichen Glaubens in

Frankreich zum Durchhalten zu motivieren, denn die Zeit der islamischen Besetzung wird eines Tages zu Ende gehen.

Centurie III, Vers 27 für 2327 Französisch wird offizielle Sprache des Korans.
»Prinz aus Libyen vereinigt die Macht zuvor im Osten. Französische Araber werden dann kommen, um einzuseelen. Es wird so sein, daß zuvor es Verträge des Entgegenkommens gibt. Die Sprache der Araber in französisch übersetzt wird.«

Eine bittere Prophezeiung. Es gibt diesmal einen Streit zwischen dem libyschen Lager und dem französischen Islam. Die Franzosen werden siegen, indem sie »einseelen«, das heißt töten. Als Zeichen des Sieges wird man Französisch zur Amtssprache des Islams erklären.

Vers 55 für 2355 Die Regierung des Einäugigen
»In dem Jahr, in welchem ein Auge Frankreich regiert. Der Hof wird sein davon ein gut eingekauftes Problem. Das große der zwei Gesetze seinen Freund töten wird. Der Regent ist dem Übel und doppelter Falschheit preisgegeben.«

Beim Lesen dieses Verses für das Jahr 2355 sollte man daran denken, daß es sich hier um islamische Probleme in Frankreich handelt.

Centurie IV, Vers 5 für 2405 Ankündigung der Befreiung vom Islam
»Die Länder des Kreuzes unter Einem vollenden das göttliche Wort – Die Länder werden geboren, und die Gallier werden vereinigt werden – Großer Eklat nähert sich und sehr rauher Kampf – Tapfere Herzen – Nichts wird sein als Erschütterungen.«

Fast hundertfünfzig Jahre vor dem endgültigen Ende des Islam in Frankreich beginnt – vielleicht um die Landsleute zu motivieren – Nostradamus von der Befreiung Frankreichs zu sprechen.

Vers 86 für 2486 Auftritt eines christlichen Propheten
»In Reims und zu Aix wird empfangen der Gesalbte.«

Was in einem anderen Zusammenhang ausführlicher erklärt wird, steht hier unauffällig im Vers für das Jahr 2486. Der Sohn aus einer

Mischehe – Mutter aus Reims gebürtig, Christin, Vater aus Aix stammend, Muslim – ist ausersehen, zum Befreier Frankreichs zu werden. Ob sich seine Eltern nun 2486 zur Zeugung verbinden, läßt sich diesem Vers allerdings nicht entnehmen.

Vers 93 für 2493 Geburt Heinrichs, des zweiten Nostradamus
»Dann wird in Frankreich ein besonders loyaler und gesetzestreuer Prinz geboren – Vom Himmel werden kommen alle die Prinzipien, die geboren wurden.«

2493 ist das Geburtsjahr Heinrichs des Glücklichen alias »zweiter Nostradamus«: eines künftigen Feldherrn, Staatsmanns und Volksführers mit hellsichtigen Fähigkeiten. Gleichzeitig werden noch weitere Menschen mit besonderen Charaktereigenschaften geboren, um Heinrich dem Glücklichen zu helfen.

Im Jahre 2555 erlebt Frankreich eine Befreiung vom Islam und geht in den neuen Völkerschaften des europäischen Kontinents auf.

Ausblick

Der Islam wird bis 2500 müde und »verbraucht« geworden sein, wobei islamische Splittergruppen seine Herrschaft untergraben. In einer Serie von schweren Auseinandersetzungen wird es schließlich zu einer Konfrontation mit dem im Untergrund regenerierten christlichen Glauben kommen, der in Südfrankreich dann die entscheidende und vernichtende Schlacht gegen den Islam gewinnt.

Danach werden kluge Staatsmänner eine neue Ordnung für die Völker der Erde verabreden. Jede der Weltreligionen wird einen Kontinent der Erde zugewiesen bekommen! Etwa für 2600 ist auch das Ende der Nationalstaaten vorhergesagt. Die Menschen dieser Erde werden sich als Bewohner eines Weltraumkörpers mit gleichem Glauben ansehen und sich eher darin unterscheiden, ob sie für oder gegen wissenschaftlichen Fortschritt sind.

Das islamische Frankreich hat aufgehört zu existieren.

Italien

Neben Frankreich widmet sich Nostradamus besonders dem Schicksal Italiens. Zum einen war er zu Lebzeiten schon eng mit diesem Land verbunden – so gehörte das Fürstenhaus von Savoyen zu seinen Klienten –, zum anderen galt Italien wegen Rom als das bedeutende Zentrum des Christentums. Von 1555 bis in unser Jahrhundert hinein gibt es eine große Zahl von diesbezüglichen Prophezeiungen, die heute schon Geschichte geworden sind. Wir beginnen unsere Rückschau Ende der zwanziger Jahre.

Centurie IX, Vers 28 für 1928 Große politische Aktivität
»Verschleiert die Bilder des Hafens mit dem vielen Öl – Im Hafen von Venedig läuft man zu den Fahnen – Abgereist zum Golf harzig die Lyrik – Ins Stocken gerät es, wenn der Ligurier sich von den Kanonen trennt.«

»Im Hafen von Venedig . . .«: Damit dürften die Bestrebungen Italiens im Osten der Lagunenstadt (Adria- und Albanienfrage) angedeutet sein. Da nach der Besetzung Korfus (1923), die zurückgenommen werden mußte, sich das Verhältnis zu Jugoslawien verschlechterte (trotz der Abtretung von Fiume an Italien 1924), wird hier die immer stärker werdende Abhängigkeit Albaniens von Italien angesprochen.

Vers 33 für 1933 Die Sache mit den drei Führern
»Wenn der Gewalttätige König von Rom ist in den Jahren des Nicht-Krieges – An der Macht drei die Führer genannt werden – Erschütterungen Italiens sie haben den Kopf des heiligen Krieges – Den ersten von allen berühmten Königen.«

Erinnern Sie sich an die drei? Mussolini, Hitler, Franco. Jeder von ihnen nannte sich Führer!

Mit diesem Vers folgt für Italien, zumindest was die namentliche Erwähnung bei Nostradamus angeht, lange Zeit keine weitere Prophezeiung mehr. Ähnlich wie im Falle Frankreichs schildert Nostradamus aber das Italien nach dem Dritten Weltkrieg.

Es werden Päpste, der Vatikan und eine Entwicklung erwähnt, die man mit der Mafia zusammenbringen könnte, aber es sind keine eindeutigen Hinweise auf Italien. Bis . . .

Vers 18 für 2018 Wahl eines blutrünstigen Papstes in Rom
»Der Sohn der Woge des Blutes wird in Rom erwählt. Und die zwei Großen werden den Mißstand herbeigeführt haben.«

Mit den »zwei Großen« sind Spanien und Brasilien gemeint, die den Krieg relativ unbeschadet überstanden haben.

Vers 20 für 2020 Rache der Christen am Islam
»Alle Freunde welche Partei gehalten haben. Wegen der Rauheit in den Verträgen – sind dem Tod und der Plünderung preisgegeben – Elf römische Völker nichts als Beleidigungen machen werden.«

Von Rom geht ein Rachefeldzug gegen den Islam aus. Rechnet man Spanien und Portugal den südamerikanischen Staaten hinzu, so kommt man leicht auf die besagten elf Völker, die diesen Kreuzzug des Papstes auch militärisch unterstützen können.

Vers 60 für 2060 Beginn islamischer Revanche gegenüber Rom
»Ich weine Nizza – Tausend Jahre byzantischer Handel entwickelt sich.«

Nostradamus beginnt 2060, die Besetzung Nizzas durch den Islam zu beschreiben. Tatsächlich haben sich die überlebenden Muslims innerhalb von dreißig Jahren so weit regeneriert, daß sie ihrerseits gegen das christliche Rom vorgehen können.

Die Tragödie Roms beginnt damit, daß der Islam, der sich bereits bis Ungarn ausgebreitet hat, Angriffe gegen Norditalien einleitet.

Vers 64 für 2064 Mailand fällt zuerst
»Weine tausend Jahre, weine Mailand. Licht über die Verdienste deiner Vorfahren. Wenn dein großer Herzog auf den Wagen steigen wird, wechselt der Sitz nahe Venedigs. Von außen kommt etwas dazu – Dann wenn die Kolonne sich Rom zuwendet.«

Nostradamus beschreibt hier recht detailliert, was sich in dieser Zeit der Besetzung Italiens durch den Islam abspielt. Demnach wird der dann Regierende sein Land mit einem Wagen fluchtartig verlassen und die neue Hauptstadt Italiens durch die Eroberer in die Nähe von Venedig verlegt. Der Islam erhält von einer außenstehenden Partei Hilfe und wendet sich gegen Rom.

Vers 65 für 2065 Der Untergang Roms
»O mächtiges Rom – dein Untergang nähert sich dir – Nichts von deinen Mauern, von deinem Blut, von deiner Substanz bleibt überdrüssig der Vorbereitung. Verträge. Zeit, in der Schreckliches geschehen wird – Scharfe spitze Eisen der Luft werden gegen alles gerichtet, bis nichts mehr da ist.«

Nach dieser Darstellung muß man davon ausgehen, daß Rom dem Erdboden gleichgemacht wird. Wie sich später herausstellt, macht der Islam, ähnlich wie seinerzeit Jerusalem, Rom zu seinem Hauptsitz, wandelt also das religiöse Zentrum des besiegten Gegners in das eigene um. Dies steht zwar nicht in der Prophezeiung, aber es würde nicht verwundern, wenn die Sieger auf dem heutigen Petersplatz eine Moschee errichten.

Vers 87 für 2087 Befreiungsversuch durch Spaniens Herrscher
»Großer König wird kommen, nimmt die Grenze nahe bei Nizza – Das große Reich des Todes wird in dieser Zeit sein – Ins Gegenteil wird sich der Traum Nizzas kehren – Über dem Meer alles pulverisiert wird – alle lebendige Spreu.«

Es wird nichts unversucht gelassen, die Muslime aus Italien wieder zu vertreiben. Die Bemühungen mißlingen.

Vers 91 für 2091 Der Islam verlegt seinen Religionsmittelpunkt nach Rom
»Römischer Klerus – Im Jahr tausend sechs hundert und neun – Zum Chef der Esel wird er erwählt sein – Aus einem grauen und schwarzen der Gesellschaft hervorgegangen – Welcher elf nicht schlau gemacht hat.«

Dies ist ein besonders ironischer Vers von Nostradamus. Rom ist seit 2065 vollständig islamisch geworden. Beim dortigen »Klerus«

handelt es sich um die Geistlichen des Islam. Die scheinbar irreführende Zeitangabe ist in Wirklichkeit die Bestätigung der Richtigkeit des Zeitschlüssels! Der Islam zählt die Jahre nach Mohammeds Flucht. Wir sind zum Beispiel im Jahre 1991 unserer »christlichen« Zeitrechnung im Jahre 1450 islamischer Zeit. Im Jahre 2091 A. D. haben wir demnach das Jahr 1550 nach der islamischen Zeitrechnung. Wenn man den Vers 2251 betrachtet, dann erkennt man, daß im Jahre 2251 das hier angekündigte Ereignis vollzogen wird – und siehe da: Wir befinden uns unversehens im Jahre 1605 islamischer Zeitrechnung.

Jetzt ist auch verständlich, warum Nostradamus in seinem Ärger das islamische Oberhaupt mit dem Titel »Chef der Esel« belegt. Vielfach wurde in der Vergangenheit von Nostradamus-Autoren angenommen, daß damit Papst Paul IV., der gegen Galileo Galilei prozessieren ließ, gemeint sei. Vielleicht ist es eine nette Grille des Propheten, hier so doppelsinnig verfahren zu haben. Sicher ist, daß sich Vers plus Zeitangabe mit den Jahren um 2091 und dem Islam decken.

Centurie I, Vers 9 für 2109 Islam festigt Herrschaft über Rom
»Aus dem Orient wird die Regierung der zwei Vereinigten kommen. Kaufen wird die lachende Hast das gehortete Erbe Roms«

Vers 51 für 2151 Islam für hundert Jahre im Aufwind
»Der Herr der Rückständigen im Glück und Unglück – Ewiger Gott welche Veränderungen – Für ein langes Jahrhundert seine ausgekochte Zeit zurückkehrt – In Gallien und Italien was für Bestürzung.«

Den Anfang des Verses macht ein weiterer Spitzname für das Oberhaupt der Islamischen Welt, »Herr der Rückständigen«. Nostradamus ist bestürzt über das Kommende. Nirgends zeigt er so offen seine persönlichen Ansichten über die Ereignisse der Zeit. Frankreich und Italien sind beide islamisch beziehungsweise werden offenbar systematisch islamisiert.

Vers 60 für 2160 Krieg um das islamische Italien
»Ein zweifacher Krieg wird entstehen bei Italien. Welche die Macht des Reiches verteuern und töten wird. Man spricht mit einigen Men-

schen der Inseln und demonstriert. So daß man immer weniger Heil statt Mäuler finden wird.«

Offenbar versuchen Christen außerhalb des betroffenen Landes nochmals, den Islam aus Südfrankreich und Italien zurückzudrängen. Dies mißlingt erneut.

Vers 93 für 2193 Innerislamische Kriege
»Vier Kriege nahe der italienischen Berge es geben wird – Löwe und Hahn sich nicht zu eng zusammenschließen – Vom Ort der Angst der eine den anderen verblüfft – Nur die hundert Sterne und die Geflügelten wirken mäßigend ein.«

Innerhalb des Islam kommt es zu einer Spaltung, wie sie ähnlich von der Christenheit in der Trennung von katholischer und protestantischer Kirche vollzogen wurde. In diesem Vers erwähnt Nostradamus die hundert Staaten der USA, die es nach dem Dritten Weltkrieg geben wird.

Centurie II, Vers 5 für 2205 Italien bleibt vom Islam unterdrückt
»Über das Meer kommen wird ihre Abordnung gut Bewaffneter – Erscheinen werden die Könige, bevor unterdrückt wird die lateinische Erde.«

Alle weiteren Bestrebungen, Italien dem Islam zu entreißen, schlagen fehl.

Vers 54 für 2254 Terrorisierung Roms
»Durch die fremden Menschen und für lange Zeit der Römer ihre große Stadt nach dem Wasser hin stark erschüttert wird.«

Vers 72 für 2272 Der Islam terrorisiert von Italien aus die Nachbarn
»Bewaffnete Vereinigungen von Italien aus schikanieren. Von allen Teilen der Streit ausgeht und große Verluste. Römer fliehen was für Gallier, die sie zurückweisen werden.«

Die »Römer« sind hier nach wie vor islamische Gläubige, die vor ihren eigenen Leuten nach Südfrankreich flüchten wollen, dort aber zurückgewiesen werden.

Centurie III, Vers 63 für 2363 Islam wieder im Krieg
»Römische Macht wird alles töten am Boden. Sein großer Nachbar macht das mit den Überresten nach.«

Centurie IV, Vers 4 für 2404 Versuch christlicher Nordfranzosen, Italien zu erobern
»Allein Italien wird durch die Kelten verfolgt.«

Vers 36 für 2436 Christenverfolgung in Rom
»Vor Angst zittern das unschuldige Rom und die Lendengeschürzten.«

Vers 72 für 2472 Höhepunkt islamischer Finanzmacht
»Der römische Sarazene, welcher sich in der Hütte reinigt, ist vergoldet.«

Eine sicher sehr interessante Weissagung. Danach erreicht der Islam den Gipfel seiner Finanzmacht kurz vor seinem Sturz.

Vers 77 für 2477 Koexistenz von Islam und Christentum
»Moslemischer König des friedlichen Italien. Wird zusammen mit dem christlichen König die Welt regieren.«

Wir wissen aus den vorangegangenen Prophezeiungen, daß der Islam in zwei Lager gespalten ist. Die römische Seite scheint friedlich, wohlhabend und wohlwollend geworden zu sein, während die französische sich aggressiv und wenig tolerant gibt. Laut Nostradamus kommt es zu einem Versuch, Islam und Christentum miteinander zu versöhnen.

Vers 82 für 2482 Ankündigung des Endes für den Islam
»Besitz nähert sich durch die Lehre – Hundert reinigen sich – Das Ende steht bevor – für die alte Stadt – Zeit der Rebellion – Die Macht der öligen Lehre wird Rom ergreifen – Dann das Große – die Seele des Vergebens nicht versiegeln wird.«

Vers 98 für 2498 Die Ursache für den Niedergang des Islam geht nicht vom islamischen Rom aus
»Das salzige Banner nicht in Rom sein wird. Feuer, Blut, krankmachende Stiche des Wassers sie verletzen werden.«

Damit gibt Nostradamus noch einige bislang rätselhafte Hinweise auf die Waffen, mit denen um 2500 gekämpft wird.

Ausblick

Im Zuge des Niedergangs der islamischen Religion wird auch Italien als Nation in einer Neuordnung der Welt in Kontinente aufgehen. Da die Christen schon seit über vierhundert Jahren Italien nicht mehr als Mittelpunkt der katholischen Kirche kennen, ist es nicht verwunderlich, daß sie Italien aufgeben und sich dem von Christen bewohnten Kontinent Afrika anschließen. Die Restbevölkerung des Islam wendet sich offenbar dem buddhistischen Lager zu, also nach Zentralasien.

Spanien

Centurie II, Vers 48 für 2048 Zukünftige Herrschaft über Europa nach dem Dritten Weltkrieg
»Das Gründlichste [die Technik] die Spanier unterrichtet – Gewinnen die Spitze und die Enden von Europa.«

Im Jahre 2048 beginnen die Spanier mit der Begründung ihres Aufstiegs zu einer eurasischen Weltmacht, indem sie sich zu besonderen Förderung der Wissenschaft und Technik entschließen.

Vers 77 für 2077 Hilfe durch die USA im Kampf gegen den Islam
»Eine Abteilung der Spanischen befreit wird durch die Mächtigen der Luft.«

Die USA leisten 2077 den Spaniern beim Krieg gegen den Islam Unterstützung.

Vers 81 für 2081 High-Tech-Zeit
»Der Schatz wird in den Tempel der Bewohner Spaniens gelegt – Vier Jahre dasjenige zurückgezogen am geheimen Ort ist – Der Tempel öffnet sich den Orten der Seelen – Vereinigung wiedererlangt erfreuen sich zwei Könige des Wassers an tausend Orten.«

In Vers 81 sagt Nostradamus für die Zeit um 2081 den Aufstieg Spaniens voraus. Offenbar gelingt spanischen Wissenschaftlern eine wichtige Erfindung.

Vers 86 für 2086 Dominierung Europas
»Wie ein Geier wird kommen der König Europas – Begleitet von demjenigen von Aquilon, den ersten, den man schon hat – Von den Roten und Weißen werden geführt große Truppen – Fünf werden durch die Luft gezogen sein – dort gegen die päpstliche Säule.«

Vers 87 für 2087 Scheitern der Befreiung Nizzas vom Islam
»Großer König wird kommen, nimmt die Grenze nahe bei Nizza – Das große Reich des Todes wird in dieser Zeit sein – Ins Gegenteil wird sich der Traum Nizzas kehren – Über dem Meer alles pulverisiert wird – alle lebendige Spreu.«

Anscheinend will Spanien Italien wieder dem Islam entreißen.

Verse 95 bis 99 für 2095 bis 2099 Auf dem Höhepunkt der Macht
»In vier Jahren wird in Spanien ein sehr mächtiger König kommen – Plötzlich über dem Meer und der Erde Großes aus dem Süden.«

Für 2099 wird also erneut ein sehr mächtiger spanischer König beziehungsweise Herrscher angekündigt.

Centurie I, Vers 19 für 2119 Fehler beim Kampf gegen den Islam
»So daß die Schlangen kommen werden, um in der Luft zu kreisen – Das Blut von vier Königen wird vergossen – daher Verärgerung über die Spanier – Durch sie wird kommen in großer Zahl Hilfe aus der Luft – Beim Lebendigen versteckt Euch in den Meeren, den ausgebluteten.«

Vers 39 für 2139 Streit um die Vormachtstellung in Europa
»Ein Jahr zuvor der Streit um die titanische Liga erfolgt – Deutsche, Gallier, Spanier wegen der Macht – Liebenswürdige Demonstrationen kleistern das Haus der Öffentlichen Liga – Wo man außerhalb gestellt sein kann, werden beliebte Tote sein.«

Vers 89 für 2189 Mitbegründer eines neuen Staates unter dem Meer
»Die Regierung des Hofes des Meeres wird kommen – bald große Verschleierung stattfinden wird – Wenn die Spanier alle Adern öffnen werden.«

Centurie III, Vers 25 für 2325 Letztmalige Erwähnung
»Rundgeschlagen ist das Vorherige durch den Glauben – Das Goldene man halten wird – Durch einen, welcher Spanien verlassen hat, die Kleidung nicht stimmt.«

Ausblick

Auch an Spanien geht die Entwicklung von einem Staat der Volksgruppen zu neuen Weltordnungen nicht vorüber. Jenseits der Jahre um 2400 hat eine völlige Vermischung der Rassen ihren Abschluß gefunden, daher wird auch in Spanien außer der christlich geprägten Weltanschauung nichts mehr sein, was seine Bewohner veranlaßt, sich als Spanier zu bezeichnen.

Israel

Das Land am Jordan hat wenige direkte Bezüge in den Prophezeiungen des Nostradamus. Diese sind eindeutig.

Centurie IX, Vers 35 für 1935 Einwanderungswelle nach Palästina
»Aus großer Not woanders beginnt dieser Weg – Und wird marschieren gegen die Mauer mitten hindurch.«

Vers 37 für 1937 Das Grauen der Konzentrationslager
»Im Stich gelassen und zerrieben im Dezember weggeschüttet – Am hohen fernen Ort steigt die Zeit der reservierten Bezirke herauf – Die Mauern werden sich teilen vor dem Grauen, das sich umkehrt.«

Vers 43 für 1943 Kämpfe um das Heilige Land der Juden
»Kurz vor dem Abstieg befindet sich das Heer des Kreuzzugkrieges – Es wird von den Ismaeliten aufgelauert.«

Auf den ersten Blick ist man versucht, hier die Fortsetzung des Zweiten Weltkriegs zu sehen. Das stimmt aber nicht. Es handelt sich vielmehr um die Beschreibung der Gründung des jüdischen Staates. Das Kreuzzugsheer zur Befreiung Jerusalems von islamischer Herrschaft könnte die jüdische Geheimorganisation Hagana gewesen sein, die gegen die Briten in Palästina kämpfte. Die Hagana war aber jüdisch, das heißt nicht christlich, somit aus der Sicht von Nostradamus nicht »kreuzzugsfähig«. Bei den Briten indes handelte es sich um »Christen«. Ihr Aufenthalt im dortigen Raum hatte somit eher einen »Kreuzzugscharakter«.

Vers 60 für 1960 Krieg gegen die Ägypter
»Streit durch Zwei in sandiger Arena am schwarzen Horn ist Blutvergießen – Erzittert die Luft von tödlicher Masse – Großer Ismael wird

sich an seinem Vorgebirge niederlassen – Wütend erzittert die Luft –
Hilfe leuchtet den Eseltreibern.«

Vers 67 für 1967 Besetzung der Golanhöhen
»Auf der Höhe der Berge und ihrem Umkreis Unordnung – Am Rand
des Felsentals sind vier hundert versammelt.«

Vers 93 für 1993 Jerusalem erlebt Chemiewaffen-Einsatz
»Durch über die Mauern der Bürger [Geworfenes] grunzen die Nasen – Wenn zuvor Herkules kämpfen wird gegen den roten Zion.«

Centurie X, Vers 31 für 2031 Verlegung des Staatsgebiets nach
Mitteleuropa
»Das heilige Reich wird kommen in Deutschland – Ismaeliten werden
gefunden haben die Orte, wo es grün ist – Esel werden wollen auch
dort handwerken – Die Unterstützungen der Erde alles öffnet.«

Israel wird nach dem Dritten Weltkrieg nur noch einmal erwähnt. Der Vers zum Jahre 2031 enthält eine Sensation, die man nicht einfach überlesen darf. Es ist ein Text, den man schon in früheren Zeiten zitiert hat als Voraussage zum Nationalsozialismus in Deutschland. Damals lautete die Übersetzung: »Nach Deutschland wird kommen das heilige Reich.« Übersehen wurde, daß dieser Vers für 2031 gilt, und wir können sicher sein, daß es zu diesem Zeitpunkt außer ein paar Überlebenden des Dritten Weltkriegs keine nennenswerte Anzahl von Nationalsozialisten mehr geben kann. Was ist also unter dem »heiligen Reich« zu verstehen?

Große Teile des Mittelmeerraums leiden unter einer Klimaveränderung. Hinzu kommt, daß die dort Überlebenden des Dritten Weltkriegs gegen die Einwanderung durch islamische Bevölkerungsgruppen, die vor der großen Hitze in ihren Ländern fliehen, nichts unternehmen können. Ferner ist das entvölkerte Mitteleuropa noch nicht unter den neuen Mächten aufgeteilt, und es scheint so, als ob das Papsttum hier eine Möglichkeit sieht, einen kleinen Gottesstaat zu errichten. Es gibt im eigentlichen Sinne nur ein heiliges Reich, und das ist ein vom Papsttum wenn schon nicht beherrschtes, doch wenigstens geführtes und ihm unterstehendes Gebilde.

Das gleiche gilt für die Israelis, die aus Palästina fort müssen, weil das Leben dort vom Klima her unerträglich wird. Auch Israel ist eine Art »heiliges Reich«, nämlich ein vor allem einer Religion verpflichtetes Land. Die Israelis finden ebenfalls Möglichkeiten, sich in Mitteleuropa niederzulassen. Die »Esel«, die Nostradamus anspricht, sind Araber, die an einer anderen Stelle von ihm als Eseltreiber bezeichnet wurden; sie müssen ihre Heimat verlassen und versuchen gleichfalls, in Mitteleuropa Fuß zu fassen.

Die vierte Zeile des 31. Verses gibt den Hinweis, daß 2031, also rund zwanzig Jahre nach dem schrecklichen Krieg, die Natur und die Erde alle Vergiftungen verdaut, sich also regeneriert hat.

Von nun an bleiben die Erwähnungen Israels aus. Nostradamus sieht das Christentum übrigens als eine Sekte des Judentums an. Daher ist es nicht verwunderlich, daß unter dem Eindruck der Erkenntnisse der Raumfahrt und der Begegnung mit außerirdischen Lebensformen die Glaubensdogmen sowohl vom Juden- als auch vom Christentum angepaßt beziehungsweise geändert werden.

Centurie II, Vers 60 für 2260
»Der punische Glaube im Orient gebrochen wird – Großer Jude und die Rose die Gesetzesfassung wechseln wird.«

Ausblick

Israel wird im Raum der heutigen Länder Belgien, Holland und Deutschland den neuen religiösen Mittelpunkt seines Glaubens errichten (müssen). Auch das Papsttum wird sich in dieser Region nach 2064 niederlassen.

Bedingt durch die Raumfahrt, wird man auf hinterlassene Botschaften an eine ferne Nachwelt stoßen, die die Überlieferung in den jüdischen Sagen bestätigen wird.

Dadurch kommt es zu einer Glaubensrenaissance, auch im jüdischen Ritus. Schließlich vereinigen sich nach dem Fall der USA jüdische und christliche Weltanschauung, weil sie derselben Wurzel entspringen.

Japan

Das Land der aufgehenden Sonne wird sich zusammen mit China zum großen östlichen Gegengewicht der Weltmacht USA entwickeln.

Nostradamus beginnt ab 2003 zunehmend von den »Goldenen« zu sprechen und etwas später auch den Begriff »die Inseln« beziehungsweise »die Insel« zu verwenden. Warum hat Nostradamus die Bezeichnung »Golden« gewählt? Dahinter versteckt sich jener Teil seiner Prophezeiungen, den er über Japan hinterlassen hat. Als Nostradamus-Kenner und anhand des Überblicks über die Ereignisse bis 2700 weiß ich inzwischen, warum er sich den Japanern so ausführlich widmet.

Das heutige Japan wird sich von 2070 bis 2370 mit dem Territorium des heutigen Chinas und mit Teilen der UdSSR vereinigen und eine der gleichberechtigten Weltmächte auf der Erde und im Weltraum sein. Nostradamus versuchte stets, mit einem einzigen Begriff mehrere Eigenschaften zu beschreiben, anhand derer man das, was er gemeint hat, besser identifizieren kann.

- das Wort »Goldene« benutzt er einmal für die Hautfarbe der japanischen Bevölkerung.
- Weiter verwendet er es für die Schilderung der japanischen Mönche.
- Und schließlich setzt er »golden« auch an anderen Stellen für Verdienste, Verdienen, Wohlstand und Reichtum ein.

Japan hat sich bereits und wird sich in den nächsten dreihundert Jahren weiter mit diesen eben beschriebenen Begriffen qualifizieren.

Ein kurzer Rückblick zeigt, wie sich Nostradamus in unserem Jahrhundert mit Japan beschäftigt hat.

Centurie IX, Vers 1 für 1901 Russisch-Japanischer Krieg
»[Einäugiges] schielen [zur] rotgelben Bühne. Kahl wird sie werden im [weiteren] Verlauf. Welch Wechsel zum Neuen läutet zum Tisch.«

Die »rotgelbe Bühne«: rot = die aufgehende Sonne Japans; gelb = China. Die imperialistischen Mächte glauben, in China große wirtschaftliche Erfolge erzielen zu können, und engagieren sich sogar militärisch. Sie gehen jedoch leer aus und bewirken letztlich, daß China gestärkt aus der Zersplitterung hervorgeht.

»Wechsel ... zum Tisch«: ein Hinweis auf die neue Ententepolitik Englands. Großbritannien und Japan schließen 1902 ein Schutzbündnis mit dem Ziel der Interessenabgrenzung in Korea, der Mandschurei (Japan gegen Rußland) und in Indien (England). Vielleicht ist hier an die neue englisch-französische Entente von 1904 gedacht.

Vers 44 für 1944 Die Atombombenkatastrophe
»Das ehemals gegen die Speiche gerichtete Ausgeklügelte wird alles beenden. Um zu rühmen, die man getötet hat, am Himmel werden Zeichen gemacht.«

»Das Ausgeklügelte« war, wie wir heute wissen, die Atombombe. Das Orakel weist darauf hin, daß der Einsatz der Atombomben ursprünglich gegen Deutschland geplant war. Die Waffen des Dritten Reiches waren zu dieser Zeit mit einem Speichenkreuz versehen.

»Um zu rühmen, die man getötet hat« und »Zeichen am Himmel«: Kein Dichter der Neuzeit hat so grausam treffend den Atompilz beschrieben wie Michel de Notredame, genannt Nostradamus, im Jahre 1555!

Am 6. August 1945 um 8.16 Uhr explodiert die erste Atombombe der Welt, von den USA gegen Japan eingesetzt, über der Stadt Hiroshima. Die Explosion fordert über hunderttausend Menschenleben! Die zweite Atombombe fällt am 9. August 1945 um zwölf Uhr mittags auf Nagasaki.

Vers 46 für 1946 Fortsetzung der Atombombenbeschreibung
»Flieht, flieht vor dem Grauen des Verbrennens. Der Opferduft [steigt] langsam zu Gott.«

In den ersten beiden Zeilen warnt Nostradamus, wie wir heute wissen, die Japaner vor dem Grauen der Atombombe und beschreibt nochmals den Atompilz.

Bis zum Anfang des nächsten Jahrhunderts ist keine weitere Prophezeiung direkt zu Japan zu finden, was nach den vorliegenden Erfahrungen bedeutet: eine Zeit ohne negativ-dramatische Ereignisse. Was hat also Japan laut Nostradamus zu erwarten?

Wenn wir ihm folgen, dann wird Japan ab dem Jahr 2003 zunehmend mit Problemen seiner wirtschaftlichen Kraft und dem daraus resultierenden Wohlstand zu kämpfen haben. Und dies nicht nur außerhalb, sondern vor allem auch innerhalb des Landes.

Centurie X, Vers 3 für 2003 Probleme für die Wirtschaftsmacht
»Bei Zehn Murren – Hilfe kommt von den Goldenen Speichelleckerei vor dem Stuhl, die Goldenen werden verlassen sein.«

»Speichelleckerei vor dem Stuhl« bedeutet bei Nostradamus soviel wie falsche Freunde. Die Goldenen, also die Japaner, werden von ihren Freunden verlassen, das heißt, ihnen stehen größte Probleme mit ihren Verbündeten und Wirtschaftspartnern bevor.

Was steckt dahinter? Wie ist diese Voraussage zu deuten? Japan und China werden bereits Anfang des nächsten Jahrhunderts ihre Gegensätze mehr und mehr abbauen und das für beide Länder Unglaubliche vollziehen: Sie bilden spätestens nach 2020 eine östliche Liga. Dies wird möglich sein, weil Japan aufgrund einiger zwar kostspieligen, aber sehr klugen Entscheidungen den Dritten Weltkrieg relativ gut übersteht, denn Nostradamus prophezeit wörtlich:

Vers 24 für 2024 Eine eigene Weltraumstation
»Die Insel wohlbehalten übersteht den Schlag des Feuers durch die in der Luft befestigten Inseln.«

In den Zeilen drei und vier des Verses X, 24 beschreibt Nostradamus, daß Japan noch rechtzeitig in der Luft, also im Weltraum stationierte Abwehrinseln installieren konnte, so daß der Atomschlag (Feuer) in Japan ohne Auswirkungen bleibt.

Bedingt durch diese technische, militärische und wirtschaftliche Unversehrtheit wird Japan zusammen mit den Überlebenden des chinesischen Territoriums eine Wiederaufbauhilfe für die nördliche Halbkugel leisten.

Vers 25 für 2025 Zusammen mit China Lufthoheit über Asien
»In der Luft die goldenen Engel. Zeit des Verkaufs der Plätze. Große Anstrengungen der Goldenen für die Besiegten.«

Japan hat nach 2025 die Lufthoheit. Die halbwegs noch intakten Staaten der nördlichen Halbkugel verteilen die Landstriche des eurasischen Kontinents neu. Die Japaner versuchen, den Wiederaufbau besonders zu fördern. Aus Gründen, die heute nicht zu erkennen sind, kommt es innerhalb Japans zu einer Staatskrise, die sich im Jahre 2036 voll auswirkt.

Vers 36 für 2036 Unterdrückung durch Tyrannei
»Einige Jahre Gutes vollendet sich. Große Einheit und Plünderer. Durch Tyrannei auf der Insel wird der Wechsel herbeigeführt.«

Demnach wird sich in Japan eine sehr harte Regierungsform herausbilden, gegen die die Bewohner rebellieren werden. Sie erzwingen, wie Nostradamus vorhersagt, eine Änderung, also den Sturz der Regierung oder des Herrschers.

Für 2039/40 wird Nostradamus noch deutlicher. Er sagt, daß im Jahre 2040 ein offener Streit zwischen zwei japanischen Inseln ausbricht. Über diese Auseinandersetzungen zwischen den beiden Inseln können wir noch längere Zeit etwas lesen. Hier der Originaltext:

Vers 40 für 2040 Binnen zwei Jahren interner Krieg
»Jahr Null – in zwei Jahren Inseln im Streit.«

Wenige Jahre später, 2045, befindet sich Japan laut Nostradamus auf dem Weg zur Weltmacht.

Vers 45 für 2045 Ein siegreicher Herrscher
»Goldener König. Die Jahre werden ihm die rechtmäßige Mauer zurückgeben.«

Nach allem, was bis heute schon gesagt werden kann, wird sich bis zum Jahre 2045 die Macht in der östlichen Welt zugunsten der Kooperation von China und Japan gefestigt haben. Offenbar wird man sich auf einen gemeinsamen Herrscher einigen, und dieser wird im Jahre 2045 ein Japaner sein.

Vers 72 für 2072 Immenser Wohlstand
»Wieder auferweckt, wird der große König der Engel aus purem Gold.«

Etwa dreißig Jahre später, ab 2072, wird großer Reichtum für das japanische Weltreich vorhergesagt.

Vers 94 für 2094 Fehlentscheidung
»Versagen im Osten durch Unterlassung – keine Lebensgefahr.«

Zwanzig Jahre weiter, also etwa ein halbes Jahrhundert nach Aufblühen Japans, kommt es dort zu einer politischen Fehlentscheidung. Deren Folgen, etwas nicht getan zu haben, scheinen aber sehr glimpflich auszugehen.

Im Jahre 2116 sieht Nostradamus einen gewaltigen Weltraumerfolg für die Japaner.

Centurie I, Vers 16 für 2116 Im Besitz eines neuen Weltraumsystems
»Beschnittene der östlichen Engel – Freude über das in die Luft Geworfene.«

Wer schon im Kapitel »Weltraumereignisse« geblättert hat, wird hier die von Nostradamus geschilderten Menschen ohne Arme und Beine wiedererkennen. Es ist zu vermuten, daß in Japan eine Weltraumtechnik entwickelt wird, die den menschlichen Körper, der künftig für Weltraumaufenthalte vorgesehen ist, die Arme und Beine amputiert und die Nervenenden an Maschinen anschließen wird. Dadurch spart man Gewicht, vermeidet Kreislaufprobleme und dergleichen. »Das in die Luft Geworfene« dürfte eine Raumstation der Japaner sein.

Vers 35 für 2135 Machtkämpfe in der Weltraumstation
»Innerhalb von vier Jahren im goldenen Käfig werden ihm die Augen zerbrochen. Zwei Gruppen, eine dann stirbt den unmenschlichen Tod.«

Es geht nicht ohne Probleme, denn Nostradamus sieht ab dem Jahre 2135 innerjapanische Machtkonflikte im Weltraum voraus. Der »unmenschliche Tod« ist der Tod im luftleeren Raum. Man hat offenbar die Besiegten einfach aus der Raumstation ungeschützt hinausgeworfen.

Vers 41 für 2141 Neue Erfindung
»Die Inseln ranzig, die Hälfte gebraucht nichts als den Ton des Strahlens. Umgeben von Nasen wie Kugeln und großen Mützen.«

Hier werden vom Seher eine üble Regierungsperiode für Japan vorhergesagt sowie eine Gruppe, die eine besondere Strahlenwaffe zur Durchsetzung ihres Machtanspruchs mißbraucht, beschrieben. Es ist der Beginn einer Phase, die etwa bis zum Ende des Jahrhunderts dauern wird. Ab 2141 wird sich ein weltanschaulicher Umbruch im japanisch-asiatischen Raum vollziehen.

Nostradamus ist geradezu entzückt über das, was im Jahre 2167 in Japan passieren wird.

Vers 67 für 2167 Ein neuer Buddha für Asien?
»Der große Freund, welchen ich durch Intuition sich nähern sehe. Unter dieser Kraft dreht es sich – dann wird entstehen das östliche Universelle. So groß und so lang, daß man es herausreißen will. Aus dem Wald der Wurzeln von dem man zuvor nach dem Honig gefragt hat.«

Dem heutigen buddhistischen Lebensraum steht ein neuer Religionsführer ins Haus, der von Nostradamus anerkannt und geradezu enthusiastisch beschrieben wird. Offenbar als Folge dieser geistigen Bewegung und Lehre entsteht eine neue asiatische Rasse.

Und hier eine Prophezeiungssequenz für Japan, zusammengestellt für die Zeit von 2146 bis 2196:
»Alles nach dem großen Thau vom östlichen Gold und Spiegel. Derjenige, welchen die Verantwortung der Zerstörung tragen wird, sich Zeit läßt. Und die Sekten übertreten zu dem, was vor Asien gewesen ist. Mehr zum Felsen des Irrtumes als zum Leben übertreten. Die Nacht wird über sie hereinbrechen. Durch die verzierte goldene

Sprache die Insel der asiatischen Rasse entsteht. Zuvor für lange Zeit das Ganze wird sein geordnet. Wir erwarten ein Jahrhundert guter Ereignisse aus dem Osten. Der Staat, die Massen und der Alleinige sich wohl gewandelt hat. Kann gefunden werden die Luft, hat man nichts außer dem Ton des alten Ostens.«

Centurie II, Vers 13 für 2213 Vorübergehender Zwist
»Das Geschlecht der Inseln erscheint mit innerem Haß.«
Drei Jahre später hat sich wieder alles zum Guten gewendet.

Vers 16 für 2216 Alle Erneuerung scheint von Japan auszugehen
»Goldenen Sterne, leuchtende Pole sind im Entstehen.«

Vers 43 für 2243 Die Großartigkeit erreicht ihren Höhepunkt
»Zuvor – was für ein Zulauf der Wechsel der Herrschaft hat. Die Insel wird hinzukommen – ein Fall besonderer Großartigkeit. Der Platz entwickelt sich durch den Stützpfeiler des fein Zerriebenen.«

Vers 68 für 2268 Wieder ein Staat
»Die Regierung von der Insel wird wiedervereinigt sein.«
Wir haben vorhin schon gesehen, daß sich Japan für eine gewisse Zeit in zwei Herrschaftszentren, die durch zwei Inseln bestimmt sind, teilen wird. Nostradamus sagt die Vereinigung der entzweiten Nation voraus.

Vers 89 für 2289 Verfolgung von Wissenschaftlern
»Alle diejenigen der Insel der Glaubensabtrünnigen werden sein in vier Jahren zu eingesalzenen Seelen. Dem Tode preisgegeben alle diejenigen der wahren Gesetze und der Wissenschaften.«

Vers 90 für 2290 Ende eines Weltraumsystems
»Vom Leben zu Tod wechselt die Regierung der Beschnittenen – das Gesetz wird sein mehr rauh als gefällig. Ihre große Stadt von Heulen, Klagen, Schreien. Hundert goldene Sterne und der leuchtende Pol sind Feinde in der Liga.«
Das ist die Beschreibung des Anfangs vom Ende Japans. So gesehen verläuft das japanische Schicksal ähnlich dem der USA. Das Ende

fällt auch zeitlich in die Vermischung der Rassen, von der Nostradamus sagt, daß der schwarz-gelben Rasse die Zukunft gehört.

Centurie III, Vers 60 für 2360 Schwere Glaubenskrise
»Durch ganz Asien große Ächtung Gottes erfolgt – Selbst die Wissenschaft ist preisgegeben, eingefroren zu werden und aufgewickelt zu sein. Ohne dasjenige der Luft wird Gott verzeihen. Tötet nicht das Junge.«

Anscheinend hat der vorangegangene fast zweihundertjährige Aufstieg der Geisteswissenschaften in Japan zu Mißständen geführt, so daß das Pendel in die Gegenrichtung ausschlägt.

Vers 66 für 2366 Sturz des Herrschers
»Der große Statthalter des Goldes in diesen Jahren entmachtet wird. Dies wird sein durch einen des Blutes der Rachsüchtigen.«

Ausblick

Die Blütezeit Japans hat etwa zweihundert Jahre gedauert. Ab dem Jahre 2366 schildert Nostradamus das Ende des japanischen Weltreichs, das übrigens eng mit dem Wohl und Wehe des amerikanischen Weltreichs verknüpft sein wird. Etwa hundert Jahre nach dem Zerfall der USA ist auch Japan soweit. Das für uns heute noch Unvorstellbare, die Vermischung aller Rassen, wird geschehen. Als eine besonders weltraumtaugliche Neue Rasse wird sich die Verbindung der sogenannten »gelben« Genkonfiguration mit der »schwarzen« Konfiguration erweisen. So prophezeit es jedenfalls Nostradamus.

Ungarn

Nostradamus erwähnt Ungarn namentlich nur in vier Versen. Das bedeutet, daß Ungarns Schicksal mit jenen der anderen europäischen Völker eng verbunden sein wird. Dies gilt bis etwa 2060, dann wird Ungarn, wie schon einmal dreihundert Jahre zuvor, erneut zum Grenzland zwischen dem Christentum und dem Islam. Bitte beachten Sie, daß etwa zur gleichen Zeit ganz Italien bis Nizza islamisch wird!

Centurie X, Vers 60 für 2060 Mongolenüberfall
»Nahe die Goldenen, um zweifach die Ungarn anzugreifen. Bei Byzanz Empfangszimmer der Sklaverei. Zum Glauben der Araber sie werden übertreten.«

Der Angriff auf Mitteleuropa erfolgt laut Nostradamus in zwei Wellen. Der Islam wird in Ungarn gestoppt. Als Hauptquartier dieses Erorberungsfeldzugs wird Istanbul – das frühere Byzanz! – genannt.

Vers 63 für 2063 In islamischer Sklaverei
»Die Araber den Ungarn eine übel zugerichtete Zukunft bereiten.«

Vers 70 für 2070 Neuaufteilung durch den Islam
»Wenn der Primas unterliegt – kommt die Zeit der Landvermessung.«

Dieser Text kann nur so verstanden werden, daß Ungarn etwa um 2070 neu aufgeteilt wird. Unter Berücksichtigung der vorangegangenen Verse muß man davon ausgehen, daß die Grenze von Christentum und Islam für die nächsten vierhundertfünfzig Jahre durch Ungarn verläuft.

Mit diesem Vers endet die namentliche Erwähnung Ungarns. Das bedeutet, daß dessen Schicksal für die nächsten Jahrhunderte eindeutig vom Islam geprägt wird.

Deutschland

Ich möchte hier nicht die Eindrücke, die man beim Lesen der Texte hintereinander erhält, durch große Kommentare verwischen. Jeder Deutsche kann sich unter diesen Prophezeiungen etwas Konkretes vorstellen. Hier also der Rückblick:

Centurie IX, Vers 10 für 1910 Ankündigung des Gaseinsatzes im Ersten Weltkrieg
»Übel ist meine Nase davon, bevor sie dem Tode ausgesetzt – Sterbend nicht rötend wird die Sechs [1916] lachend erscheinen – Durch den außer sich geratenen Glauben wird das Heerlager errichtet – Gegen Vier [1914] Sühneopfer – Skelette schicken sich an, Quartier zu machen.«

Vers 11 für 1911 Heuchelei der Großmächte
»Das Recht wird zu Unrecht zu Tod – Man wird ausziehen, um dies zu tun – Nach außen lügt man, nach innen hütet man die Unschuld – Was für ein großes Übel aus diesem Ort entstehen wird – Welche Gutgläubigkeit – Jahre der Flucht werden ihnen widerfahren.«

Vers 12 für 1912 Wilhelm II. läßt sich in den Ersten Weltkrieg ziehen
»Der Dummkopf sich groß tut bei vier und zehn [1914] – Jahr fünf [1915] – Tausend Kriege [Festungskriege] sind sicher – Die vorgetäuschte Stärke zur See wird man antreffen.«

Vers 14 für 1914 Kriegsausbruch
»Wenn es passieren wird ohne Übel sagen die das Übel Verursachenden – Bei der Sieben [1917] farbloser Rauch für hundert Jahre Welle der Dummen.«

Vers 18 für 1918 Abdankung Wilhelms II.
»Die Lilie der Treue des Kronprinzen wird tragen vier Jahre die Bürgschaft – Bis er ohne Land sich entsagt von dem Reich.«

Vers 19 für 1919 Kapitulation und Ursachen für den Zweiten Weltkrieg
»In der Mitte des Waldes im Mai man beschließt Sonne auf dem Löwen – Beleidigungen werden fallen – Der große Bastard als Ergebnis der Großzügigkeit. Wo es auf den Krieg hinausläuft, in den man blutig eintreten wird.«

Vers 20 für 1920 Besetzung des Rheinlands
»In der Nacht werden [sie] kommen durch die Wälder des Rheins.«

Vers 30 für 1930 Ankündigung der Machtergreifung Hitlers
»An der Grenze von Zwei [1932 auf 1933] wird man zu den Heiligen des nicht Sonnigen fliegen – Gefährdet die Normannen im gierigen Wieder-Fanatismus.«

Vers 31 für 1931 Ankündigung des Zweiten Weltkriegs
»Die Erschütterung des Geistes der Erde zum Tode führt – Der Friede ist bei Zehn eingeschläfert, der Krieg ist erwacht – In dieser Zeit nichts als Mißbrauch, große Unstimmigkeiten.«

Vers 32 für 1932 Zeit der falschen Verträge und Vereinbarungen
»Am Ende krasser Vertragsbruch – Konferenzen werden abgehalten – Müde der Geheimnistuerei – Geschriebenes untergräbt das Wehklagen – Knochen und Fell kehren zurück – Macht Roms wird erprobt.«

Vers 33 für 1933 Die drei Tyrannen Mussolini, Hitler, Franco
»Wenn der Gewalttätige König von Rom ist in den Jahren des Nicht-Krieges – An der Macht drei, die Führer genannt werden.«

Vers 34 für 1934 U-Boot-Waffe
»Das Gepanzerte unter dem Meer wird hingestellt werden – Kehrt der Streit zurück, nichts wird sein auf den Ziegeln.«

Vers 35 für 1935 Der Weg in den Krieg
»Die Verblendung, zuvor versiegelt, wird sich herausgeschält haben – Verlassen. Die Blume wird folgen der Gabe des Magiers.«

Vers 37 für 1937 Schicksal der deutschen Juden
»Im Stich gelassen und zerrieben im Dezember weggeschüttet – Am hohen fernen Ort steigt die Zeit der reservierten Bezirke herauf – Die Mauern werden sich teilen von dem Grauen, das sich umkehrt.«

Vers 38 für 1938 Anfang und Ende des Zweiten Weltkriegs
»Beginn der Plage durch die Rose der Hölle und die Engländer – Vorbei geht die Zeit der Empörung über den großen Dämonen – Nicht mehr weit von der Versetzung eines tüchtigen Schlages, den die Gallier erwarten können. Keine Hilfe, auch nichts Gutes von denjenigen, die hinzukommen.«

Vers 39 für 1939 Partisanenkampf
»Dort wo gehißt wurde, wird man sich gurgelnd reinigen – Des Nachts wird man zum Sieg geführt durch Seife und Fallen.«

Vers 40 für 1940 Nürnberger Parteitage
»Zwei von fünf bleiben aus dem Wald des Jubels übrig – Vier Jahre die Abtei wird in Flammen stehen – Jahre des ranzigen Gestanks – Die zwei werden dann geboren unter tausend Hieben – Osten ist Anstifter – Es folgt die stille Unterdrückung, alles Kaufbare wird bewacht.«

Vers 41 für 1941 Hitler und die Luftkämpfe über Deutschland
»Dem großen Cäsar des Selbstgeschreis kein Urteil – In der Luft Schlachtgetümmel – Vier Scherbenhonig voll von Bitternis.«

Vers 12 für 1942 Landungsoperation der Alliierten
»Ausschiffen wird man die Unanständigen dieser Venezier – Von dem Teil des ungesetzlichen kranken Geldes, daß sich vereinigt hat – Sind drei Teile der Schiffe ins Visier genommen worden – Die Barbaren rollen gut fern bis nach Tunis.«

Vers 44 für 1944 Flüchtlingsströme und Atombombe
»Völkerwanderungen durch die Brände überall – Diese Drangsal nicht von Gold sich aus der Luft vollziehen wird – Das ehemals gegen die Speiche gerichtete Ausgeklügelte wird alles beenden – Um zu rühmen die man getötet hat am Himmel, werden Zeichen gemacht.«

Vers 46 für 1946 Hitlers Ende und Teilung Deutschlands
»Flieht, flieht vor dem Grauen des Verbrennens – Der Opferduft [steigt] langsam zu Gott – Der Herr des Bösen liegt in Trümmern im Schatten der Quellen – Wenn der Tod seinen Platz in der Luft eingenommen hat, dann neue halbe Nationen.«

Dies war der Rückblick auf eine schlimme Zeit. So gesehen muß man als Betroffener froh sein, wenn Nostradamus die eigene Nation in seinen Prophezeiungen möglichst selten erwähnt.

Wir wenden uns nun den wenigen Prophezeiungsversen, in denen Deutschland vorkommt zu. Etwa fünfundvierzig Jahre nach dem Zweiten Weltkrieg wird Deutschland erneut von Nostradamus beschrieben.

Centurie IX, Vers 90 für 1990 Falsche Versprechungen eines Regierungschefs
»Ein Hauptmann [nicht] des größeren Deutschland wird sich begeben, um Hilfe vorzutäuschen.«

Dieser Vers, etwas oberflächlicher übersetzt, war bei den Nationalisten in der Vergangenheit besonders beliebt. Besagt er doch, daß ein »Führer Großdeutschlands« Hilfe bringen wird. Man meinte damit Hitler.

Heute, da wir die zeitliche Zuordnung exakt bestimmen können, wissen wir, daß es wohl der 1990 noch nicht souveräne Bundeskanzler – darum nicht König, sondern Hauptmann – der »alten Bundesländer« des »größeren« der beiden Deutschland war, der vermutlich der damaligen UdSSR wirtschaftliche Versprechungen gemacht hat, die er nicht halten kann.

Folgen wir dem Prophezeiungstext bezüglich Deutschland weiter, dann finden wir noch einen Hinweis für das Jahr 1994.

Vers 94 für 1994 Beistand Deutschlands gegen Abspaltungsbewegungen
»Schwache Angriffe erschüttern die slawische Vorherrschaft. Lübeck und Meißen werden [nicht] zu den Angreifern halten.«

Es kommt im Jahre 1994 zu einem Problem, das Aktivitäten der Bundesländer erforderlich macht. Da Nostradamus diesen Text zweideutig hinterlassen hat – »werden« beziehungsweise »werden nicht ... zu den Angreifern halten« –, vermag ich mir aus der heutigen Sicht nur einen Einsatz im Rahmen der UNO vorzustellen, der erstmals deutsche Soldaten in Kampfhandlungen verwickeln könnte.

Gleichzeitig kämen Deutschland und sein Kanzler in den politischen Zwang, sich gegen Rußland, den Hauptblock der Slawen, zu entscheiden.

Die Zukunft Deutschlands

Deutschland erleidet in den folgenden dreiundzwanzig Jahren das gemeinsame Schicksal Mitteleuropas. Das heißt, alles was wir über den Dritten Weltkrieg bei Nostradamus lesen, gilt für Deutschland ebenso wie für Holland, Belgien, Frankreich und weitere Länder.

Centurie X, Vers 17 für 2017 Ein letzter, sehr merkwürdiger Orakelspruch für Deutschland
»Und in Deutschland – Hochzeit ist ausgesetzt.«

Wenn sie nicht schon geschehen wäre, hätte ich dies als gescheiterten Versuch einer Wiedervereinigung nach dem Dritten Weltkrieg angesehen. So ergibt sich indirekt ein anderer Inhalt: Deutschland wird sich freiwillig teilen!

Der nächste Vers bezieht sich zwar auf Deutschland, nach meiner Meinung aber nicht mehr als Nation, sondern als Territorium. Trotzdem enthält der Vers 31 eine Sensation, die man nicht überlesen darf.

Was ist also unter dem »heiligen Reich« zu verstehen? Und was steckt demnach hinter diesem Vers? Nochmals die Hintergründe:

Große Teile des Mittelmeerraums leiden unter einer Klimaveränderung. Hinzu kommt, daß die dort Überlebenden des Dritten Weltkrieges gegen die Einwanderung von islamischen Bevölkerungsgruppen, die vor der großen Hitze in ihren Ländern fliehen, nichts unternehmen können.

Ferner ist das entvölkerte Mitteleuropa nicht unter den neuen Mächten aufgeteilt, und es scheint so, als ob das Papsttum hier eine Möglichkeit sähe, einen kleinen Gottesstaat zu errichten. Nach der Zerstörung Roms wird der Papst ohnehin seinen Sitz in diese Region verlegen.

Das gleiche gilt für die Israelis, die aus Palästina auswandern müssen, weil das Leben dort vom Klima her unerträglich wird.

Vers 31 für 2031
»Das heilige Reich wird kommen in Deutschland Ismaeliten werden gefunden haben die Orte, wo es grün ist. Esel werden wollen auch dort handwerken. Die Unterstützungen der Erde alles öffnet.«

Zweieinhalb Jahrzehnte nach dem großen Krieg hat die Natur alle Vergiftungen verdaut und sich regeneriert.

Aus Vers 32 geht hervor, daß die künftigen Bewohner genau überprüft werden, bevor sie in das »grüne Land« einwandern dürfen, jedoch der Zeitmangel für diese Kontrolle den Keim zu neuen Problemen legt.

Vers 32 für 2032 USA kontrollieren die Einwanderer
»Das große Reich jeden, der in der Pflicht steht, sehr prüft. Eines ist sauer, die anderen werden das Leben erlangen. Aber nur wenig Zeit für die gründlichen Prüfung wird sein.«

Nostradamus spricht Deutschland als Staat nicht mehr an. Erst dreihundertdreißig Jahre später gibt es wieder eine Anmerkung. Vergessen Sie bitte nicht, daß ein Papststaat und ein Staat Israel aus Teilen Deutschlands, Belgiens, Hollands und Nordfrankreichs gebildet wurden.

Centurie III, Vers 67 für 2367 Eine neue Sekte der Philosophie entsteht
»Verachtend den Tod, Verdienste, Ehren und Reichtum – Deutschlands Berge nicht in der Luft haben werden eine Begrenzung – Gehen in der Folge, um sie zu unterstützen und durchzusetzen.«

Vers 76 für 2376:
»In Deutschland geboren werden verschiedene Sekten – Sich annähern zuvor der Macht der glücklichen Heiden – Das Herz gefangen und zurückgeschnitten – Zurückgebildet, um die Tönebildung auf das Richtige zurückzuführen.«

Wenn man berücksichtigt, daß es zu einem religiösen Zentrum in Mitteleuropa gekommen ist, daß inzwischen die USA und Japan seit mindestens hundert bis zweihundert Jahren ihre geistig/religiöse Vormachtstellung verloren haben, dann vermag man sich vorzustellen, was nun im Zentrum Mitteleuropas emporwächst.

Aus dem Zusammenschluß der christlichen und jüdischen Religion gehen neue Abspaltungen hervor. Auch, wie man zum Ende des Islams sieht, eine neue Sozialordnung.

Centurie IV, Vers 74 für 2474 Eine Sozialordnung ohne Geld
»Ende der 151 Währungen und dasjenige, was auf der Strecke kam – Vom Genfer See und von denjenigen von . . . Viele Deutsche noch mehr Schweizer – werden Pläne machen mit jenen der Menschen.«

Ausblick

Wie geht es weiter mit Deutschland? Die Visionen des Nostradamus deuten an, daß die Deutschen die politische und wirtschaftliche Weltbühne nach 2020 verlassen haben, das heißt, sie werden in einem größeren Ganzen aufgehen. Sei es durch ein besonderes Schicksal, sei es durch die Einwanderung der Bevölkerung aus Israel, es entwickelt sich hier in den Jahren bis 2400 eine Art »Gewissen der Welt«, das andere Völker bei Streitigkeiten anrufen werden.

8.
Die Offenbarungen des Johannes im Vergleich zu den Nostradamus-Prophezeiungen

Eine Vorbemerkung

Untersucht man unter Berücksichtigung der Zeitangaben des Nostradamus die Offenbarungen des Johannes, dann erkennt man zumindest schemenhaft eine bestimmte Struktur, so daß es erstmals möglich wird, darüber nachzudenken, ob – und wenn, warum wohl – Änderungen am Johannes-Text vorgenommen worden sind. Die darin vorhandenen Irrtümer oder Manipulationen sind möglicherweise ohne böse Absicht zustande gekommen. Bei der Abschrift von der Originalschriftrolle beziehungsweise bei der Übertragung auf Buchseiten un-

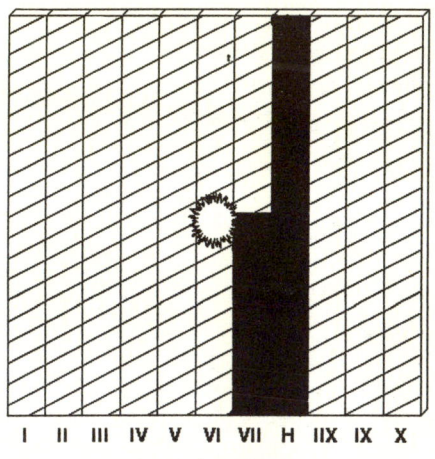

Der Text der Nostradamus-Prophezeiungen, auf das Format einer Schriftrolle ausgelegt

serer Art sind nämlich die Abschnitte, die eigentlich links und rechts des Mitteltextes stehen respektive standen, falsch angeordnet worden.

Nostradamus hat schriftlich hinterlassen, daß er nichts getan hat, was gegen die heilige Kirche verstößt. Ein Vergleich der Nostradamus-Texte mit den Offenbarungen des Johannes zeigt, daß Nostradamus jedoch seine Prophezeiungen, die mit den Offenbarungen des Johannes identisch sind, in vielen Tausenden von Details genauer hinterlegt und sie besonders gekennzeichnet hat. Hierzu benutzte er ähnliche Worte, wie sie in den Offenbarungen des Johannes verwendet werden. Wie die nachstehenden Beispiele zeigen, macht es das für uns heute leichter, wieder an eine ursprüngliche Version der Enthüllungen in der Bibel heranzukommen.

An anderer Stelle habe ich darauf hingewiesen, daß Nostradamus Katharer gewesen ist. Daraus läßt sich ableiten, daß ihm das heiligste Buch der Katharer, die Johannes-Offenbarungen, in einer Originalversion, also ungekürzt, zur Verfügung stand. Dies ist für mich schlüssig. Die Frage, inwieweit Nostradamus die vorhandenen biblischen Vorhersagen lediglich auf seinen Zeitreisen erschaut und anhand von Fixsternen sowie Jupiter-, Uranus- und Saturnstellungen zeitlich festgelegt hat, läßt sich heute noch nicht beantworten, wird aber sicher im Laufe der künftigen Nostradamus-Forschungen geklärt werden können. Bei der Berechnung von Zeiten spielten als Aspekte offenbar vor allem die Konjunktion und die Opposition der Planeten, die sehr langsam die Sonne umkreisen, eine große Rolle.

Die Offenbarungen des Johannes sind wörtlich zu nehmen

Machen wir also einen ersten Versuch, die Johannes-Offenbarungen unter Zuhilfenahme der Nostradamus-Texte mit einer zeitlichen Zuordnung zu versehen.

Vorab kann ich aber schon feststellen, was bei der Gegenüberstellung der Nostradamus-Texte mit den Offenbarungen deutlich wird: Man wird künftig die Offenbarungen des Johannes wörtlicher nehmen müssen, als dies bisher geschehen ist.

Dazu einige Beispiele aus den Offenbarungstexten.

»Vom Himmel herab, . . .«: Das Ereignis kommt tatsächlich vom Himmel herab, also aus dem Weltraum oder aus dem Orbit einer Weltraumstation.

»Die Sonne wird fahl, . . .«: Die Sonne verliert ihre Kraft, und es gibt eine Eiszeit auf Erden mit allen Konsequenzen für die dann Lebenden.

»Sie steigen aus dem Meer, . . .«: Es handelt sich um Menschen, die es vorgezogen haben, aus klimatischen Gründen unter Wasser zu leben, dort lernten zu atmen und wegen eines Problems der Wasserverseuchung gezwungen sind, wieder an Land zu kommen.

»Ein Tier die Menschen bekämpft, . . .«: Das ist nicht irgendein Symbol für einen geistigen Vorgang, sondern tatsächlich ein Tier, das vermutlich genmanipuliert wurde und nun, weil außer Kontrolle geraten, in der Lage ist, die Menschen zu verfolgen.

»Die Menschen sterben wollen, aber nicht können, . . .«: Das ist nicht einfach so daher gesagt, sondern die fehlenden Fähigkeit zum Sterben hat sich durch die Überwindung des Alterungsprozesses zu einem Problem für die dann Lebenden entwickelt.

Nostradamus erwähnt die Lösung des Problems, indem er vorhersagt, daß die Menschen ein Sterbeöl erfinden werden. Nicht ohne Absicht steht in den Offenbarungen des Johannes der vor fast jedem offenen Grab gesprochene Spruch: »Selig sind die Toten ...«, und ich füge hinzu, »die noch natürlich sterben durften« – denn das ist damit gemeint.

Die Struktur
der Offenbarungen des Johannes

Die Offenbarungen enthalten in der uns heute vorliegenden Form zweiundzwanzig Kapitel, mit deren Struktur wir uns einmal auf andere Weise als der herkömmlichen beschäftigen wollen.

Die Kapitel 1 bis 5 sowie die Kapitel 21 und 22 enthalten neben einführenden Worten sowie Grüßen Aussagen zum Ursprung der Menschheit, die auf unserem Planeten, von uns »Erde« genannt, lebt. Der Inhalt dieses Textes zeigt Ähnlichkeiten zu den Aussagen des Nostradamus in bezug auf die Geschichte der Menschheit.

Beginnend mit dem 6. Kapitel bis zum 14. Kapitel wird eine Generalübersicht über den Schicksalsverlauf der Menschheit im dritten Jahrtausend gegeben. Irgendwie erscheint es auch logisch, daß man an den Beginn eines Werkes, in dem es um Zeitperioden geht, eine erste Übersicht stellt.

Die Kapitel 15 bis 20 handeln vom Aufbruch der Menschen zu einem neuen Planeten und die Kapitel 21 und 22 enthalten Ausblick, Verheißung und Grüße.

Die Zeitperioden der Pferde

Bisher war es nicht möglich, diese Zeitperioden als solche zu identifizieren, denn in den Johannes-Offenbarungen fehlen bekanntlich die Zeitangaben. Wir werden es da leichter haben, denn uns stehen Nostradamus und sein Zeitszenario zur Verfügung. Sehen wir uns aber noch einmal kurz an, wie die Übersicht der Zeitperioden praktisch bis heute von den kirchlichen Institutionen interpretiert wird.

Dürer erscheint mir dafür repräsentativ, wie die Christenheit bisher die Zeitperioden gesehen hat. In seinem berühmten Stich stellt er die vier apokalyptischen Reiter gleichzeitig, gemeinsam, nebeneinander

Die apokalyptischen Reiter von Albrecht Dürer

reitend dar. Die vier Ritter werden als Boten der letzten vier Plagen vor dem Ende der Welt angesehen.

Liest man den Text der Johannes-Offenbarungen und nimmt man diesen wörtlich, so erscheinen jene vier Reiter nacheinander. Nostradamus spricht offen von Zeitaltern mit besonderen Charakteristika und unterschiedlicher Länge.

Das weiße Pferd des Reiters mit dem Bogen, wie er in den Offenbarungen des Johannes, Kapitel 6, Vers 2 bis 8 folgendermaßen beschrieben wird:
»Und ich sah, und siehe, ein weißes Pferd, und der Sitzende auf ihm habend einen Bogen, und gegeben wurde ihm eine Krone, und er zog aus, siegend und damit er siegt.«

»Bogen« ist eine Angabe für die Zeitspanne von Ägypten über Griechenland bis Rom und danach etwa zu den Kreuzzügen, während der Pfeil und Bogen eine der Waffen waren. Das Ende dieser Periode wird durch die Erfindung des Schießpulvers markiert.

Warum ein weißes Pferd? Bei Nostradamus habe ich bisher keinen Hinweis gefunden. Ich tippe auf eine Art Symbol für die Vorherrschaft der Mittelmeerländer, in denen weiße Kleidung getragen wurde, denken Sie bitte an die Griechen, die Römer, die Mäntel der Kreuzritter.

Dem Zeitalter des weißen Pferdes folgt jenes des roten Pferdes mit seinem Reiter der Kriege mit Feuerwaffen. Offenbarungen des Johannes, Kapitel 6, Vers 4:
»Und heraus kam ein anderes Pferd, ein feuerrotes, und dem Sitzenden auf ihm wurde gegeben, zu nehmen den Frieden von der Erde und daß einander sie hinschlachten sollten, und gegeben wurde ihm ein großes Schwert.«

Ich meine, wir sollten diesen Reiter stellvertretend für das Zeitalter der vielen grausamen Kriege sehen: beginnend mit den Kreuzzügen, dann die Eroberungskriege gegen die Völker Süd- und Nordamerikas, von den bald unzähligen Konflikten hier bei uns in Europa ganz zu schweigen.

Diese Zeitepoche ist durch das Feuer geprägt. Das Mordbrennen begann zum einen mit den Waffen, die Pulver und Blei verschießen, zum anderen durch den Flammentod schlechthin, etwa auf den Scheiterhaufen der Inquisition. Seinen grausamen Höhepunkt hatte das Brennen bisher in den Bränden des Ersten und Zweiten Weltkriegs sowie in dem Atomfeuer, das erstmals 1945 gegen Menschen eingesetzt wurde.

Datierung Nostradamus für 1946:
»Flieht, flieht vor dem Grauen des Verbrennens.«
Übrigens erwachte der rote Reiter erneut, um mit Napalm im Vietnamkrieg an sich zu erinnern, und er wird sich im künftigen Dritten Weltkrieg (2011–2015) mit einem absoluten Höhepunkt verabschieden.

Nach Nostradamus haben wir etwa ab 2011 mit der Ankunft des schwarzen Pferdes und seinem Reiter mit der Waage zu rechnen.

Was steht bei Johannes, Kapitel 6, Vers 5 bis 6?
»Und ich sah, und siehe, ein schwarzes Pferd, und der Sitzende auf ihm habend eine Waage in – seiner Hand. Und ich hörte [etwas], wie eine Stimme in [der] Mitte der vier Wesen sagende: Ein Maß Weizen für einen Denar und drei Maß Gerste für einen Denar, und das Öl und den Wein nicht beschädige.«

Dieser Reiter, in früherer Zeit als der Schwarze Tod, die Pest, interpretiert, führt aus unserer Sicht klar die Zeichen für das Zeitalter der chemischen und bakteriologischen Waffen mit sich: die Waage. Chemikalien müssen im richtigen Verhältnis zueinander abgewogen werden, bevor sie in vermischtem Zustand eine Waffe ergeben.

Das Bild paßt besonders auf die Waage in bezug auf die Weltraumfahrt. Dort geht es um Schwerelosigkeit, also ein Phänomen, bei dem die Waage nutzlos wird! Denken Sie bitte daran, daß die USA durch die Raumfahrt für Jahrhunderte ihre Weltherrschaft begründen werden und daß in unserem Universum großartige Entdeckungen durch weltraumfahrende Menschen gemacht werden, die in der Schwerelosigkeit leben und arbeiten.

Wir lesen, daß Johannes eine Stimme hört, die ihm sagt, »es wird Versorgungsmangel geben«.

Datierung Nostradamus für 2011:
Nostradamus datiert diese Zeitphase auf 2011, indem er im Vers für 2004 sagt, daß ein Raumfahrer sieben Jahre später, also 2011, zurückkommt und auf der Erde eine beginnende Hungersnot vorfinden wird.
Nostradamus: Eine Unze wo zehn (waren).
Johannes: Ein Maß Weizen um einen Groschen und ein Maß Gerste um einen Groschen.

Die Zeit schreitet unhaltsam voran. Das fahle Pferd mit dem Reiter, der Tod heißt, zieht herauf. Johannes schreibt in Kapitel 6, Vers 8:
»Und ich sah, und siehe, ein fahles Pferd, und der Sitzende oben auf ihm: [Der] Name [ist] ihm der Tod, und das Totenreich folgte mit ihm; und gegeben wurde ihnen Macht über den vierten [Teil] der Erde, zu töten mit Schwert und mit Hunger und mit Tod und durch die Tiere der Erde.«

Dieser Reiter markiert laut Johannes den Beginn eines interplanetarischen Ereignisses, von dem zur Zeit niemand auf der Welt was ahnt. Unsere Sonne wird sterben. Damit wird die letzte Zeitperiode auf dieser Erde symbolisch dargestellt. Die Sonne verliert ihre Kraft!

Nostradamus spricht davon, daß die »Sonne fahl« wird. Er zitiert hier wörtlich. Es handelt sich um bewußt gewählte Worte, die absichtlich auf den Johannes-Text hinweisen sollen. Und nun zu dem Ereignis und seiner Datierung bei Nostradamus.

Datierung Nostradamus ab 2203
»Wegen der Kraftlosigkeit ihrer Sonne Luft unter dem Meer«, schreibt Nostradamus und kündigt an, daß die Menschen unter Wasser leben müssen. Das ist keine Angelegenheit von kurzer Dauer. Elfhundert Erdumdrehungen um die Sonne später werden die Ereignisse dramatischer.

Datierung Nostradamus ab 3334
»Wenn der Fehler in der Höhe die Sonne töten wird, dann wird es geschehen. Am folgenden Tag die dreizehn Monate brennen werden. Alles auf andere Art man auf der Erde deutet. Ein hoher Preis, weil man nicht aufgepaßt hat, was dort sein wird für das Feuer.«

Datierung Nostradamus ab 3392
»Der Welt nähert sich der Tod der Endzeit.«

Noch etwas läßt sich aus dem Textvergleich herauslesen, da Nostradamus ja mit Zeitangaben operiert. Wir sehen, daß die Zeitalter, also die Herrschaft der einzelnen Reiter, deutlich kürzer geworden sind. Dauerte die Ära des weißen Pferdes mindestens zweitausendfünfhundert Jahre, so herrschte der Reiter auf dem roten Pferd noch etwa siebenhundertfünfzig Jahre. Der Reiter mit dem schwarzen Pferd wird es auf gut dreihundert Jahre bringen – und jener auf dem fahlen Pferd? So gesehen dürften es zweihundertfünfzig Jahre sein.

Gott sei Dank stimmt diese letzte Betrachtung nicht. In den Johannes-Offenbarungen fehlt der Reiter auf dem »goldenen Pferd«. Bei Nostradamus gibt es ihn. Er wird hundertfünfzig Jahre regieren. Ab 2350 können wir nach Nostradamus mit dem »goldenen Reiter« rechnen. Es ist die Epoche, die man gerne als das »Goldene Zeitalter« bezeichnet. Diese Ära wird geprägt sein durch die Erkenntnis vom wahren Sinn des Universums und seinen mathematischen Gesetzmäßigkeiten.

Ein Zyklus hat seinen Abschluß gefunden. Eine neue Runde von Zeitaltern beginnt. Es ist wieder ein weißer Reiter, man kämpft geistig mit dem Bogen. Mancher Leser wird schon etwas vom geistigen Bogenschießen gehört haben, wie es in Japan ritualisiert ist.

Vergleichen wir weiter:

Ab Vers 12 des sechsten Kapitels springen die Offenbarungen des Johannes in die Zeitperiode um 3005 und später bis in die Endzeit. Für mich steht fest: Hier wurde von den Kirchenvätern am Text manipuliert. Hier sind, sicher ohne böse Absicht, Textteile umgestellt beziehungsweise weggelassen oder vertauscht worden, als man von der Buchrolle auf Buchseiten übertrug!

Die weiteren Parallelen

Offenbarungen des Johannes, Kapitel 6, Vers 12 bis 15:
»Und ich sah, als es öffnete das Siegel sechste, und ein großes Erdbeben geschah und die Sonne wurde schwarz wie ein aus Haaren gemachter Sack, und der Mond wurde wie Blut, und die Sterne des Himmels fielen auf die Erde, wie ein Feigenbaum abwirft seine Spätfeigen. Und der Himmel entschwand wie eine zusammengerollt werdende Buchrolle, und jeder Berg und [jede] Insel aus ihren Plätzen wurden bewegt.«

Datierung Nostradamus für 3429
»Die Sonne verdeckt die Ekliptik durch Merkur – Er wird nicht bleiben für den zweiten Himmel – Blitzen für hundert Jahre – Acht der Luft werden sein gemacht ohne drehenden Schritt. Die Sonne wird Feuer sein, um zu verkümmern und blaß zu werden.«

Datierung Nostradamus für 3430
»Mehr als elfmal der Mond die Sonne nicht wollen wird. Alles vergrößert sich und senkt sich stufenweise. So tief, daß man das Gold zusammenklauben kann. So daß nach dem Hunger Tiere die Lehre des Geheimnisses entdecken.«

Sowohl im Text des Johannes als auch in der Beschreibung des Nostradamus haben wir es mit dem Ende unseres Sonnensystems, so wie wir es kennen, zu tun. Die Gravitation der Sonne wird schwächer, alle künstlichen Satelliten und bemannten Trabanten der Erde stürzen auf die Erde. Die Erdkugel bläht sich auf, wodurch alles aus seinem bisherigen Standort gerissen wird.

Wir befinden uns jetzt im nächsten Kapitel der Offenbarungen des Johannes. Es ist das Kapitel 7, Verse 2 und 3.
Hier beginnt die zeitlich richtige Fortsetzung aus Kapitel 6, der Zeitperiode 2267 unserer Zeitrechnung – also die Stelle, wo leicht überschnitten wenige Jahrzehnte später das Goldene Zeitalter einsetzt. Die Frage ist berechtigt, was darunter verstanden werden kann. Und siehe da, diese Textpassage enthält bei Johannes die Beschreibung der Ankunft eines neuen Religionsstifters:

»Und ich sah einen anderen Engel heraufkommend vom Aufgang der Sonne, habend das Siegel des lebendigen Gottes, und er rief mit lauter Stimme zu den vier Engeln, denen gegeben war zu beschädigen die Erde und das Meer, sagend: Nicht beschädigt die Erde noch das Meer noch die Bäume, bis wir mit einem Siegel gekennzeichnet haben die Knechte unseres Gottes auf ihren Stirnen!«

Nostradamus beschreibt denselben Vorgang.
Datierung Nostradamus für 2267:
»Der große Freund, welchen ich durch Intuition sich nähern sehe. Unter dieser Kraft dreht es sich – dann wird entstehen das östliche Universelle. So groß und so lang, daß man es herausreißen will.«

Die restlichen Verse des siebten Kapitels der Johannes-Offenbarungen haben mit Prophezeiungen nichts zu tun. Vermutlich sind sie nachträglich eingefügt worden. Danach beginnt der Zukunftsbericht über die Engel mit der Posaune.

Wir wissen, daß Nostradamus nach dem Goldenen Zeitalter eine Phase der relativen Ruhe sieht. Lassen Sie sich bitte nicht durch die Auseinandersetzungen zwischen Christen und Islam im mitteleuropäischen Raum verwirren. Ähnlich wie die Welt als Ganzes vom Vietnamkrieg nicht betroffen war, werden die Weltraumkolonien und der überwiegende Teil der Menschheit mit dieser Auseinandersetzung nichts zu tun haben.

Wieder zurück zu **Offenbarungen des Johannes, Kapitel 8, Vers 1:**
»Und da es das siebte Siegel auftat, ward eine Stille in dem Himmel bei einer halben Stunde. Und ich sah die sieben Engel, die da stehen vor Gott, und ihnen wurden sieben Posaunen gegeben.«

Laut Nostradamus muß der Text wörtlich genommen werden, denn etwa um 2040 wird die »Neue Energie«, der »Ton«, wie Nostradamus sagt, von der Menschheit entdeckt und zunächst überall auf dieser Erde angewandt, später, wie könnte es anders sein, schrecklich mißbraucht.

Den Beginn dieser Entwicklung, die erst später ihren absoluten Höhepunkt erreicht, sieht Nostradamus für unsere fast unmittelbare Zukunft.

Datierung Nostradamus für 2041
»Wenn die Zwei erscheint [2042] – stirbt der Krieg, bevor er sich empfiehlt. Nein, was für einen Krieg man getötet hat. Zeit der Regierung der Töne. Friede man vereinigt hält. Der Krieg ist gefangen zur Hälfte in ihren Klöstern. Lange Zeit der Friede ihr Zeitalter beherrscht.«

Legen wir den Zeitmaßstab des Nostradamus an, dann vollziehen die uns bekannten Johannes-Offenbarungen einen Zeitsprung.

Offenbarungen des Johannes, Kapitel 8, Verse 3 und 4:
»Und ein anderer Engel kam und trat an den Altar und hatte ein goldenes Räucherfaß und, ihm ward viel Rauchwerk gegeben, daß er es gäbe zum Gebet aller Heiligen auf den goldenen Altar vor dem Stuhl.«

Nostradamus spricht vom Goldenen Zeitalter mit einer Blüte für den Glauben und einer Zeit der Klöster.

Datierung Nostradamus für 2208
»Zeit der Heiligen der ersten römischen Art. Verworfen haben wird man die schlecht gebauten Grundlagen. Genommen haben werden sie ihre Gesetze die Ersten der Menschen und des Menschlichen.«

Die Sache mit dem »Räucherfaß« des Johannes klingt bei Nostradamus so, als ob unsere Sonne Teile ihrer Hülle abstößt.

Datierung Nostradamus für 2291
»Auf der Sonne erwacht ein großes Feuer, das man verursacht hat. Dröhnen und Heiligkeit gegen A, der man Fallen stellt. In der Runde Tod und Schreie, die man erschaudernd hören wird. Deswegen Schwerter, Feuer, Hunger Tod sie zu erwarten haben.«

Offenbarungen des Johannes, Kapitel 8, Vers 7:
»Und der erste Engel posaunte: und es ward ein Hagel und Feuer mit Blut gemengt, und es fiel auf die Erde; und der dritte Teil der Bäume verbrannte, und alles grüne Gras verbrannte.«

Offenbarungen des Johannes, Kapitel 8, Vers 8:
»Und der andere Engel posaunte, und es fuhr wie ein großer Berg mit Feuer brennend ins Meer, und der dritte Teil des Meeres ward Blut.

Und der dritte Teil der lebendigen Kreaturen im Meer starben, und der dritte Teil der Schiffe wurde verderbt.«

In den Versen 7 und 8 werden die Abstürze von künstlichen Sonnen beschrieben. Die Bibel beschreibt hier zwei zeitlich um Jahrzehnte voneinander getrennte Ereignisse unmittelbar hintereinander. Wahrscheinlich sind Details der Johannes-Prophezeiungen an dieser Stelle der Zensur oder dem Unverständnis späterer Schreiber zum Opfer gefallen.

Lesen wir nun, wie Nostradamus den Absturz der ersten künstlichen Sonne schildert, die bis dahin die Nachtseite der Erde beleuchtet hat.

Datierung Nostradamus für 2146
»Daß großes Feuer des Himmels in drei Nächten herabfallen wird.«

Die Offenbarungen des Johannes erwähnen den Absturz der zweiten künstlichen Sonne ebenfalls in Kapitel 8,10:
»Und der dritte Engel posaunte: und es fiel ein großer Stern vom Himmel, der brannte wie eine Fackel, und fiel auf den dritten Teil der Wasserströme und über die Wasserbrunnen.«

Laut Nostradamus findet dieses Ereignis knapp hundert Jahre später statt und wird von ihm wie folgt geschildert.

Datierung Nostradamus für 2241
»Der große Stern während sieben Tagen verbrennen wird. Nackte werden zwei Sonnen erscheinen lassen. Die große Masse der Wissenschaftler alle Nächte tosen.«

In der nächsten Textpassage erkennen wir die Technik des Nostradamus, der Worte verwendete, die parallel zu den Johannes-Offenbarungen laufen, um uns die zeitliche Zuordnung der beiden Texte im Vergleich zu erleichtern.

Datierung Nostradamus für 2296
»Die brennende Fackel am Himmel man abends haben wird. Nahe das Ende und der Grundsätze der Rose. Hunger, Schwert, spät die Hilfen für das Feuer. Die zwei Irrtümer drehen sich tausend Einbrüche in die Wissenschaften.«

Ausgangspunkt all dieser technischen Bemühungen ist die Tatsache, daß die Sonne immer schwächer wird. Dies hat einschneidende Folgen für die Lebensweise der Bewohner der Erde. Lesen wir, wie dies in den Offenbarungen des Johannnes, Kapitel 8, Verse 12 und 13, beschrieben wird.

»Und der vierte Engel posaunte: und es ward geschlagen der dritte Teil der Sonne und der dritte Teil des Mondes und der dritte Teil der Sterne, daß ihr dritter Teil verfinstert ward und der Tag den dritten Teil nicht schien und die Nacht desgleichen.«

Was bisher völlig übersehen wurde, ist, daß hier die Beschreibung einer interplanetaren Veränderung in unserem Sonnensystem erfolgt, die größte Konsequenzen für die dann auf der Erde lebenden Menschen haben dürfte.

Analysieren wir: Ein Drittel der Sonnenkraft geht verloren. Ob es der Kernfusionsvorgang ist, der schwächer wird, oder ob ein externer Vorgang auf unsere Sonne einwirkt, bleibt hier noch verborgen. Nach der Johannes-Offenbarung steht unserem Planeten eine Verkürzung des Tages um ein Drittel, also um etwa acht Stunden, bevor.

Sehen wir nach, ob auch Nostradamus das hochdramatische Ereignis kannte. Tatsächlich, Nostradamus beschreibt diesen Schicksalsschlag ebenfalls.

Datierung Nostradamus für 2147
»Am Genfer See die Gleichgesinnten werden unzufrieden sein. Die Tage werden kürzer, dann der Teil der Wochen, dann die Monate, dann das Jahr und dann alles in Ohnmacht schwächer wird. Die Ratsherren werden verdammt, haben ihre nutzlosen Gesetze [Kalender].«

Das heißt mit anderen Worten, daß die Menschen sich eine neue Zeit- und Kalenderordnung geben müssen, weil die alte unsinnig geworden ist. Demnach haben wir eine Übereinstimmung mit den Johannes-Offenbarungen.

Im Kapitel 9, Vers 6 beschreiben die Offenbarungen des Johannes die Zeit, in der die Menschen den Tod überwunden haben, also nicht mehr sterben können.

Offenbarungen des Johannes, Kapitel 9, Vers 6:
»Und in den Tagen werden die Menschen den Tod suchen und ihn nicht finden; werden begehren zu sterben, und der Tod wird vor ihnen fliehen.«

Dieses Problem wird sich wirklich als zentraler Punkt vieler Auseinandersetzungen in den nächsten Jahrhunderten herauskristallisieren. Hundert Jahre, bevor es wirklich zum Problem Nummer eins wird, gibt Nostradamus einen Hinweis auf die Lösung.

Das, was jedem von uns heute recht entsetzlich erscheint, ist nichts anderes, als daß ein Medikament eingenommen wird, das die Alterungsprozesse des Körpers, die man seit 2100 beherrscht, reaktiviert. Daß man diesen Vorgang schon in etwa hundert Jahren beherrschen wird, beschreibt Nostradamus in Vers für 2097.

Datierung Nostradamus für 2097
»Dreifach nachgemessen worden ist alles – das Alter. gefangengenommen. Zeit wird Gut zu Schlecht – das Sanfte zum Beleidigenden.«

Wir können heute nur vermuten, daß es schon wenige Jahrzehnte später Gründe gibt, warum Nostradamus schreibt, »Zeit wird Gut zu Schlecht«. Die Lösung wird das »Sterbeöl« sein.

Datierung Nostradamus für 2127
»Erfunden wird das Sterbeöl, zerbrochen die Zuständigkeit.«

Etwa hundert Jahre später – »die Kunst des Nicht-mehr-alt-Werdens« scheint ihren ersten Höhepunkt erreicht zu haben – wird der Gedanke weitergeführt.

Datierung Nostradamus für 2213
»Die Körper ohne Seele und das Nichtseiende werden geopfert. Am Tag des Todes versetzt in die Geburt.«

Der medizinische Fortschritt führt anscheinend zur ständig möglichen Erneuerung gealterter, verbrauchter (»seelenloser«) Organe. Dadurch ist den Menschen das Sterben unmöglich gemacht worden. Bei Steuerungsausfall einzelner Körperfunktionen durch das Gehirn springen Module ein, die unter die (Kopf-)Haut eingepflanzt wurden!

Datierung Nostradamus für 2247
»Steine mit Können versteckt unter der Behaarung. Durch Sterben von nutzlosen Abschnitten werden sie munter.«

Hier nochmals ein kleiner Ausblick auf den Tod der Zukunft, vielleicht um den Reiter auf dem fahlen Pferd in den Johannes-Offenbarungen ein weiteres Mal zu beleuchten. Der Reiter ist der Herr über den Tod und wird gerne als Skelett dargestellt und als Todesbote angesehen. Wie wir feststellen werden, gibt es aber einen weiteren Aspekt: Der fahle Reiter kann den Tod auch verhindern. Die dann Lebenden werden von uns als den »Seligen« sprechen, die noch eines natürlichen Todes sterben durften und konnten.

Datierung Nostradamus für 2384
»Die große Stadt wird voll von Thesen gesalbt sein. Von den Einwohnern ein einziger nicht dort aufbrechen wird. Mauern, Geschlecht, Zeit, Leben aufrichtet, Leben salbt. Durch Eisen, Feuer, Krankheit all dies das Volk nicht sterben wird.«

Machen wir innerhalb der Johannes-Offenbarungen einen Sprung in das vierzehnte Kapitel, denn in ihm ist vom Ende dieser Unsterblichkeitsperiode der Menschen die Rede.

Offenbarungen des Johannes, Kapitel 14, Vers 11:
»Und der Rauch ihrer Qual wird aufsteigen von Ewigkeit zu Ewigkeit; und sie haben keine Ruhe Tag und Nacht, die das Tier [Wissenschaft] angebetet und sein Bild und so jemand hat das Malzeichen [Formel] seines Namens angenommen.«

Offenbarungen des Johannes Kapitel 14, Vers 13:
»Und ich hörte eine Stimme vom Himmel zu mir sagen: Schreibe: Selig sind die Toten, die in dem Herren sterben von nun an. Ja, der Geist spricht, daß sie ruhen von ihrer Arbeit; denn ihre Werke folgen ihnen nach.«

Nach Nostradamus wird eine der großen Sünden der zukünftigen Menschen darin bestehen, daß sie sich praktisch unsterblich gemacht hatten und dadurch ihre eigentliche Aufgabe auf der Erde zu verfehlen begannen. Um dasselbe Thema geht es bei Johannes.

Nostradamus zufolge wird es eine Zeit geben, in der die Menschen nicht mehr sterben können, darum auch dieser merkwürdige Satz schon in Johannes 14,13, »Selig sind die Toten«, mit der Konsequenz, daß es zwei Richtungen geben wird. Eine Gruppe wird unbegrenzt leben wollen, vielleicht sogar müssen, die andere wird die Lebenszeit bewußt einschränken. Letztere ist laut der Bibel Gott gefälliger.

Die Begegnung mit einer außerirdischen Intelligenz

Das neunte Kapitel der Enthüllungen des Johannes schildert den Kontakt zu einer anders gearteten, dem Menschen fremden Intelligenz. Diese wird im Gegensatz zu allen anderen Passagen sehr ausführlich beschrieben, sogar eingehender als bei Nostradamus!

Ich führe die Passage als Beispiel auf, wie genau ursprünglich die unzensierte und unbearbeitete Version der Johannes-Offenbarungen niedergeschrieben wurde.

Offenbarungen des Johannes, Kapitel 9, Vers 3:
»Und es kamen Heuschrecken auf die Erde, und ihnen ward Macht gegeben, wie die Skorpione auf Erden Macht haben.«

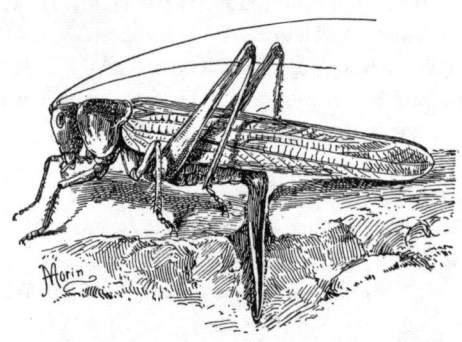

Müssen wir die Bibel wörtlich nehmen und auf einen Intelligenzträger mit Heuschreckenkörper gefaßt sein? Achten Sie auf die Beine, und vergleichen Sie bitte die Beschreibung der zusammengepfercht Gehenden.

Bei Nostradamus ist dies die erste schreckliche Begegnung mit außerirdischen Intelligenzen voller Abscheulichkeit, denen man auf halbem Wege zum Ursprungsplaneten-System der Menschheit begegnen wird.

Datierung Nostradamus für 2221
»Die satanische Lampe wird abgeschickt durch das Allerschlimmste. Auf halbem Weg in das Unbekannte. Neues antwortet. Abstoßendes.«

Aber schon vierzig Jahre vorher beginnt Nostradamus, den Ursprung und die Ursachen für diese Begegnung zu erklären.

Datierung Nostradamus für 2183
»Die fremden Menschen werden teilen die Kriegsbeute. Der Umlauf des Mars bewacht wieder sein Furioses. Schreckliche Fremde – auf dem Rücken von hundert Jahren die Zeit der Wissenschaften. Griechisches welches zu Kuriosem zerrieben wird.«

Datierung Nostradamus für 2184
»Das eine Unbekannte bei der Zwei sich in der Finsternis vollendet. Sein Irrtum geht vorüber in den Farben des Irrtumschaffenden. Das große Versteck für lange Zeit unter den Dunkelheiten sein wird. Wird den Weltraum erobern in dem Spiel der Wissenschaftler.«

Kehren wir jetzt zurück zu der zeitgerechten Textstelle in den Johannes-Offenbarungen. Die erste Begegnung mit den Außerirdischen datiert Nostradamus für die Zeit um 2221.

Offenbarungen des Johannes, Kapitel 9, Verse 7 bis 9:
»Und die Heuschrecken sind gleich den Rossen, die zum Kriege bereitet sind. Und auf ihrem Haupt wie Kronen dem Golde gleich, und ihr Antlitz gleicht der Menschen Antlitz. Und hatten Haare wie Weiberhaare und ihre Zähne waren wie die der Löwen. Und hatten Panzer wie eiserne Panzer und das Rasseln ihrer Flügel wie das Rasseln an den Wagen vieler Rosse, die in den Krieg laufen.«

Man hat in der Vergangenheit hierin gerne die Beschreibung von Kampfhubschraubern gesehen, aber das dürfte nicht zutreffen. Wir müssen wohl oder übel von einer Rasse knochenloser Intelligenzträger ausgehen, denen unsere Nachkommen begegnen werden.

Datierung Nostradamus für 2258
»Ohne Fuß, keine Hand, spitze Zähne und Kraft. Durch die Kugel der Kraft an der Grenze und aufgerauht geboren. Nahe des Tors der Adler pflichtvergessen es fortschafft. Stiller Kampf klein groß mitgenommen.«

Hier erfolgt die Beschreibung der Gangart von »Heuschrecken«. Weil sie vorwiegend springen, sind ihre Tentakel entsprechend ausgelegt. Für den Beobachter sieht das aus wie zusammengepferchte Beine.

Datierung Nostradamus für 2264
»Ausgetrocknet vor Hunger, von Durst wird die Rasse der zusammengepfercht Gehenden. Zuversicht nähert sich Liebe wird kommen zur Ohnmacht. Auf den Punkt erschüttert wird sein das Gesetz der Zusammengepferchten. Gruppe der großen Häfen nicht bestehen kann, zu Hunderten wird man ernten.«

Noch einmal eine Beschreibung der Heuschrecken. Die Fühler werden von Nostradamus als gabelartige Nasen beschrieben. Ich meine, daß der Ausdruck »zusammengepfercht Gehende« auf Heuschrecken zutrifft.

Datierung Nostradamus für 2267
»Die Hellen mit den gabelartigen Nasen werden kommen, um sich zu versündigen. Durch den Zweikampf und das Gejagtwerden draußen. Die Verbannten da drinnen werden zurückgebracht werden. Am Ort des Meeres man mißbraucht die größte Macht.«

Nach Nostradamus wird sich das Problem der ersten Begegnung mit der Heuschreckenart von selbst lösen. Versorgungsschwierigkeiten dieser Intelligenzen führt dazu, daß die Menschen dieser Zeit jene Wesen regelrecht »abernten« können.

Daß uns die Heuschreckenintelligenzler lange erhalten bleiben, zeigt eine Bemerkung in einem für 2585 bestimmten Vers.

Datierung Nostradamus für 2585
»Schinken des Meeres, Heuschrecken und deren Kusinen.«

Nun beginnt ein weiteres Kapitel, das auch in den Johannes-Offenbarungen zur Sprache kommt. Es handelt von den Schwierigkeiten, die zwischen Menschen, die im Weltraum leben, und Erdbewohnern stehen.

Der Streit zwischen Raumfahrern und Erdbewohnern

Offenbarungen des Johannes, Kapitel 9, Verse 15 bis 21:
»Und es wurden die vier Engel los, die bereit waren auf die Stunde und auf den Tag und auf den Monat und auf das Jahr, daß sie töteten den dritten Teil der Menschen. Und die Zahl des reisigen Volkes war vieltausendmal tausend; und ich hörte ihre Zahl. Und also sah ich die Rosse im Gesicht und die drauf saßen, daß sie hatten feurige und bläuliche und schwefelige Panzer; und die Häupter der Rosse waren wie die Häupter der Löwen, und aus ihrem Munde gingen Feuer und Rauch und Schwefel.«

Diese Verse schildern den Kampf der auf der Erde lebenden Menschen gegen die weltraumfahrenden Brüder, das »reisige Volk«, wie sie in der Bibel genannt werden. Bei Nostradamus sind es die Beschnittenen: Menschen, denen Arme und Beine amputiert waren und an deren Nervenenden weltraumtüchtige Flugmaschinen (»Fässer« nennt Nostradamus sie) angeschlossen wurden. Wenn man Kenntnis von der Beschreibung der Beschnittenen in den Prophezeiungen des Nostradamus hat, dann versteht man die Passage in der Bibel besser, wonach ihre Macht von den »Mäulern« ausging.

Datierung Nostradamus für 2112
»In vier Jahren wird man von den Beschnittenen sagen können: Falsch, roh, unbearbeitet, zerbrechlich. Aus der Tiefe zur Höhe erhoben zwei mit der Lüge vertraute. Dann umgehend Ungesetzliches und die Plünderung. Fünf Führer des Weltraums nicht werden regieren können.«

Die ersten Versuche dürften nicht hundertprozentig gelungen sein. Nostradamus kündigt schon die später daraus erwachsenden Probleme an. Vier Jahre später scheint man die ersten Erfolge im Weltraum zu haben.

Datierung Nostradamus für 2116
»Beschnittene der östlichen Engel. Freude über das in die Luft Geworfene. Am Ton des Hohen – Trog der Schwärmer Zions. Krankheit, Hunger, Tod durch die Hand der tausend Betten des Weltalls.«

Mit den »Betten« sind Raumstationen, Raumstützpunkte oder die Menge der mit Menschen verbundenen Kampfmaschinen gemeint.

Datierung Nostradamus für 2162
»Der große Verlust wird eintreten – überdrüssig wegen des Weltraums macht man Verträge. Zuvor am Himmel dort die Tatsachen eintreten werden. Großes Unglück kommen wird – viele lassen ihr Zepter zurück. So daß man für ein Jahrhundert nichts wird wiederherstellen können.«

Im Jahre 2226 dauern diese Auseinandersetzungen noch an. Offenbar geht es um Energieprobleme (Feuer).

Datierung Nostradamus für 2226
»Um das Geheimnis des Feuers zu besitzen, welches die Stadt dort herstellt. Zum Großen welches bald verloren wird Zeit des Schlachtfeldes. Dann der Engel der Luft die These der Wissenschaft einschließen wird. Von den Engeln, wo tausend Vorteile ertrunken sich durch den Schlag der Beschnittenen.«

In den nächsten beiden Versen haben wir nun die direkten Bezugspunkte zu den Johannes-Offenbarungen.

Datierung Nostradamus für 2290
»Vom Leben zu Tod wechselt die Regierung der Beschnittenen. Das Gesetz wird sein mehr rauh als gefällig. Ihre große Stadt von Heulen, Klagen, Schreien. Hundert goldene Sterne und der leuchtende Pol sind Feinde in der Liga.«

Und in der **Datierung Nostradamus für 2373** heißt es:
»Zu ihm und dem Regierenden sehr stark Beschnittene kommen werden. Die nichts als Kriege haben werden, da ihre Tatsache sich verspätet hat.«

Das gesamte Kapitel 10 der Offenbarungen des Johannes, auch als »Zwischengesicht« bezeichnet, gehört in die Zeit nach dem sogenannten Weltuntergang, das heißt in die Zeit des neuen Himmels, in der die Menschheit unser Sonnensystem als Hort des Lebens aufgeben mußte (nach3300).

Wir setzen also unseren Vergleich, der nach der Datierung des Nostradamus ausgerichtet ist, mit dem Kapitel 11 der Offenbarungen des Johannes fort.

Offenbarungen des Johannes, Kapitel 11, Verse 3 bis 5:
»Und ich will meinen zwei Zeugen geben, daß sie sollen weissagen tausendzweihundertundsechzig Tage angetan mit Säcken. Diese sind die zwei Ölbäume und zwei Fackeln, stehend vor dem Herrn der Erde. Und so jemand sie will schädigen, so geht Feuer aus ihrem Munde und verzehrt ihre Feinde; und so jemand sie will schädigen, der muß also getötet werden.«

Datierung Nostradamus für 2289
»Ein Tag wird sein, an dem die beiden großen Meister zurücktreten. Mit ihrem großen Können werden sie Weissagungen machen. Die neue Erde wird sein das einzig Existierende. Im Blut des Lebens nicht die Luft, die Zahl wieder zählen wird.«

Nach den Johannes-Offenbarungen treten die beiden Zeugen 1260 Tage, demnach dreieinviertel Jahre auf. Wir befinden uns im Jahre 2289. Erinnern Sie sich bitte, daß seit etwa hundertvierzig Jahren die Jahre um etwa ein Drittel kürzer geworden sind. Was Sie bisher nicht wissen konnten, ist, daß Nostradamus meinen Erkenntnissen zufolge das Jahr niemals zu 365 Tagen gerechnet hat, sondern für ihn ein Jahr grundsätzlich eine Umdrehung der Erde um die Sonne war.

Rechnen wir also: Ein reguläres Jahr unserer Zeitrechnung hat rund 365 Tage. Ein Drittel davon sind rund 122 Tage. Somit sind im Jahre 2289 die Jahre nur noch zu rund 240 Tagen zu zählen.

1260 Tage treten die zwei Zeugen auf. Das Jahr dauert nur noch

240 Tage – ergibt fünfeinviertel Jahre. Und nun erleben Sie bitte selbst mit, was passiert, wenn wir zu den 2289 Jahren fünfeinviertel Jahre hinzuzählen: 2289 + 5,25 = 2294,25.

Nostradamus schreibt für ebendieses Jahr 2295:
»Die bevölkerten Orte werden unbewohnbar. Um der Felder wegen man hat große Teilung. Regierende schaffen Bücher der Klugheit, die untauglich sind. Infolgedessen die großen Brüder entzweien sich.«

Ist das »Zufall«? Nein, natürlich nicht!

Detaillierter als die Bibel schildert Nostradamus das Ende des gemeinsamen Auftretens der zwei Zeugen. Diese begegnen uns hundert Jahre später nochmals.

Datierung Nostradamus für 2398
»Zwei königliche Brüder sehr großen Krieg adeln werden. Das zwischen ihnen wird sein der entsetzlichste Krieg. So daß ein jeder Platz mit Gewalt erobert wird. Wegen des Regierens und des Lebens wird ihr großer Streit stattfinden.«

Erinnern wir uns:
Offenbarungen des Johannes, Kapitel 11, Verse 5 und 6:
»Und so jemand sie will schädigen, so geht Feuer aus ihrem Munde und verzehrt ihre Feinde; und so jemand sie will schädigen, der muß also getötet werden. Diese haben die Macht, den Himmel zu verschließen, daß es nicht regne in den Tagen ihrer Weissagung, und haben Macht über das Wasser, es zu wandeln in Blut, und zu schlagen die Erde mit allerlei Plage, sooft sie wollen.«

Datierung Nostradamus für 2494
»Zwei große Brüder werden die Lehre des Landes verfolgen. Die Schnellen werden besiegt, unter den Bergen das Schlimmste entsteht. Gerötet das Meer, rosa wird geboren Botschaft der Engel vom Genfer See.«

Eine weitere interessante Information ist in den Versen des Nostradamus enthalten. Es hat den Anschein, als ob die beiden Zeugen oder Brüder sich getrennt haben. Der eine fühlte sich für die jüdisch-christliche Glaubensrichtung zuständig, der andere für die islamische.

Datierung Nostradamus für 2550
»Das Jahr in welchem die Brüder des Lichts betagt sein werden. Der eine von ihnen halten wird die große romanische Erde.«

Und heißt es im Vers für 2563:
»Zwei haben nicht empfangen die Ehre, das Wehklagen auslöst. Gefäß für das Jahr der Irrtümer durch die Lateiner. Kalte Liebe: Unbestimmtes. Nicht weit, daß alles bereitet wird, um vom Blut der Erde getränkt zu werden. Und für das Menschliche werden kommen verschiedene Plagen.«

Gemäß den Johannes-Offenbarungen werden die beiden Propheten ermordet, worüber sich alle Menschen auf Erden freuen. Aber diese Freude währt nicht lange, denn sie erwachen wieder zu neuem Leben, und das Entsetzen auf Erden vergrößert sich noch.

Die Geschichte mit dem »Sonnenweib« – Der Umbau unseres Planetensystems und die Beschreibung des neuen Planeten, der für die Menschen ab 3200 vorgesehen ist

Offenbarungen des Johannes, Kapitel 12, Vers 1:
»Und es erschien ein großes Zeichen im Himmel: ein Weib, mit der Sonne bekleidet, und der Mond unter ihren Füßen und auf ihrem Haupt eine Krone von zwölf Sternen.«
  Dieses Kapitel befaßt sich mit der Geburt des neuen Sonnensystems, das demnach aus insgesamt zwölf Planeten bestehen wird.

Datierung Nostradamus für 3435
»Das ungeteilte Feuer den Lebenden der Luft – welch Verrat vollendet sich. Die zwei großen Lichter werden Teil des neuen Zusammenschlusses.«
  Bekanntlich wird die Sonne ihre Anziehungskraft verlieren. Dadurch geraten die bisher um die Sonne kreisenden Planeten und Monde mit ihren Umlaufbahnen durcheinander. Infolgedessen fängt sich unser im Umbruch befindliches Sonnensystem einen fremden

Planeten ein. Ein neues Zusammenspiel der Gravitationskräfte, von Nostradamus als die »goldene Verknüpfung« bezeichnet, beginnt sich abzuzeichnen. Auch die übrigen Planeten verlassen ihre bisherigen Umlaufbahnen und passen sich den veränderten Verhältnissen an.

Datierung Nostradamus für 3436 bis 3446
»Jupiter schließt sich den zwei Lichtern an. Venus ist nicht mehr als ein Mond. Zum Vorschein kommt zuvor die Fülle des Weißen. Venus ist versteckt hinter dem Weißen des Neptun. Mars ist verwundet durch das folgenschwere Weiße.«
»Die großen Umtriebe fangen eine fremde Erde ein. Die goldene Verknüpfung erscheint – acht Irritationen werden angeboten. Jahre des Verlassens des in der Höhe Tönenden.«
»Die Sonne gleitet brennend in den Schlund des Halses der Luft.«
»Infolge des Saturn und Mars geschieht es, daß es bei der Zehn verbrennen wird. Die Luft stark austrocknet lange Planetenbahn. Durch das Feuer die Zehn Geheimnisse der Hitze entdeckt werden und der große Ort des Ganzen.«

Während das Sonnensystem seinen astronomischen Anblick verändert, werden die auf die neue Welt (den neuen Planeten) verbrachten Erdbewohner in »hermetisch abgeschlossenen Höhlen« auf die neue Atmosphäre und auf die Bedingungen dieser Welt vorbereitet. Den Überlebenden aus dem Anpassungsprozeß und deren Nachkommen sagt Nostradamus eine große Zukunft voraus.

Datierung Nostradamus für 3460
»In der Folge in Höhlen mit Luft geübt wird. Nach dem Sieg wird ihnen das unübertroffene Feld gehören. Welten des Geistes die Großen zur Auferstehung sich bereit machen.«
  In den neuen, angepaßten Körpern werden Geistesgrößen geboren, die den heutigen Menschen weit überlegen sind. So ist diesen Nachkommen der heutigen Menschheit sogar das Geheimnis der Zeitreise durch den Weltraum bekannt.

Offenbarungen des Johannes, Kapitel 12, Verse 10 und 11:
»Und ich hörte eine große Stimme, die sprach im Himmel: Nun ist das Heil und die Kraft und das Reich unseres Gottes geworden und die Macht seines Christus, weil der Verkläger unserer Brüder verworfen ist, der sie verklagte Tag und Nacht vor Gott. Und sie haben ihn überwunden durch des Lammes Blut und durch das Wort ihres Zeugnisses und haben ihr Leben nicht geliebt bis an den Tod.«

Bleibt noch die Frage nach dem hier erwähnten Ankläger. Es handelt sich dabei um die »Erbsünde«, um einen Fehler in unserem DNS-Informationsstrang. Die ersten Reparaturen wird man schon tausend Jahre vor dem Ende dieses Planeten durchführen können.

Datierung Nostradamus für 2379
»Das unglückselige ewige Erbe durch die Kette. Wird gedreht werden durch den folgerichtigen Befehl. Am Rand von zwei Haken umschlossen wird zerbrochen die Kette. Die Stelle wird entfernt vom Fehler Stück um Stück.«

Menschen, die im Wasser leben

Ein weiterer Beweis, daß wir die Bibel wörtlich zu nehmen haben, sind die Hinweise auf Menschen, die im Wasser leben werden.

In den Johannes-Offenbarungen gibt es wieder einen Zeitsprung zurück in die Zeit um 2250 bis 2350. Die Verse Kapitel 13,1 bis 13,3 in der Bibel beschreiben, wie die Menschen, die unter dem Meere leben, durch eine Verseuchung ihres Lebensraums aus dem Meer emporsteigen und an Land gehen.

Offenbarungen des Johannes, Kapitel 13, Vers 1:
»Und ich trat an den Sand des Meeres und sah ein Tier aus dem Meer steigen, das hatte sieben Häupter und zehn Hörner und auf seinen Hörnern zehn Kronen und auf seinen Häuptern Namen der Lästerung.«

Datierung Nostradamus für 2274
»Die Rasse verläßt das Meer. Über Land und Meer wird folgen das große Hinterhergezogene.«

Nostradamus beschreibt sehr ausführlich, wie es dazu kommt, daß sich Menschen entschlossen haben, unter der Meeresoberfläche zu wohnen. Das wird etwa im Jahre 2130 anfangen. Etwa zur gleichen Zeit kommt es zu ersten Begegnungen mit außerirdischen Intelligenzen. Nicht alle sind offensichtlich von abscheulicher Art. Denn ...

Datierung Nostradamus für 2130
»Das in der Fremde Geborene spricht vom Turm des Verstandes der Meereswissenschaften. Zugang wird möglich. Zeit des unbekannten Hafens ist nahe. Keine Beachtung wird dem Zeichen des schwimmhäutigen Zweiges geschenkt.«
   Man bekommt Einblick in die Lebensbedingungen unter Wasser. Die Machtfülle der Meeresbewohner nimmt unbemerkt ständig zu. Vorher ist logischerweise das unbedingt Erforderliche zu tun. Die Menschen müssen bequem und technisch einfach in die Lage versetzt werden, im Wasser atmen zu können.

Datierung Nostradamus für 2177
»Die Wissenschaften des Neptun werden zusammenfalten das schwarze Segel.«
   Ich kann mir das heute nur so vorstellen, daß eine zusammengefaltete Membran als künstliche Kiemen den Menschen den direkten Zugriff auf den Sauerstoff des Wassers gestattet. Das wird wiederum die großen Probleme mit dem Wasser auslösen. Stellen Sie sich vor, Millionen Menschen entnehmen dem Wasser Sauerstoff – was passiert dann mit dem vielen freien Wasserstoff?

Lesen Sie im folgenden die nächsten Nostradamus-Hinweise zu dieser Unterwasserzivilisation.

Datierung Nostradamus für 2189
»Die Regierung des Hofes des Meeres wird kommen – bald große Verschleierung stattfinden wird.«
   Die Unterwasserzivilisation wird sich eine eigene Regierung geben und ihre Fortschritte gegenüber den landlebenden Menschen verheimlichen.

Datierung Nostradamus für 2203
»Wegen der Kraftlosigkeit ihrer Sonne Luft unter dem Meer.«
Bedingt durch die äußeren Umstände der klimatischen Veränderungen, suchen viele Menschen Zuflucht unter dem Meer. Das Problem der Sauerstoffversorgung scheint gelöst.

Datierung Nostradamus für 2205
»Dasjenige von dem in vier Jahren – das Gift entsteht durch die Irrtümer in der Verträgen der Luft.«
Das deutet auf eine Fehleinschätzung des Wasserstoffabbaus aus dem Wasser hin. Um Sauerstoff zu gewinnen, gibt man etwas dafür her (darum Vertrag); dieses Etwas wird die zukünftigen Probleme verursachen.

Datierung Nostradamus für 2253
»Die große Krankheit der Stadt des Meeres. Nichts nötiger haben wird als den Tod nicht rachedurstig sein wird. Getötet werden die gerechten Engel durch den Preis der Verdammnis ohne Verbrechen.«
Das Problem ist nicht mehr zu lösen.

Datierung Nostradamus für 2267
»Am Ort des Meeres man mißbraucht die größte Macht.«

Datierung Nostradamus für 2274
»Die Rasse verläßt das Meer – Über Land und Meer wird folgen das große Hinterhergezogene.«
Damit befinden wir uns wieder in den Johannes-Offenbarungen, wie am Anfang dieses Kapitels: »Über das Meer ... kommen ...«
Lesen wir, wie es bei Nostradamus weitergeht.

Datierung Nostradamus für 2278
»Der große Neptun wird am Grunde des Meeres getötet.«

Offenbarungen des Johannes, Kapitel 13, Verse 2 bis 4:
»Und das Tier, das ich sah, war gleich einem Parder und seine Füße wie Bärenfüße und sein Mund wie eines Löwen Mund. Und der Drache gab ihm seine Kraft und seinen Stuhl und große Macht.

Und ich sah seiner Häupter eines, als wäre es tödlich wund; und seine tödliche Wunde ward heil. Und der ganze Erdboden verwunderte sich des Tieres.

Und sie beteten den Drachen an, der dem Tier die Macht gab und beteten das Tier an und sprachen: Wer ist dem Tier gleich, und wer kann mit ihm kriegen.«

Das Anbeten des Tieres bedeutet, wenn wir die Texte des Nostradamus parallel untersuchen, daß die Menschen an Land die Wissenschaft der Schwimmhäutigen übernehmen werden. Man ist also von einer bestimmten Wissenschaft sehr überzeugt und verwirft arrogant alle anderen Möglichkeiten.

Datierung Nostradamus für 2279
»Nutzloser Terror gegen den maritimen Löwen. Zahlloses Volk über das Meer kommen wird. Ohne die Entflohenen ein Viertel von einer Million.«

Offenbarungen des Johannes, Kapitel 13, Vers 11:
»Und ich sah ein anderes Tier aufsteigen, das hatte zwei Hörner gleich wie ein Lamm und redete wie ein Drache. Und es übt alle Macht des ersten Tiers vor ihm; und es macht, daß die Erde und die drauf wohnen, anbeten das erste Tier, dessen tödliche Wunde heil geworden war.«

Datierung Nostradamus für 2301
»Zum Kampf und zu Schlachten fahren Schiffe. Zum großen Neptun seiner höchsten Festung. Rotes hinzukommt. Gegen die Luft der Angst wird die Kugel kommen. Versetzt wird der große Ozean in Schrekken.«

Damit endet die Betrachtung der Passage von den Menschen, die unter Wasser leben werden.

Vom Abgesandten der Urheimat der Menschen

Offenbarungen des Johannes, Kapitel 14, Verse 6 und 7 (Auszug):
»Und ich sah einen Engel fliegen mitten durch den Himmel, der hatte ein ewiges Evangelium zu verkünden denen, die auf Erden wohnen,

und allen Heiden und Geschlechtern und Sprachen und Völkern. Und sprach mit großer Stimme: Fürchtet Gott und gebt ihm die Ehre.«

Wir können deuten: »Engel«: Bote; »mitten durch den Himmel«: Zentrum des Universums; »ewiges Evangelium«: Bericht, Nachricht, Botschaft.

Hier wird also die Ankunft eines Boten prophezeit, den die Bibel als einen Engel bezeichnet. Bei Nostradamus kommt er aus der Urheimat der Menschheit. Er wird den dann lebenden Menschen die Gründe für ihre Verbannung auf die Erde erklären und ihnen so zu einem besseren Verständnis ihrer Situation und Aufgabe in diesem Sonnensystem verhelfen.

Datierung Nostradamus für 2449
»Bevor des Volkes Blut vergossen sein wird, wird das was im hohen Himmel ist, nicht kommen aus der fernen Abgeschiedenheit. Aber von einem wird man lange Zeit nichts gehört haben. Der Geist des einen Einzigen, der kommen wird, die Lehre stumpf zu machen.«

Datierung Nostradamus für 2552
»Der silberne Kopf dieser Engel die Erde und den Pol haben werden. Und mit Macht einen neuen Bund schließen werden. Um vorbeizuziehen außerhalb der Erde cules ... [nicht zu übersetzen] die Kolonne. Schiffer ziehen etwas und errichten greuliche Ziegel.«

Und **für 2553** fährt Nostradamus fort:
»Das Gesetz der Sonne und Venus zusammengefaßt – In sich aufnehmen den Geist der Prophetie – Nicht der eine, nicht der andere werden einverstanden sein – Durch die Sonne wird gehalten werden das Gesetz des großen Messias.«

Offenbarung des Johannes, Kapitel 15 bis 21
In den restlichen sieben Kapiteln werden die Vorbereitungen und die Umstände, die zum Verlassen dieses Sonnensystems führen, beschrieben.

Wieder sind es »Plagen«, wie seinerzeit, als Moses in Ägypten die Kinder Israels fortführte. Wer genau hinsieht, erkennt mit dem Verstand unserer Zeit, daß es sich bei diesen Plagen um Probleme biochemischer Art handeln wird.

Es läuft alles nach dem bekannten Schema ab: Verseuchung durch die Bösen – erneute Regenerierung durch die Guten und Reinen. Und schließlich die Verheißung, daß all dieser Jammer ein Ende haben wird.

Ausblick

Ich bin mir sehr sicher, daß das Thema, die Offenbarungen des Johannes endlich wieder richtig lesen zu können, an Bedeutung gewinnen wird, was zu vielen Diskussionen führt..

Alle, denen Kenntnis über den Wissensschatz zuteil wurde, woher die Menschen kommen und wie es für sie weitergehen wird und schließlich, was für sie bestimmt ist, sind fasziniert von der Bibel und den jüdischen Schriften, die zur Grundlage des Alten Testaments wurden, um das wiederzuerkennen, was seit Jahrtausenden im geheimen hinterlegt worden ist.

Selbst Goethe konnte noch nicht wagen, auch nur eine Andeutung seines Wissens zu machen. Man hätte ihn nicht verstanden. Darum schwieg er. Beobachten Sie bitte sich selbst, wie Sie auf dieses Kapitel reagiert haben und wie Sie mit den zum Teil schockierenden Zukunftsaussichten umgegangen sind.

Sind Sie reif, morgen einer philosophierenden Heuschrecke gegenüberzutreten? Ich nicht. Es werden noch Generationen vergehen, die Steinchen für Steinchen zusammentragen müssen, bis eine Akzeptanz andersartiger Intelligenzträger erreicht wird.

Warum haben sich die Wissenden der Vergangenheit eigentlich soviel Mühe gegeben und versucht, alles im voraus zu durchdenken?

Nostradamus wie auch alle anderen Wissenden sahen ihre Zielsetzung in der Vorbereitung und der Durchführung des Fortzugs aus diesem Planetensystem. In der Bibel ist es der neue Himmel, die neue Erde. Die Verheißung, auch die bei Nostradamus, sagt, daß sie sich erfüllen wird.

Gute Aussichten für unsere Zukunft!

9.
Die großartige Entwicklung der Wissenschaften in den nächsten fünfhundert Jahren

Wenn ich die Vorhersagen für die nächsten hundertzehn Jahre durchsehe, die Nostradamus bezüglich der Entwicklung von Wissenschaft und Forschung hinterlassen hat, dann erfaßt mich Neid, daß ich nicht in dieser Zukunft leben darf. Für mich jedenfalls steht fest, daß unsere Nachkommen einer großartigen Zeit voller sensationeller Entdeckungen und wissenschaftlicher Großtaten entgegengehen.

Falls wir glauben, schon jetzt ein ungewöhnliches Leben inmitten all der Technik unserer Zeit zu führen, müssen wir unsere Vorstellungskraft von dem, was in hundert Jahren sein wird, noch erheblich »trainieren«.

Mancher Leser mag Angst vor Neuem oder Ungewohntem haben. Machen wir uns jedoch keine Sorgen: Alle Entwicklungen werden langsam vonstatten gehen, so daß sich die dann lebenden Menschen längst an die neuen Lebensumstände und Tatsachen haben gewöhnen können, zumal sie mit zusätzlichen Bequemlichkeiten verbunden sind. Was 1950 noch kaum vorstellbar war – zum Beispiel, daß ein Computer gegen einen Menschen Schach spielt oder daß man mit einem Lichtstrahl (dem Laser) Musik »abtasten« und zum Klingen bringen kann –, benutzen wir heute wie selbstverständlich. Inzwischen fliegen sogar Flugzeuge und Raketen, praktisch von Computern gesteuert, durch das All. Und doch sind seither erst vierzig Jahre vergangen.

Wenden wir uns nun der von Nostradamus vorausgeschauten glorreichen Zukunft zu. Damit Sie ein Gefühl für den Stil bekommen, den Nostradamus bei der Behandlung des Themas Wissenschaft verwendete, gehen wir erst einmal etwa bis 1900 zurück. Wissen sollten wir, daß er für den Gesamtbegriff »Wissenschaft und Forschung« bevorzugt Formulierungen gebrauchte wie »einweihen« und »Eingeweihte« sowie für unsere heutige Bezeichnung »Technik« Worte wie »das Gründliche« oder »die Sorgfalt«. Wie sah also Nostradamus Wissenschaft und Technik im 20. Jahrhundert?

Es hat für uns den Anschein, daß uns die wissenschaftlichen Erkenntnisse in diesem Jahrhundert nur so »um die Ohren geflogen« sind. Das stimmt jedoch nicht. Es trifft zu, daß es Ansätze gibt, erste Schritte auf bisher unbekanntem Gebiet. Es ist aber keineswegs so, daß die Wissenschaft des 20. Jahrhunderts umfassende Kenntnisse und weitreichende Einsichten in die Schöpfung gewonnen hätte. Sie ist in keinem einzigen Fall wirklich zu irgendeiner endgültigen Verwertung von Forschungsresultaten gekommen, die man als vollkommen und abgeschlossen bezeichnen könnte. Die »Großtaten« von Wissenschaft und Forschung im 20. Jahrhundert reduzieren sich auf einige wenige vorläufige Ergebnisse.

Was uns in diesem Jahrhundert wirklich »überrollt« hat, sind die Leistungen der Ingenieurtechnik im engeren und im weiteren Sinne. Wir dürfen Wissenschaft und Forschung nicht mit Technik und Erfindungen verwechseln. Das, was unser Jahrhundert so verändert hat, waren spezielle Erfindungen und die Lösung bestimmter technischer Probleme.

Die vielen kleinen Ereignisse innerhalb der Wissenschaft, oft mit einem Nobelpreis gefeiert, gehören zu einem Teilabschnitt der Menschheitsentwicklung und sind bei Nostradamus Bestandteil eines anderen Ganzen. Im 20. Jahrhundert ist die Zahl der Hinweise auf das Geschehen Wissenschaft und Forschung dementsprechend gering, verglichen mit dem, was uns die nächsten Jahrhunderte bringen werden.

Die ersten bedeutenden wissenschaftlichen Erkenntnisse, die von Nostradamus als solche anerkannt wurden und voller Tragweite für alle Menschen sind, gleichgültig ob wir es zum damaligen oder zum heutigen Zeitpunkt schon erkannt haben, waren Arbeiten zu Beginn dieses Jahrhunderts.

Nostradamus formulierte (im **Vers für 1904**):
»Im folgenden Jahr bevor man entdeckt das Geheimnis eines Teils des Lichts.«

Man kommt also hinter das Geheimnis der Phänomene von Energie und Licht. Nostradamus hat dreihundertfünfzig Jahre vor dieser Entdeckung gelebt. Ist seine Wortwahl nicht faszinierend? Aus der Art, wie er dieses Ereignis beschrieben hat, geht hervor, daß Albert Einstein, der mit seiner Relativitätstheorie (die sich bekanntlich unter anderem auf die Lichtgeschwindigkeit bezieht) eine Grundlage für die Wissenschaft legte, nicht die gesamte Formel entwickelt zu haben scheint! Es heißt ja bei Nostradamus »eines Teils des Lichts«. Es stehen uns demnach noch weitere Entdeckungen bevor.

Seit Anfang dieses Jahrhunderts werden Nobelpreise verliehen. Nostradamus hat dies offenbar für erwähnenswert gehalten. Er schrieb im Vers 6 für das Jahr 1906 nieder:

»Durch die Sprache der Gelehrten werden ausgezeichnet grobe Schnitzer in der Natur, wenn sie sich den Namen gegeben haben nach dem Barbaren des Westens.«

Diese Bemerkung bezieht sich auf die Verleihung der Nobelpreise. Alfred Nobel hat mit seiner Erfindung des Sprengstoffs Dynamit wesentlich zu einer Veränderung der Waffensysteme und damit auch der Möglichkeiten einer potenteren Kriegsführung beigetragen, was ja ab dem Ersten Weltkrieg eine schreckliche Tatsache wurde, und ist daher in den Augen des Nostradamus ein »Barbar«. Seinen Makel wohl erkennend, stiftete Nobel die Zinsen aus seinem Vermögen für die Auszeichnung von Wissenschafts- und Forschungsergebnissen. Einsteins Arbeit hat die Ehre, von Nostradamus noch ein weiteres Mal erwähnt zu werden: »Wenn die Lampen vom nicht löschbaren Feuer brennen, wird das Loch im Fell der Zeit gefunden. Am 5. Dezember ist es geschehen. Davon zuerst wird gefunden Feuer, flüchtiges Wasser durch graue Verletzung.« **(Centurie IX, Vers 9 für 1909)**

Zu Beginn dieses Jahrhunderts beginnen die elektrischen Glühbirnen des Herrn Edison zu brennen und werfen ihren Lichtschein auf den Beginn der Erkenntnisse um die Relativitätstheorie. Interessant für uns wiederum die Nostradamus-Formulierungen »das Loch im Fell der Zeit«.

Handelt es sich um ein Schwarzes Loch? Wären dann Löcher im »Fell der Zeit« Schwarze Löcher? Noch sind wir nicht soweit, aber wir werden später sehen, daß Nostradamus tatsächlich »Schwarze

Löcher« als die Grabstätte des Raumes beschreibt und sehr genau weiß, was er da definiert. Er beweist damit, daß er den Überblick besaß.

Ein Fell ist »eine Fläche«. Frage an die Gelehrten der Zukunft: Ist dies ein Hinweis des Nostradamus gewesen, daß man das Phänomen Zeit mathematisch wie eine Fläche behandeln muß?

»Davon als erstes wird gefunden Feuer, . . .«

Die Kernspaltung, die Kernenergie. Ist es das Feuer aus dieser Kettenreaktion, die unkontrolliert Energie freisetzt, oder der kontrollierte Ablauf, der ja bekanntlich an erster Stelle des wissenschaftlichen Interesses stand.

Das scheint nicht alles zu sein, denn da gibt es noch etwas, was Nostradamus mit »flüchtiges Wasser durch graue Verletzung« beschreibt. Irgendein chemischer Vorgang?

Wie sieht der zweite Aspekt aus? Wasser dient bei Nostradamus auch als Beschreibung des Weltraums. Eine Frage, auf die ich keine Antwort weiß. Ist das Gegenstück zu Feuer flüchtiger »Raum«, der sich kurzfristig aufbaut, wenn Energie entzogen wird?

Werden wir es noch erleben, daß das Phänomen der Relativitätstheorie »nutzbar gemacht wird«? Oder kennen wir es bereits? Könnte damit der Vorgang einer kontrollierten Kernverschmelzung zur Energiegewinnung gemeint sein?

Im **Vers 12 für Jahr 1912** notiert Nostradamus:
»Der Isolierte sucht zuvor brüchiges Neue. Das Leben der goldenen Wissenschaften wird vorher ertränkt werden.«

Dieser Vers sollte die Historiker aufmerken und nochmals in den Vorgängen Anfang dieses Jahrhunderts nachforschen lassen. War man im Jahre 1912 schon einmal auf dem richtigen Weg unterwegs zur richtigen Nutzung der Einsteinschen Erkenntnisse? Aus irgendwelchen Gründen ist die positivere Umsetzung der Relativitätsformel unterdrückt oder aus Unwissenheit in Archiven abgelegt worden.

Der erste Satz, oberflächlich auf einen Menschen gemünzt, weist in Wirklichkeit auf einen Vorgang in der Chemie hin. Da wird etwas isoliert, extrahiert oder was auch immer. Dieses sucht und verbindet sich mit etwas Instabilem.

»Das Leben der goldenen Wissenschaften wird vorher ertränkt werden.« Inzwischen kenne ich Nostradamus besser. Mit dieser Be-

merkung sagt er seiner Nachwelt: Die Wissenschaft, das Wissen, das
großen Fortschritt für die Menschheit gebracht hätte, ist vor 1912
zugrunde gegangen. Aus dem Ausdruck »ertränkt« interpretiere ich,
daß der Wissensträger – Forscher, Gelehrte, Theoretiker oder was er
gewesen sein mag – »ertrunken« sein könnte. Also bei einem Schiffsunglück, Badeunfall oder ähnlichem.

Eine wirkliche Großtat der Forschung war die Entwicklung der Mikrobiologie Anfang dieses Jahrhunderts. Wie kann es anders sein,
Nostradamus beschreibt sie.

Vers 14 für 1914
»Gesetzt in das eingeebnete Warme hundert runde Verunreiniger
Wein, Honig und Öl bauen sich im Ofen.«
Hier sind wir im Bereich der Bakteriologie. Die runden Petrischalen mit den Nährböden; Erreger von Krankheiten auf Petrischalen
aufgetragen und in Brutöfen zum Wachsen gebracht, markieren den
Beginn einer neuen Entwicklung in der Neuzeit.

Und wie wird es weitergehen? Nostradamus sieht, daß in der Fortsetzung, am Ende dieses Weges, die Herstellung von Alkohol aus Bakterien sowie von Lebensmitteln aus Bakterien möglich werden wird.
Schon heute können chemische Fabriken in großen Fermentieranlagen, den technisch weiterentwickelten Petrischalen, Alkohol und Eiweiß herstellen.

Für 1925 sieht Nostradamus den Bruch der »unsichtbaren Steine«.
Vers 20 für 1920
»Fünf, Bruch der weißen Steine.«
Gemäß der Nostradamus-Technik steht die Fünf zu Beginn der
Aussage für das Jahr – also 1920 plus 5 ist 1925: Für 1925 ist der
Beginn der Kernspaltung vorhergesagt. Weiß wird von Nostradamus
auch an anderen Stellen gerne für den Begriff unsichtbar verwendet.
Wir müssen uns vorstellen, daß weiße Steine auf weißem Hintergrund
kaum zu sehen sind. Rutherford hat um diese Zeit die theoretischen
Grundlagen der Kernspaltung bekanntgegeben, die Otto Hahn später
in der Praxis nachvollzog.

Vers 21 für 1921
»Im Tempel hoch über den Wäldern heiliges Salz man erzeugt«, und

Vers 26 für 1926
»Unwissende verunreinigen im Namen der Wissenschaften danach.«

Irgendeine wissenschaftliche »Ferkelei« muß also um 1925 passiert sein! Aus Platzgründen hat Nostradamus im Vers für 1920 mit der »Fünf« auf 1925 hingewiesen. Im Jahre 1926 weissagt er ergänzend. Etwa hundertzwanzig Jahre später spricht er von der Korrektur dieses Fehlers, womit ein Goldenes Zeitalter eingeleitet wird.

Zwar können wir heute das Rad der Geschichte nicht mehr zurückdrehen, aber ich meine, es wäre doch sehr nützlich, wenn sich kompetente Forscher, Historiker und Wissenschaftler nochmals mit den Vorgängen um 1925 befaßten und den »Kurzschluß« entdeckten. Vielleicht kann man damit sogar einen Nobelpreis verdienen!

»Abgerissen die Aufbewahrung des Windes eingeschlossen würde es besser sein.« So lautet der **Vers 27 für 1927**.

Die Formulierung »Wind« bedeutet bei Nostradamus immer etwas in Richtung Kraft oder Energie. In der für Nostradamus typischen Wortwahl »Aufbewahrung . . .« heißt das, daß die entscheidende Idee für die Kernspaltung und spätere Atomindustrie in diesem Jahr geboren wurde.

Vers 34 für 1934
»Durch die fünf Wissenschaften ein Verrat wird durchsickern.«

Seit der letzten, die Wissenschaften betreffenden Weissagung sind erst sieben Jahre vergangen. Demnach zeigt sich Nostradamus sehr ärgerlich über das Verhalten der Naturwissenschaftler, die etwas in verantwortungsloser Weise den Regierenden preisgeben. Dies ist kein Einzelfall und wird auch keiner bleiben, denn in den nächsten Jahrhunderten kommt es immer wieder zu Situationen, in denen sich Regierende der Wissenschaft bedienen, um ihre Machtgelüste zu befriedigen, und sich umgekehrt Wissenschaftler aus vielerlei Gründen der Politik andienen. Vermutlich wird hier die Entwicklung der Idee zum Bau der ersten Atombombe angeprangert. Nostradamus kritisiert also, daß sich die Wissenschaften an die Politik verraten haben.

Es vergehen nun fast fünfzig Jahre, bis Nostradamus wieder neue Fortschritte in der Wissenschaft sieht.

Vers 82 für Jahr 1982
»Das schnell Spaltende ist verwahrt von der Hand des Todes. Plötzlicher Kampf diese Majestät nicht kränken wird.«
Ich bin der Ansicht, daß hier der geplante oder vielleicht auch schon im Modell fertiggestellte Teilchenbeschleuniger gemeint ist. Mittels sehr hoher Geschwindigkeiten werden Atomkerne zertrümmert. Tatsächlich lauert eine tödliche Energie in der schnellen Spaltung, doch mit dieser Methode kommt man noch nicht an das eigentlich »Todbringende« heran.

Die nächste wissenschaftliche Großtat, vermutlich die Fortsetzung der Hinweise aus dem Jahre 1982, ist für 1997 angesagt.

Vers 97 für 1997
»Um sich loszulösen, sucht man das Feld der Auserwählten. Zuerst man die Spalte betritt siegreiche Morgenröte.«
Zur Zeit werden die ersten Teilchenbeschleuniger der zweiten Generation in Betrieb genommen beziehungsweise gebaut. Nostradamus zufolge können wir um 1997 mit einer wissenschaftlichen Sensation rechnen.
Demnach wird eine Gruppe Wissenschaftler einen anderen als den bisher theoretisch als richtig erkannten Weg gehen. Das Ergebnis wird sein, daß diese Gruppe als erste die »Spalte« betritt und damit das wissenschaftliche Rennen für sich entscheidet: Die »Morgenröte« bleibt »siegreich« über die Dunkelheit des Wissens.

Sie sehen, wir haben uns bereits unmerklich den Prophezeiungsversen des Nostradamus für den Zeitabschnitt Zukunft angenähert. Schauen wir uns an, was das 21. Jahrhundert für uns bereithält. Es vergehen etwa dreißig Jahre, es ist inzwischen 2028 geworden. Dies wird das Jahr sein, in dem drei Wissenschaftler aufgrund ihrer Forschungsarbeit die Energieversorgung der Menschen auf Erden von nun an zu einer problem- und gefahrlosen Angelegenheit machen werden.
In unbegrenzter Menge wird billige Energie zur Verfügung stehen.

Dies führt endlich zur Verwirklichung aller sozialpolitischen Träume. Die unterschiedslose Gesellschaft, wie Nostradamus sie beschreibt, ist im Entstehen begriffen. Aber erst einmal zurück zum Ereignis selbst:

Centurie X, Vers 28 für 2028
»Das Geheimnis kennt man – und drei gründen die erste Musik. Werden sein durch den König in Ehren unsterblich macht.«

Tatsächlich liest man noch einmal fünfhundert Jahre später, wie Nostradamus darauf Bezug nimmt. Es muß also etwas Ungeheuerliches, Großartiges, im positiven Sinne Folgenträchtiges sein. In diesem Vers wird wohlgemerkt eine Gruppe von Wissenschaftlern gefeiert. Nun zur näheren Beschreibung der aufsehenerregenden Erfindung oder Entdeckung.

Vers 29 für 2029
»Vom Pol für tausend Jahre die Sonne in die veränderliche Höhle gebracht. Versteckt und gefangen nach außerhalb gezogen durch den Bart gefangen geführt. Wie Kranke die Masse der Eingeweihten. Der Hof des Bärtigen in Zuleitung nach den vier Bäumen.«

Was mit dem »Pol« gemeint ist, läßt sich heutzutage nur schwer interpretieren. Nostradamus benutzt diese Bezeichnung gerne für Drehpunkte. Folglich könnte man an einen der beiden Pole dieser Erde oder an eine kreisförmige Teilchenbeschleunigeranlage denken. »Sonne« könnte durchaus für Kernverschmelzung stehen. Eine »veränderliche Höhle«, ein größer und kleiner werdender unterirdischer Raum, könnte zum Beispiel ein Teilchenbeschleuniger sein, dessen Geheimnis in einer Verdichtung und Verdünnung besteht. Offenbar ist diese Beweglichkeit der Apparatur – also vielleicht die Kompression und Dekompression – das entscheidende Konstruktionsmerkmal. »Versteckt und gefangen« könnte für unterirdisch und abgesichert sowie für elektromagnetische »Teilchenfallen« stehen. »Nach außerhalb gezogen durch den Bart« deutet wohl auf nach außen führende Energieableitungen hin. »Wie Kranke die Masse der Eingeweihten« meint vermutlich viele Wissenschaftler, die offenbar krank vor Forschungs- und Entdeckungsgier oder vor Begeisterung sind. »Der Hof des Bärtigen in Zuleitung nach den vier Bäumen« könnte heißen, daß die gewonnene Energie aus dem Inneren der Anlage zu vier Masten hingeleitet wird.

Nun geht es weiter Schlag auf Schlag.

Vers 30 für 2030

»Durch den Beinamen unterhält man das Tor, das entdeckt wurde. Wird sein gejagt – hingestellt zum Sterben – nackt gejagt. Aus Rotem und Schwarzen umgewandelt – ihr Grün.«

Stichwortartig meine Deutungsvorschläge: »Gejagt«: Etwas wird beschleunigt. »Hingestellt zum Sterben«: in eine bestimmte Position gebracht, um eine Zertrümmerung zu ermöglichen. »Nackt gejagt«: Das von der (Elektronen-)Hülle Befreite, also »nackt« Gewordene, wird erneut beschleunigt. »Aus Rotem und Schwarzen umgewandelt«: Rot = heiß und Schwarz = kalt? Etwas Neues entsteht, das Endprodukt beschreibt Nostradamus mit »Grün«. Eine weitere Beschreibung folgt nun für das Jahr 2034.

Vers 34 für 2034

»Durch das derbe Pferd – Zeit der riesigen Gewölbe. Der Tatsachen wegen das Seltene lange Zeit wird eingezäunt sein.«

Nostradamus sagt, daß riesige Gewölbe gebaut werden. Allerdings ist die Herstellung der Energie mit einem Abfallprodukt (»Tatsache«) verbunden, das für lange Zeit unzugänglich bleiben muß. Irgendwie kommt einem das doch recht bekannt vor, wenn man an die Atomenergie unserer Tage denkt.

Vers 44 für 2044

»Bergkuppe ist Herz der Röhre und der tropfsteinartigen Materie.«

Sechzehn Jahre nach der Ergründung des Geheimnisses der neuartigen Energiegewinnung scheint man die endgültige Bauweise dafür gefunden zu haben. Die Anlage ist in einem Berg installiert. Das Herzstück besteht aus einer Röhre, möglicherweise, weil man innerhalb der Röhre den Raum verdichten kann. Beim letzten Hinweis auf eine »tropfsteinartige Materie« müssen wir vom derzeitigen Informationsstand aus leider passen.

Ab 2044 können wir davon ausgehen, daß der Menschheit billige Energie in unbegrenzter Menge zur Verfügung stehen wird. Damit ist ein Meilenstein für die nächsten Jahrhunderte errichtet worden, und wir werden nun sehen, wie vieles für Forschung und Wissenschaft leichter wird. Da geht es schon einige Jahre später weiter:

»Pflanzen, die tierisches Eiweiß wachsen lassen – Das Steak wächst künftig am Baum.« So könnte eine künftige Schlagzeile lauten. Bitte, nehmen Sie diese Überschrift nicht tierisch ernst, obwohl etwas Wahres daran ist. Durch die billige Energie werden die Kosten für die Lebensmittelgewinnung drastisch gesenkt werden können, weil man viele Nahrungsmittelproduktionen im Stahltank erheblich besser als auf der Erdkrume wird ausführen können. Voraussetzung ist, daß es den Wissenschaftlern gelingt, Pflanze und Tier zu kreuzen, so utopisch und vielleicht auch ketzerisch sich das jetzt noch anhören mag. 2052 ist es soweit.

Vers 52 für 2052
»Zu der Bodenhefe will man werfen Zellgewebe, damit es sich verheiratet. Es werden sein die Edelmütigen – die dieses für lange Zeit handhaben werden. Am Ort des Afters – Irrtümer wo die Kröte kutschiert. Spielt nicht – seid wachsam – wegen der Bequemlichkeit, die die indischen Freunde lieben.«

Diese wissenschaftliche Großtat wird in Amerika gelingen (Indien war für Nostradamus das heutige Amerika). Sie ist »edelmütig« deshalb, weil ab sofort keine Tiere mehr, unsere Mitgeschöpfe auf dieser Erde, zur Nahrungsmittelbereitstellung für uns Menschen geschlachtet werden müssen! Allerdings lauert eine Gefahr durch Mutation in den Abwasserkanälen. Wir lesen später in anderen Versen von der Freude der Menschen, daß sie die Wasser wieder in die Kanäle leiten können. Trotz allem wird jenes herausragende Ereignis das Leben auf unserer Erde besonders positiv beeinflussen, weil Nostradamus schon vierzig Jahre später sieht, wie alles Lebensnotwendige billig wird – ja, sogar vom Staat kostenlos zur Verfügung gestellt werden kann.

Nostradamus fährt dann fort, gleichsam um seine Leser zu beruhigen.

Vers 53 für 2053
»Das große Salz der Einweihung wird der Beschützer sein. Der Name des Zeitalters wird beinhalten eine schöne weiße Straße.«

Im Jahre 2054 wird es den energischen Versuch geben, die Universalnaturgesetze der Schöpfung zu entdecken:
Vers 54 für 2054
»Geboren von dieser Welt – durch die aneinandergefügten Körper – göttliches Geheimnis – Bei der zwei hochgestellt, durch sie traurige Neuigkeiten.«

Hier beschreibt Nostradamus den Versuch unserer Nachkommen, eine besondere Raumstation zu bauen, deren Zweck es sein wird, das oder die Naturgesetze im All zu identifizieren. Dieser Versuch mißlingt, oder unsere Nachfahren erkennen die Grenzen, die dem Menschen gesetzt wurden. Jedenfalls macht sich Enttäuschung breit.

Nostradamus läßt seine Leser weiterhin nicht allein, zumal die fünfziger Jahre des nächsten Jahrhunderts voller großartiger Geschehnisse sein werden. Er beschreibt ein Experiment mit einem »Schwarzen Loch«.
Zuvor aber noch die Fortsetzung aus **Vers 54 für 2054**:
»Die unglücklichen Knoten werden gefeiert werden. Darüber große Freude sein wird – aber das Ende ist unglücklich.«

Man versucht offensichtlich, neue Verbindungen im Weltraum herzustellen, die scheinbar zunächst gelingen, aber dann doch zum Fiasko führen werden.

Auch die »Hochzeit mit dem schwarzen Meer« wird ungnädig aufgenommen.
Vers 55 für 2055
»Beide tot, und das Schwarze ist sehr erbärmlich.«

Wir werden künftig immer wieder von schwarzen »XY« hören. Ich identifiziere solche Hinweise mit Schwarzen Löchern, und Sie werden sehen, daß sich dies im Verlaufe der Voraussagen bis 2600 mehr und mehr als richtig erweist.

Vers 56 für 2056
»Der Nagel der Zeit stirbt – lebt im Getötetsein – wie ein Baumstumpf.«
   Da haben wir ein Indiz, daß ich mit meiner Vermutung richtig liege. In einem Schwarzen Loch herrscht Zeit- beziehungsweise Raumlosigkeit, wenn man Stephen Hawkins folgt.

Die Beschreibung einer Weltraumexpedition, die große Erfolge bringen wird, finden wir für 2057 vorhergesagt:
Vers 57 für 2057
»Das unter dem sich Erhebenden befindliche – nicht umsetzbare – Zepter der Töne – Wird den Wissenschaften Jahre des Spiels gebären – davon ganz große Ehrungen.«
   Es scheint sich um einen neuen Antrieb für Raumfahrzeuge zu handeln. Die Erfolge der Wissenschaft reißen nicht ab.

Im **Vers 58 für 2058** heißt es dann: »Versuche in der Grube der Wissenschaft gelingen – Einvernehmen wird erhalten.« Und weiter im Jahre 2059: »Für vier Jahre entsteht gefesselter Wind – der Kopf tötet die nicht atmen – Abreise unter edler Führung steht bevor – lange Schleppe. Und man entdeckt Grünes – Parabolisches der Masse – Zeit der Einweihung.«
   Es gelingt, die neue Energieform für vier Jahre zu binden, so daß man auf Vorrat produzieren kann. Dadurch sind Weltraumunternehmungen möglich, die viele neue Entdeckungen machen und zu neuen wissenschaftlichen Erkenntnissen führen werden.

Laut Vers 79 für 2079 wird man einen weiteren Aspekt und eine weitere Anwendungsmöglichkeit der Physik entdecken. Nostradamus weist hier erstmals darauf hin, daß sich Wissenschaft und Forschung nun mehr und mehr nach Osten verlagern werden:
Vers 79 für 2079
»Zeit der gleichen Physik im Osten kommt.«

Vers 84 für 2084
»Die Natur wird sehr erhöht – Hohes wird nicht gestürzt – Die vier Künste kehren zurück – Es kommt die Zeit, wo sie zufrieden sich vereinigen.«

Damit klingt ein für Wissenschaft und Forschung dynamisches Jahrhundert aus. Aus allen Formulierungen, die Nostradamus gebraucht, kann man ersehen, daß er mit dieser Entwicklung in seiner Gesamtschau durchaus einverstanden und zufrieden ist.

Wenn die Glocken das 22. Jahrhundert einläuten, werden die Menschen auf der Erde rückblickend sagen können, daß es dank Wissenschaft und Forschung ein sehr, sehr gutes Jahrhundert gewesen ist.

Die goldene Zeit für Wissenschaft und Forschung setzt sich auch noch im 22. Jahrhundert fort.

In **Centurie I, Vers 1 für 2101** schreibt Nostradamus:
»Osten verhilft zuvor Vier zum Sieg – Geheimnisse erforscht man.«

Damit bestätigt sich unsere Annahme, daß sich der Schwerpunkt von Wissenschaft und Forschung in Richtung Japan/China verlagert hat.

Im **Vers 2 für 2102** erwähnt Nostradamus, daß es nun gelungen ist, die Verunreinigungen der Kanalisationen, die durch die Gewinnung von tierischem Eiweiß aus Pflanzen entstanden waren, wieder zu entfernen:
»Hat man die reinigenden Herstellungsverfahren in der Hand, wird es in das Wasser der tausend verzweigten Orte geleitet.«

Im selben Vers kündigt Nostradamus an, daß seine visionäre Schau ihm gezeigt hat: »Die Herrlichkeit Gottes, das Göttliche, ist nahe, um sich niederzulassen.« Die Wortwahl läßt darauf schließen, daß um 2101 erneut die Chance besteht, die universelle Schöpfungsformel, die alle Erscheinungsformen erklären wird, zu identifizieren.

Und es scheint sogar gelungen zu sein, denn etwas mehr als eine Dekade später sieht Nostradamus für das Jahr 2113 voraus:

Vers 13 für 2113
»Im Weltraum hat man Strahlendes hergestellt – dort befindet sich der Bestandteil Gottes. Im geheimen hat man sich getroffen und spricht über die tausend wissenschaftlichen Erkenntnisse und über die alten Wissenschaften, gegen die sie sich erhoben haben.«

Dieser Orakelspruch des Nostradamus gehört zu den wirklich bedeutenden Glanzlichtern seines Prophezeiungswerks.

Was wird geschehen? Auf einer Raumstation wird man etwas herstellen, das entweder Energie abgibt oder im herkömmlichen Sinne strahlen wird. Ein strahlendes Etwas wird hervorgebracht, das mit einem Teil des Naturgesetzes der Schöpfung identisch ist. Über diese Entdeckung wird man zu einer Unzahl von wissenschaftlichen Erkenntnissen kommen, die von solcher Tragweite sein werden, daß man im geheimen über alle Konsequenzen berät, bevor man die Entdeckung bekanntgibt.

So können wir nur spekulieren, was das für Auswirkungen sein werden. Nostradamus gibt sie in seiner Art schon vorab bekannt: Fehler und Irrtümer der bisherigen Wissenschaften werden auf einen Schlag erkannt. Das dürfte im ersten Augenblick zu einer heftigen Diskussion unter den etablierten Vertretern der einzelnen betroffenen Fachzweige führen.

Nach diesem Höhepunkt für Wissenschaft und Forschung tritt eine Pause ein. Vermutlich werden die Konsequenzen aufgearbeitet. Es ist 2128, und Nostradamus gibt dieser Zeit noch einen weiteren Hinweis, möglicherweise, weil man mit einer der neuen Erkenntnisse nicht richtig fertig wird.

Die Seherbotschaft für die Menschen des Jahres 2128 lautet:

Vers 28 für 2128
»Die Zeit als Radius gebrauche und die Eins befreie – welch tödlicher Stachel!«

Inzwischen sind wieder fünfzig Jahre vergangen. Für das Jahr 2170 sieht Nostradamus, daß sich in Frankreich eine neue Methode der Wissenschaft entwickelt:
»Man spricht über die Einweihung die in Gallien beginnt.«

Wir kennen die Methode, mit der Nostradamus seine Visionen protokolliert. Er erwähnt den Anfang einer Entwicklung, siehe Vers 2170. Worum es geht, legt er später, hier für das Jahr 2177, als Notiz nieder:

Vers 77 für 2177
»Zwischen zwei Meeren erbaut wird die Förderung. Bis sie dann sterben wird durch den Tod des Pferdes. Zwei Tore werden gebaut – Hundert verlassen die Nähe des rosa Pferdes.«

Hier beschreibt Nostradamus ein Projekt: Eine Förderung, etwas, was geschaffen wird, existiert so lange, bis das Vehikel dafür (»Pferd«) verbraucht ist. In der Anlage gibt es zwei Möglichkeiten, das Produkt zu entnehmen. Durch diese Ausgänge werden große Mengen abgezogen, indem man sie vom rosa Vehikel trennt.

Es ist müßig, heute darüber weiter zu spekulieren. Trotzdem bleibt es faszinierend, einen ersten Blick in diese Zukunft geworfen zu haben.

Im **Vers 81 für 2181** folgt versteckt die Fortsetzung des Hinweises zur Mathematik aus dem Vers 2128:
»Kopf nicht T – hurra. T ist gleich A. zweifach D. A Tausend Schätze, die verbannt sind, ins Quadrat gesetzt.«

Sicher ist es vergnüglich, darüber nachzudenken, was wohl hinter dieser geheimnisvollen Formel zu finden sein wird. Erfahrungsgemäß sind aber alle Versuche, den Inhalt einer solchen Aussage vor der Zeit zu nutzen, zum Scheitern verurteilt.

Der Seher wendet sich dann einer anderen Thematik zu, die zunehmend die Welt verändern wird:

Vers 91 für 2191
»Bevor das Feuer des Himmels erfunden wird, werden sich die Zwei duellieren. Gegen das, was zur linken Hand ist, die größte körperliche Pein sein wird.«

Nostradamus beschreibt den Entwicklungsbeginn der künstlichen Sonnen zur Beleuchtung der Nachtseite der Erde. Viel Positives wird diese Erfindung noch bringen, trotzdem sind, wie man später sieht, ganz große Probleme zu erwarten. Eine der beiden künstlichen Sonnen wird durch technisches Versagen eine Katastrophe für die Menschen auf Erden bringen. Knapp neunzig Jahre nach diesem Jahrtausendereignis der Wissenschaften und deren folgender Blütezeit kommt es zur Krise.

Centurie II, Vers 1 für 2201
»Gegen Eins werden die Wissenschaftler wegen der Angriffe fliehen. Ihre Abreise gleicht selbst großen Überfällen.«

Soviel scheint klar zu sein: Die Wissenschaftler können ihre Arbeiten nicht mehr weiter fortsetzen. Irgendein Meinungsumschwung der Menschen zwingt sie zur Flucht.

Auch im folgenden Vers 2 für das Jahr 2202 sieht es in der Visionsschau des Nostradamus nicht besser aus:
Vers 2 für 2202
»Dann der Prinz der Wissenschaften dem König den Preis nennen wird.«

Mein Deutungsversuch: Dem verantwortlichen Regierenden wird eine Expertise präsentiert, welche die Folgen des Massenexodus der Wissenschaftler vor Augen führt. Offenbar für die Zeit um 2201 ein wichtiges Ereignis, denn sonst hätte Nostradamus es nicht festgehalten.

Inzwischen sind weitere zehn Jahre vergangen, und die Folgen aus den Vorgängen zu Beginn des Jahrhunderts scheinen wohl abgemildert worden sein, denn nun tritt etwas gänzlich Unerwartetes ein:
Vers 11 für 2211
»Aber ihre Wissenschaftler werden mit den Jahren die Regierung entmachten und große Fortschritte machen.«

Drei Jahre später, im Vers für 2214, prophezeit Nostradamus den Wissenschaftlern, die inzwischen die politische Macht übernommen haben, besonders großen Erfolg. Seine Worte sind so gewählt, daß wir von seinem grundsätzlichen Einverständnis mit dieser Entwicklung ausgehen können.

»Im Turm, der bewacht ist, werden durchdringende Augen sein. Einmal entdeckt, lacht für lange Zeit der große Druck der Wissenschaft. Kämpferisch, wachsend, gewaltig, unübertrefflich.«

Und als weitere Bestätigung im **Vers 17 für 2217**:
»Genährt, weggeworfen es sich erhoben hat und siegreich ist ausgegoren von tausend Wissenschaftlern.«

Danach kommt es jedoch zu einer neuen, gegenläufigen Entwicklung. In den Versen 26 und 27 für die Jahre 2226 und 2227 schreibt Nostradamus, daß der Chef der inzwischen auch mächtig gewordenen raumfahrenden Menschheit die öffentlichen, allen zugänglichen Vorteile der Wissenschaften unvermittelt für sich allein beansprucht und sie den Erdenbewohnern vorenthält.

Vers 26 für 2226
»Dann der Engel der Luft die These der Wissenschaft einschließen wird – Von den Engeln wo tausend Vorteile ertrunken sich durch den Schlag der Beschnittenen.«

Vers 27 für 2227
»Das göttliche Wort wird zerstört, der Himmel verwundet, welcher nicht wird fortsetzen können das Vorherige – Zerstört wird sein der Schatz, der vorher das Geheimnis des Ostens verdeckte. Daß man marschieren wird zum Teil darunter und davor.«

Zwar kommt es anscheinend 2232 noch zu einem weiteren großen wissenschaftlichen Ereignis, aber der Trend gegen die Wissenschaften setzt sich mehr und mehr durch.

Vers 32 für 2232
»Die Tatsache des heiligen Schmelzes ist zusammengeführt im Einschnitt der Materie. Streit ist gegeben. Zwei im Osten nahe des Balls entstehen.«

Es geht hier vermutlich um Plasma, die Zustandsform also, die im Universum am häufigsten vorkommt, daher »heilig« nicht im Sinne von Religion, sondern im Sinne von »der Regelzustand«. »Einschnitt« könnte man mit Abgrenzung von Raum und Zeit zu irgend etwas anderem auslegen. Darüber wird es einen wissenschaftlichen Disput geben. Möglicherweise ist man theoretisch so weit, daß man die Grundlagen erkennt, wie eine kritische Masse als Sonne gezündet wird. Es deutet einiges darauf hin, daß dieser Streit zur zeitweisen Ausrottung oder Unterdrückung der Wissenschaftler führt.

Vers 34 für 2234
»Das Unversöhnliche die Wissenschaften in einem entsetzlichen Kampf tötet.«

Aber damit ist ja nicht das Ende aller Wissenschaften eingeläutet worden.

Im **Vers 43 für 2243** setzt Nostradamus unvermutet seine »Weltformel« fort: »P zu T dort Schlangen auf die Grenze gestellt.«

Über viele weitere Jahre und Jahrzehnte sieht Nostradamus die Wissenschaften in einer Auseinandersetzung mit anderen Strömungen innerhalb der Weltbevölkerung:
Vers 52 für 2252
»Hundert Vorteile der Wissenschaften auf zwei Meeren schwimmen werden.«
Vers 63 für 2263
»Die Fahne des Meeres, die nicht eingeweiht ist, macht durchlässig das Leuchtende.«

2279 sieht es so aus, als ob es den Wissenschaftlern gelungen ist, die Vorteile eines Schwarzen Lochs zu beherrschen und abzuleiten:
Vers 79 für 2279
»Das Bärtige schwingt, und das Schwarze ist das Werkzeug. Begeistert wird die Rasse sein und doch grausam ausgebeutet. Der große Cäsar des Bockgestanks der Knochen im Zeitalter der lange andauernden Wissenschaften erscheinen wird.«

Nostradamus ist von einer derartigen Entwicklung nicht begeistert. Im Gegenteil, er benutzt Worte, die darauf hindeuten, daß diese Technik zu einer für uns heute noch nicht vorstellbaren Ausbeutung der Menschen führen wird.

In der nächsten Prophezeiungssequenz kann man den wissenschaftlichen Hintergrund nachlesen:
Vers 80 für 2280
»Nach dem Streit in der Luft die Beredtsamkeit vorherrscht. Das Bärtige hat den Kopf der Zeit, es einrastet mit dem in das Innere gestellte. Der Punkt, wo man den Zugang gestattet für die große Befreiung. Von den Sinnen nicht gestellt sind Zurückgestellte im rechten Augenblick.«

Im Jahre 2280 sieht Nostradamus, daß der Streit im Weltraum, verursacht durch die raumfahrenden Menschen, durch die weiteren Fortschritte in der Wissenschaft offenbar beigelegt worden ist. 2180 ist der Meilenstein, an dem ein weiterer Schritt zur Erkenntnis der

»Vierten Dimension« vollzogen wird. Da wir in den nächsten Jahrhunderten bei Nostradamus vielfach den Hinweis bekommen, daß die Menschen das Phänomen Zeit beherrschen und für sich nutzen werden, dürfte das Jahr 2280 der erfolgreiche Beginn für diese Entwicklung sein.

Nach weiteren zwanzig Jahren gewinnt erneut die Strömung gegen die Wissenschaftler die Oberhand, denn es setzt eine Verfolgungswelle ein, die Nostradamus drastisch beschreibt.

Centurie III, Vers 1 für 2301
»Gegen Eins [2301] werden die Wissenschaftler wegen der Angriffe fliehen. Ihre Abreise gleicht selbst großen Überfällen.«

Das alles klingt so, als ob es zu Beginn des 24. Jahrhunderts zu einer Flucht Hals über Kopf kommt unter Mitnahme dessen, was in der Eile zu greifen möglich ist.

Wir gelangen zum Jahr 2302. Hierfür sagt der Seher den größten Triumph menschlichen Geistes voraus: bahnbrechende grundlegende Erkenntnisse über das Universum und die Schöpfung.

Vers 2 für 2302
»Das geheimste Naturgesetz wird von denen, die in der Materie leben, entdeckt. Es enthält das Geheimnis des Universums, der Erde und das Verborgene der mystischen Milch. Körper und Seelen – der Geist wird die ganze Macht über sie haben. Vieles unter ihren Füßen wird sein wie beim Thron dieses Bundes.«

Ich enthalte mich bei diesem Vers bewußt einer jeden Interpretation. Die Worte sprechen für sich – deutlicher kann man wohl nicht mehr beschreiben, daß ein sensationeller Quantensprung in Wissen und Erkenntnis des Menschen stattfindet. Ich gebe gerne zu, daß mich »das Geheimnis des Verborgenen der mystischen Milch« besonders interessieren würde.

Vers 3 für 2303 dürfte noch einen Nachsatz zum Vorhergehenden darstellen:
»Das Herz wird erforscht These für These, bis man verblüfft ist.«

Ich vermute, daß mit dem »Herz« das Zentrum des Universums gemeint ist.

Die Aufarbeitung dieser Erkenntnisse zieht sich aus Sicht der Wissenschaft etwas hin. Für das Jahr 2306 schreibt Nostradamus:

Vers 6 für 2306

»In vier Jahren [also 2310] die Grundlage des verschlossenen Tempels wird erforscht sein.«

Die Erkenntnis aus dieser Arbeit wird zu einer schweren psychischen Belastung der dann lebenden Generation führen, denn Nostradamus fährt im selben Vers fort:

»Die Stadtbewohner werden dadurch starken Belastungen ausgesetzt. Bei der Fünf bis zur Zehn wird das Können der Menschen, das man gemartert hat, bekannt sein, seit die Menschen den Weg der Pein gingen.«

Es geht hier wohl um die Geschichte der Menschheit, die Gründe für das Dasein und die Aufgabe der Menschen, mit der sie auf die heutige Erde geschickt wurden.

Im Jahre 2317 kommt es zu einem Problem mit den künstlichen Sonnen, von dem wir schon etwa hundert Jahre zuvor gelesen haben. Nostradamus sieht:

Vers 17 für 2317

»Man beschließt, die Kraft der Forschung zu nutzen. Verbrannt wird das nächtliche Feuer sein – Der finstere Himmel alles auf einen Schlag im Jahr bestimmen. Wenn der Berg der Arche jagen wird ihr neues Feuer.«

Man ist bemüht, das Problem in den Griff zu bekommen, aber siebzehn Jahre später ist die Katastrophe da:

Vers 34 für 2334

»Wenn der Fehler in der Höhe die Sonne töten wird, dann wird es geschehen. Am folgenden Tag die dreizehn Monate brennen werden. Alles auf andere Art man auf der Erde deutet. Ein hoher Preis, weil man nicht aufgepaßt hat, nichts nicht dort sein wird für das Feuer.«

Rund zwanzig Jahre sind seit der Katastrophe mit den künstlichen Sonnen vergangen, aber man hat bereits allem Anschein nach für Ersatz gesorgt, und schon gibt es neue Schwierigkeiten:

Vers 53 für 2353
»Wenn die zwei Leuchten gerühmt werden, ist große Wut über den Preis. Festhalten wird der Herrscher nichts als Wasser, um zu werfen diejenigen der Bälle.«

Die Ära der gesellschaftlichen Dominanz durch die Wissenschaften ist im Jahre 2359 vorläufig vorbei:
Vers 59 für 2359
»Durch die Entmachtung der Wissenschaft, von der sie sprechen, das Leben zu einem Viertel schäbiger wird.«

Diese Krise der Wissenschaft geht von Asien aus und wird längere Zeit die Entwicklungen und Fortschritte stören, denn im nächsten Vers für das Jahr 2360 prophezeit Nostradamus:
Vers 60 für 2360
»Durch ganz Asien große Ächtung Gottes erfolgt. Selbst die Wissenschaft ist preisgegeben, eingefroren zu werden und aufgewickelt zu sein.«

Und vier Jahre später stellt Nostradamus fest:
Vers 64 für 2364
»Der Herr der zwei Lüfte sich füllen und wieder vergrößern wird. Ruhe für lange Zeit der großen Grenze der Chemie.«

Vers 85 für 2385
»Angriff wird erfolgen auf zweiundfünfzig Forscher nahe der Höhe. Er und alle sterben, weil sie sehr getäuscht wurden.«

Das Jahrhundert endet also mit einem Tief für die Wissenschaften. Trotzdem wird der Forscherdrang nicht generell aufzuhalten sein. Denn schon zu Beginn des nächsten Jahrhunderts haben sich weitere Erkenntnisse in aller Stille durchgesetzt.

Centurie IV, Vers 4 für 2404
»Große Lehre über die vergängliche Erde im unendlich verschleierten Meer.«

Diesen prophetischen Hinweis kann man nur so deuten, daß es den Menschen möglich geworden ist, die Zusammenhänge der Erde und des Sonnensystems sowie das Zusammenspiel im Universum wissenschaftlich zu erforschen. Wichtiger erscheint mir, daß wir den Begriff »Meer« im Zusammenhang mit Weltraum oder Universum beachten sollten, weil es uns dadurch leichter fällt, auch die Möglichkeit in Betracht zu ziehen, daß Noah mit seiner Arche nicht über die Meere oder Wasser »geschippert« ist, sondern daß seine Arche ein Raumschiff war!

Vermutlich zum selben Thema schreibt Nostradamus einen weiteren recht geheimnisvollen Verstext, der sicher auf die Gesetzmäßigkeit der vorangegangenen Erkenntnisse Bezug nimmt:
Vers 8 für 2408
»Die sechs Würfel dieser alten Heiligen – welche Kraft der Einweihung. Finde die bewachte Stätte und die rombusförmigen Zugänge.«

Das 25. Jahrhundert scheint noch mehr Enttäuschungen für die Wissenschaften bereitzuhalten. Im **Vers 13 für 2413** weissagt Nostradamus:
»Der Bericht ist fertiggestellt, das Lager ist niedergeschmettert. Das Banner der vereinigten Wissenschaftler wird sehr rebelliert haben.«

Und weiter im **Vers 17 für 2417**:
»Wechselt die schöne Zeit, ist es nicht schädlich für das Schleppnetz und das zweifach Chemische.«

Trotz dieser Rückschläge scheint es doch das Jahrhundert der totalen Chemie zu werden:
Vers 23 für 2423
»Die Lehre der Chemie in vier Jahren die Gruppe erforscht haben wird. Das Geheimnis des Kalks entdeckt man – magerer Schwefel und Pech werden verbrennen.«

Nach weiteren vierzehn Jahren sind vermutlich auch die Wissenschaften allgemein wieder zu Ehren gekommen.
Vers 37 für 2437
»Wissenschaftler werden geboren – zehntausend geboren werden, acht werden in die rote Abteilung gestoßen.«

Vers 42 für 2442
»Was für ein Schiff ist dasjenige der Engel für den Teil, der die Zehn hat – Lehre der acht Wissenschaften, die Schätze und Öl hat. Und der Teil der wieder adelig gewordenen Gefangenen auf dem Berg, der die begrenzten Wissenschaften pflegt.«

2453 scheint das Pendel in die gegensätzliche Richtung auszuschlagen. Die Wissenschaftler rächen sich für ihre Verfolgung:
Vers 53 für 2453
»Die Flüchtenden und Verbannten widerrufen. Väter und Söhne gewaltig ausstatten die Schächte in den Höhen. Der grausame Vater und seine Wissenschaftler sich verstärken. Seine Söhne mit noch Schlimmerem überschwemmen den Brunnen.«
Vers 55 für 2455
»Wenn die Krähe über alle chemischen Ziegel gesetzt ist. Während sieben Stunden nichts als schreien wird.«

Diese beiden Verse sollten wir auch noch in einem anderen Zusammenhang sehen. Etwa zu dieser Zeit wird ja das von den Menschen – vermutlich über einen Eingriff in die Gene – mutierte und dienstbar gemachte Tier entarten. Denkbar, daß die Entartung nicht aufgrund einer Zufallsmutation, sondern bewußt durch die sich rächenden Wissenschaftler zustande gekommen ist. Eine entsetzliche Vorstellung.

Zehn Jahre später prophezeit Nostradamus in der ihm eigenen Art, daß sich nun eine neue Wissenschaft der »nichtatmenden« Wesen beziehungsweise Rasse oder Daseinsform durchsetzen wird. Der Text lautet:
Vers 65 für 2465
»Die Wissenschaft der Luft in der Stunde der großen Festung. Nachdem es ein Ort des Überflusses war. Das Tönende vernichtet die Luft, was für Heldentat.«

Merken Sie auch, daß es für uns immer schwieriger wird zu verstehen, was da binnen fünfhundert Jahren von Nostradamus vorhergesagt wird?

Wir befinden uns jetzt bereits im 26. Jahrhundert. Es hat wenig Sinn, aus den Ausführungen des Nostradamus großartige Interpretationen ableiten zu wollen – dazu ist die Zukunft unvorstellbar weit und komplex und sind die Prophezeiungen zu rätselhaft –, aber der Vollständigkeit halber sollten wir uns die Texte wenigstens ansehen. Und es bleibt doch auch reizvoll, ein bißchen zu »spekulieren«.

Centurie V, Vers 5 für 2505
»Unter dem Schatten der Knochen befindet sich der Kopf der Erde die Lehre des ganzen Lebens.«

Ich sehe darin einen Hinweis auf die mentalen Datenbanken, die von unseren Vorfahren für eine bestimmte Phase unserer Endentwicklung auf dieser Erde hinterlegt worden sind. Hierbei geht es in erster Linie darum, was wir mit Staunen entdecken werden: alles über unsere Flucht auf diese Erde, alle Koordinaten, alle Kommunikationen zwischen Urheimat und unseren geflohenen Altvordern sind aufgezeichnet worden. Diese Aufzeichnungen werden uns sichermachen, den richtigen Weg zurückzufinden.

Vers 7 für 2507
»Suchen zuvor wird man gründlich den Schatz des rätselhaften Endes. Diejenigen die das Talent wenden, nicht zum Schlaf kommen werden. Dies sind gewiß tausend Bäume und graue Pi, gesetzt in Vereinigung.«

Um zu verstehen, sucht man um 2500 nach der Ursache für unsere sterbende Sonne.

Vers 28 für 2528
»Wenn die Materie der Brücke geöffnet sein wird.«

Handelt es sich um das Wissen oder die Fähigkeit zu Raumsprüngen? Man entdeckt einen kausalen Irrtum, der dadurch entstanden ist, daß wir Menschen alles nach den Gesetzmäßigkeiten einer vom Atem abhängigen Lebensform betrachten. Tatsächlich dürften Zeitreisen nur möglich sein, wenn wir nicht mehr atmen müssen!

Vers 36 für 2536
»Die Lehre eröffnet der Irrtum der Luft durch Vortäuschung einer Finte. Wird kommen das Aussätzige rötlich im Mineralischen.«

Vers 57 für 2557
»Sein wird getötet der Berg, der übersättigt ist. Das Enge kommt an. Wenn durch das Loch getötet der Raum gezogen wird beschützt. Zwischen zwei Felsen gefangen sein wird die Beute.«

Da haben wir es nochmals mit der Beschreibung eines Schwarzen Lochs zu tun. Der Begriff »Berg« wird auch gerne für einen Planeten benutzt. Es ist faszinierend, wie Nostradamus vor vierhundertfünfzig Jahren schon ein Phänomen vorweggenommen hat, das in unserer Zeit durch den Physiker Hawkins theoretisch untersucht wurde. Das Schwarze Loch – die Singularität. Kein Raum – auch keine Zeit? Und da gibt es laut Nostradamus doch noch eine vorteilhafte »Beute« für uns Menschen.

Vers 58 für 2558
»Vom Aquädukt aller Wissenschaften die Zählung gehalten wird. Bewacht das Schmierige. Durch Wald und Berg unzugänglich. In der Mitte der Brücke wird sein eine Tasche in der Faust. Die Kette gebrauche solange, es wird schrecklich sein.«

Das ist der letzte Vers, der auf Wissenschaft und Forschung im 26. Jahrhundert hinweist.

Ausblick

Die nächsten Jahrhunderte bringen mehr und mehr Entwicklungen, die für uns trotz ausuferndster Phantasie unverständlich bleiben werden. Nostradamus beschreibt Wissenschaftler, die in die größten Geheimnisse der Plasmaphänomene eindringen, die in der Lage sind, Materie von einem Planeten zum anderen zu transportieren – und das in gigantischen Mengen. Grundlage scheinen die Gesetzmäßigkeiten zu sein, die uns das Atom noch lehren wird.

10.
Die Entwicklung der christlichen Religion in den nächsten fünfhundert Jahren

Einige Vorbemerkungen

Nostradamus war in den Augen seiner Mitbürger von Salon en Provence streng katholisch. Gleichzeitig pflegte er aber bestimmte jüdische Traditionen. Gelänge es mir nicht, Schritt für Schritt in seine Welt einzudringen, so müßte ich an dieser Stelle ratlos die Frage stellen, ob er ein Heuchler war. Dieses Kapitel wird nach meiner Ansicht recht augenfällig dokumentieren, warum wir heute eine Reihe von Menschen – ich denke besonders an Papst Leo X. – unter dem Eindruck des durch Nostradamus gewonnenen Wissens rehabilitieren müssen. Dies ist bei Nostradamus selbst zwar nicht nötig, aber seine Haltung bedarf doch einer Erklärung.

Er verwendet jüdische Gepflogenheiten in seiner Schrift, indem er seine Prophezeiungen als Buchrolle von 400 mal 360 Buchstaben anlegt.

Auf der anderen Seite ist er ein praktizierender Katholik, der von den protestantischen Ideen des Dr. Martin Luther nichts wissen will. Er kauft sich ein Grab im Kloster der Barmherzigen Brüder, gibt alle Rituale wie Seelenmessen für die Zeit nach seinem Tode in Auftrag und bezahlt wie damals üblich im voraus.

Nostradamus war kein Heuchler, das paßte nicht zu einem Mann, dessen umfassendes Wissen über die Menschheit – woher sie kommt, wohin sie gehen wird – Bestandteil seines Lebens geworden sein muß. Er galt indes als Zyniker mit scharfer Zunge. Das ist verständlich angesichts seines Wissens von den Dingen, die wir heute nachlesen können. Da mußte man einfach verzweifelt reagieren, wenn man sich seine einfältige Umgebung ansah. Aus seiner Sicht konnte er sowohl jüdische Glaubensprinzipien als auch christliche Riten praktizieren, denn er wußte, daß sich etwa siebenhundert Jahre später die Christen unter dem Eindruck der neuen Erkenntnisse von der Herkunft aller Menschen mit dem Glauben der Juden vereinigen werden.

Und Papst Leo X. (1513–1521) tat im Grunde nichts Verwerfliches, als er Ablaßbriefe verkaufen ließ, denn die Sünden, welche die Menschen zu seiner Zeit glaubten begangen zu haben, waren ihnen von seinen Beauftragten eingeredet worden. Es handelte sich um keine Sünden im Sinne des »großen Schicksals«, jener großen Aufgabe, welche den Menschen auf dieser Erde gestellt ist. Herr Dr. Luther wird eines Tages wegen seines Verhaltens ein Maulschelle bekommen und ihm wird die Ausrede, davon nichts gewußt zu haben, nichts nützen.

Mit dem Erlös aus seinen Ablaßbriefen finanzierte Leo X. den Bau des Petersdoms. Er sah ihn wohl als Schauplatz für das »Jüngste Gericht« an. Schauen Sie sich bitte den Gesamtkomplex an. Der Vorplatz könnte als Warteraum für die 144000 Auserwählten am sogenannten »Jüngsten Tag« dienen, in Erwartung ihrer Auffahrt in den Himmel oder wissenschaftlicher ausgedrückt ihrer Weltraumreise. Jedenfalls kannte Leo X. das Geheimnis der Verheißung.

Können wir mit einer Chronik der Päpste bei Nostradamus rechnen?

Ich meine, ja. Erst Ende der achtziger Jahre kristallisierte sich heraus, daß Nostradamus gleichzeitig mit den Prophezeiungen eine Art Papstchronik verfaßt hatte. Lassen Sie uns einen Blick auf die katholischen Oberhirten werfen, soweit Sie sich in den Texten bisher identifizieren ließen.

Centurie IX, Vers 3 für 1903
»Ein Wohlgeruch wird geboren bei der Zwei.«
Joseph Sarto wird zum Papst gewählt und nimmt den Namen Pius X. an. Er wird später heiliggesprochen.

Vers 14 für 1914
»Bei der Sieben farbloser Rauch.«
Für alle, die zweifeln, diese von mir entdeckte Besonderheit in den Nostradamus-Prophezeiungen sei zufällig: Giacomo de la Chiesa wurde am 3. September 1914 (»sept«, Französisch: sieben) zum Papst gewählt, wobei traditionsgemäß weißer Rauch aufstieg. Gleichzeitig ist es die Beurteilung seines Ponifikats: farblos.

Vers 22 für 1922
»Weißes und goldene Lüge.«
Am 6. Februar 1922 wird Achille Rati als Pius XI. zum Papst gewählt. In seine Amtszeit fallen die Konkordate mit Mussolini und Hitler. Der deutsche »Führer« hielt sich nicht an die Verträge, so daß Pius XI. vierunddreißig Protestschreiben (wegen der »Lüge«) nach Berlin schickte.

Vers 39 für 1939
»Das Gesicht ist hart und verdrossen und müde vom Kriegerischen.«
Nach dem Tod Pius' XI. wird sein Unterhändler für die Konkordate

mit Bayern 1924 und Preußen 1929, Eugenio Pacelli, am 2. März 1939 zum Papst gewählt.

Nostradamus kennzeichnet diesen Papst, der bis Oktober 1958 im Amt bleibt, als den Papst der Kriege, denn in seine Zeit fallen der Zweite Weltkrieg, der Koreakrieg und der Indochinakrieg der Franzosen. Pius XII. regierte hart, ab 1944 bis zu seinem Tode übrigens ohne Staatssekretär.

Vers 59 für 1959
»Um sich festzulegen, man wird nehmen den stellvertretenden Bischof.«

Verblüffend, wie Nostradamus die Wahl dieses Papstes, der als Angelo Giuseppe Roncalli geboren wurde und als Johannes XXIII. in die Papstgeschichte einging, charakterisierte. Der Satz im Vers 59 ist so eindeutig, daß man sich fragen muß, warum Nostradamus seine Prophezeiung eines neuen Papstes, der schon im Oktober 1958 gewählt wurde, im Jahresvers für 1959 niedergeschrieben hat. Dies ist nicht der erste Vers, in dem eine solche Zeitverschiebung auffällt. Eine Erklärung wäre: Nostradamus rechnete das Jahr nach jüdischem Ritus, das heißt, er ließ es jeweils am jüdischen Neujahrstag, dem 21. September, beginnen. Der Oktober läge dann bereits im Vers für 1959. Aber das ist nicht die eigentliche Feinheit. Was bei einer Papstwahl in der inneren Abgeschiedenheit der Beratungen vor sich geht, welche Interessen sich durchsetzen, dringt nicht an die Öffentlichkeit. Bei der Wahl Johannes' XXIII. könnte es aber so gewesen sein, daß man sich auf den späteren Paul VI. (noch) nicht einigen konnte und sich daher für den schon recht alten Patriarch von Venedig, eben Roncalli, entschied.

Interessanterweise erwähnt Nostradamus die Wahl von Paul VI. im Jahre 1963 nicht. In einer Art Regierungserklärung vor seiner Krönung bestätigte dieser die Fortführung des Vatikanischen Konzils. Er setzte somit die Arbeit des greisen Johannes XXIII. fort. Dafür hat aber Nostradamus das Konzil im Visier.

Vers 67 für 1967
»Im Schloß wo neuer lateinischer Peter einen Irrtum begeht – Sind wahre römische Christen im Glauben versammelt.«

Der hier angesprochene neue »Peter«, also der Nachfolger Petri auf dem Heiligen Stuhl, ist eindeutig Paul VI. Die Versammlung der »wahren römischen Christen« ist das Konzil. Was meint Nostradamus mit dem Fehler? Das Konzil löst innerhalb der katholischen Kirche einen tiefgreifenden Gärungs- und Wandlungsprozeß um ihr Selbstverständnis aus. Innerkirchliche Konsequenzen dieser Auseinandersetzungen sind: Schwund der päpstlichen Autorität, zunehmender Zweifel an der Hierarchie und der Gültigkeit kirchlicher Gebote, wie der Streit um die »Enzyclica humanae vitae« vom 29. Juli 1968. »Empfängnisverhütung oder Hunger in der Welt«, so könnte man die Alternative bezeichnen. Aber das ist nur der eine Aspekt, denn im Vers 70 für 1970 beschäftigt sich Nostradamus erneut mit dem Vatikan.

Vers 70 für 1970
»Über die Bezirke der lateinischen Besitztümer ertönt die Lüge.«

Genau in diese Zeit fällt der Finanzskandal, in den der Vatikan verstrickt ist, und der bis in die achtziger Jahre zu mysteriösen Todesfällen geführt hatte. Im Jahre 1978 stirbt Paul VI.

Vers 78 für 1978
»Gefangener Prinz stirbt einen schlechten Tod.«

Was ist passiert? Nach dem Tod Pauls VI. wird am 26. August 1978 Albino Luciano Papst. Dieser stirbt nach nur dreiunddreißig Tagen Pontifikat für die Weltöffentlichkeit völlig überraschend. Solche kurzen Amtszeiten kannte man nur vom »giftigen Mittelalter«.

Zieht man den hier von Nostradamus vorgesehenen Spruch heran, dann scheinen alle die recht zu haben, die keinen natürlichen Tod dieses sympathischen Mannes vermuten, der bei seiner Wahl gesagt haben soll: »Ihr wißt nicht, was ihr mir antut.« Kennt der Vatikan das Geheimnis der Nostradamus-Prophezeiungen? Es ist anzunehmen, also wußte Johannes Paul I., was ihm bevorstand.

Karol Wojtyla wird am 16. Oktober 1978 als Papst Johannes Paul II. gekrönt. Es ist Oktober, somit bereits der Jahresvers 79 gültig. Auf den ersten Blick läßt sich weder für 1978 noch für 1979 ein Texthinweis finden – halt!

Das Jahr 1978 sieht zwei Päpste, untersuchen wir den Vers für 1978 nochmals sehr sorgfältig.

Vers 78 für 1978
»Außerhalb verschoben zum Regieren. Die Ethik. Zwei Jahre. Bis gefangener Prinz stirbt einen schlechten Tod.«
Fällt Ihnen etwas auf? Der erste Satz kann sich auf den polnischen Kardinal beziehen. Er ist seit Jahrhunderten der erste Papst, der von außerhalb nach Rom kommt, um die katholische Kirche als Nichtitaliener zu regieren. Und der letzte Satz in diesem Vers beschreibt Johannes Paul I.
Es gibt hierfür eine Erklärung, die aber außer in diesem Vers bisher nicht an anderer Stelle bei anderen Ereignissen nachzuweisen war. Nostradamus gibt einen versteckten Hinweis, wonach man die Verse von unten nach oben zum höchsten Punkt lesen soll. Demnach wäre die vierte Zeile Papstwahl Nummer eins/1978 und die erste Zeile Papstwahl Nummer zwei/1978.

Der nächste Hinweis, der etwas mit einem Papst zu tun haben könnte, läßt sich bereits für 1995 identifizieren:
Vers 95 für 1995
»Verlockende Hilfe von auserwähltem Mailänder«
Wird der nächste Papst aus Mailand stammen? Wir werden das schon bald miterleben können.

Unter den katholischen Christen ist ein Gerücht in Umlauf, wonach ein Mönch namens Malachias für die Folgezeit nur noch ganz wenige Päpste vorhergesagt hat. Laut Nostradamus stimmt die Hypothese nicht, die besagt, daß es im nächsten Jahrtausend mit dem Papsttum vorbei sei. Nach einer schrecklichen Auseinandersetzung zwischen Islam und Christentum um 2010 bis 2014 geht das Leben weiter, und Nostradamus schildert die nächste Papstwahl.

Centurie X, Vers 18 für 2018
»Der Sohn der Woge des Blutes wird in Rom erwählt. Und die zwei Großen werden den Mißstand herbeigeführt haben.«
Soviel läßt sich jetzt schon sagen. Im Jahre 2018 sind es besondere

Umstände – es können Staatsmänner, Kardinäle oder sonstige katholische Würdenträger sein, die Nostradamus als »die zwei Großen« beschreibt –, die Einfluß auf die Wahl des neuen Papstes nehmen. Nostradamus beschreibt ihn als blutrünstig. Wir wissen (noch) nicht, warum.

Vers 19 für 2019
»Der Tag wird durch den König nicht begrüßt werden. Am Tage danach der Gruß wird das Gebet sein. Die Abrechnung macht den Verstand weiß.«
 Man wird offenbar von der Wahl dieses Mannes zum Papst nicht sehr begeistert sein. Viele werden beten, daß das Absehbare nicht geschehe. Sein Rachefeldzug gegen den Islam wird ihn blind machen.

Vers 26 für 2026
»Der Erfolgreiche wird rachsüchtig sein auf die Haut seines Stiefbruders. Wenn er die Macht besitzt – höchster Grad der Rache.«
 Dieser neue Papst setzt offenbar die Politik seines Vorgängers fort. Nach zwölf Jahren kommt es eindeutig wieder zu einer Wahl:

Vers 38 für 2038
»Die fröhliche Liebe nicht lange besetzt den Stuhl.«
 Wir kennen die Art des Nostradamus, mit wenigen Worten einen Papst zu beschreiben. Demnach wird dieser nicht sehr lange regieren.

Ausblick

Es ist wenig sinnvoll, in den Prophezeiungen weiter nach Papstwahlen zu suchen, weil die große Gefahr besteht, daß die eine oder andere diesbezügliche Anmerkung eher für ein weltliches Ereignis gehalten wird.
 Wenden wir uns daher dem nächsten, von Nostradamus besonders deutlich markierten Termin zu.

Die Christen geben Rom auf

Centurie X, Vers 65 für 2065 Der Papst wird aus Rom vertrieben
»O mächtigs Rom – dein Untergang nähert sich dir. Nichts von deinen
Mauern, von deinem Blut von deiner Substanz bleibt. Überdrüssig der
Vorbereitung. Verträge. Zeit, in der Schreckliches geschehen wird.
Scharfe, spitze Eisen der Luft werden gegen alles gerichtet, bis nichts
mehr da ist.«

Vers 78 für 2078 Ein neuer Papst?
»Plötzliche Freude in plötzlicher Trauer – Wird sein als Wohlgeruch
der Gnade umarmt.«
    Ich vermute, daß wir es im Jahre 2078 wiederum mit einem Papst
zu tun haben, dessen Regierungszeit nur von kurzer Dauer sein wird.

Vers 86 für 2086
»Fünf werden durch die Luft gezogen sein – dort gegen die päpstliche
Säule.«
    Ein mysteriöser Versteil, der sich eindeutig auf das Papsttum bezieht, aber aus heutiger Sicht nicht zu deuten ist.

Vers 91 für 2091 Ein Vers, der nichts mehr mit dem christlichen Papst
zu tun hat
»Römischer Klerus, im Jahre tausendsechshundert und neun. Zum Chef
der Esel wird er erwählt sein. Aus einem grauen und schwarzen der
Gesellschaft hervorgegangen. Welcher Elf nicht schlau gemacht hat.«
    Bitte beachten Sie: Ab 2065 wird in Rom nach islamischer Zeitrechnung gemessen! »Esel« ist die von Nostradamus bevorzugte
Bezeichnung für den Islam. Im Jahre 2091 erfolgt die Wahl des ersten
den Islam regierenden Geistlichen in Rom. Der Islam befindet sich zu
dieser Zeit im 16. Jahrhundert seiner Zeitrechnung!

Die Zukunft
der jüdisch-christlichen Religion

CenturieI, Vers 25 für 2125 Entdeckung eines Geheimnisses der Urchristen

»Der Hingerichtete, der für lange Jahrhunderte versteckt war, wird gefunden. Es wird ein Hirte des Südens sein, der die Ehre haben wird.«

Dieser Text deutet einen für die Christenheit wichtigen Fund an. Ich tippe darauf, daß es sich um das Grab des Petrus handeln wird. Die Entdeckung scheint zu einer Renaissance des Glaubens zu führen, denn etwa zwanzig Jahre später schreibt Nostradamus.

Vers 52 für 2152 Krise in der Christenheit

»Die Krankheit der Kirche durch den neuen König verursacht wird zum Niedergang Nord- und Südeuropa.«

Die Folgen dieses Exzesses schildert Nostradamus sieben Jahre später.

Vers 53 für 2153

»Durch andere Gesetze alles unchristlich wird. Wenn das Gold das Silber von neuem zu unterwandern beginnt.«

Die Gegenreaktion läßt offensichtlich nicht lange auf sich warten. Interessant für uns, daß Nostradamus davon spricht, daß dies in einer Zeit geschehen wird, in der persönlicher Besitz nicht erforderlich war – so ist zumindest der Hinweis auf »Gold« und »Silber« zu verstehen.

Vers 55 für 2155 Die katholische Kirche in Bedrängnis

»Für das Land und das Meer die Luft und der Himmel wird sein äußerst ungerecht. Sekten, Hunger, Regierungen, Krankheiten, Verwirrung.«

Eine schlimme Zeit für die wahre Kirche.

Centurie II, Vers 8 für 2208 Reformation der katholischen Kirche
»Zeit der Heiligen der ersten römischen Art. Verworfen haben wird man die schlecht gebauten Grundlagen. Genommen haben werden sie ihre Gesetze die Ersten der Menschen und des Menschlichen. Gejagt werden sie. Nicht alle halten den Heiligen ihren Gottesdienst.«

Für mich eine Sensation. Die Kirche hat zu den Lehren der Urchristen, also zu ihrem Ursprung, zurückgefunden. In diesem Vers ist aber auch angemerkt, daß die erneuerte Kirche verfolgt wird.

Vers 12 für 2212 Ideale des klösterlichen Lebens
»Spiele der Klöster eröffnen altertümliche Phantasie. Die Bewohner der Einzigen werden versetzt werden in etwas Neues. Der große Monarch verfolgt sie, wird unterdrücken ihr Wiedererscheinen. Begeistert die Tempel den Schatz vorantragen.«

So, wie dieser Text von Nostradamus niedergeschrieben wurde, sieht es aus, als ob die christliche Kirche Anfang des 23. Jahrhunderts eine wahrhafte Blütezeit erlebt.

Vers 36 für 2236 Ein Machtkampf entbrennt
»Vom großen Propheten die Briefe werden beschlagnahmt. Um in die Hände des Tyrannen zu kommen. Betrogen wird sein der König durch seine Unternehmungen. Aber sein Rabbiner sehr bald in Aufruhr versetzet sind.«

Die schriftlichen Hinterlassenschaften jenes Propheten, der die Kirche wiederbelebt hat, werden offensichtlich beschlagnahmt. Dies führt aber zu einem Aufruhr der Geistlichen. Nun mögen viele glauben, daß die Bezeichnung »Rabbiner« hier nicht stimmen kann, da es sich dabei doch um jüdische Geistliche handelt. Nostradamus scheint dies absichtlich getan zu haben. Innerhalb von vierundzwanzig Jahren wird die absolute Sensation dieses Zeitabschnitts offen zutage treten. Lesen sie selbst.

Vers 46 für 2246 Auftritt eines Religionserneuerers
»Nach großem Feldzug bei den Menschen sich Großes nähert – Der große Beweger der erneuerten Jahrhunderte.«

Vers 60 für 2260 Vereinigung von Juden und Christen zu einer Religionsgemeinschaft

»Großer Jude und die Rose die Gesetzesverfassung wechseln wird.«

Unter dem Eindruck der Tatsache, daß im Weltraum die Zeugnisse für den gemeinsamen Glauben und die Hintergründe der Religionen gefunden werden, schließen sich als erste der orthodoxe jüdische Glaube und die christlichen Gläubigen zu einer Gemeinschaft zusammen!

Und nun lernen wir weitere Einzelheiten kennen.

Centurie III, Vers 6 für 2306 Bekanntwerden einer Geheimlehre der Kirche

»In vier Jahren die Grundlage des verschlossenen Tempels wird erforscht sein.«

Hier erfolgt nochmals ein Hinweis auf die Quellenfunde. Aber nicht alle werden mit dieser Entwicklung einverstanden sein. – Elf Jahre später heißt es dann:

Vers 17 für 2317 Verfälschung der Wahrheit

»Ihr Menschen der Kirche, was für ein skandalöser Kommentar entsteht.«

Es ist klar zu sehen, daß Nostradamus nicht auf der Seite der konservativen kirchlichen Kräfte steht. Er erklärt ihre Auslegung der neuen Tatsachen für skandalös.

Vers 21 für 2321 Beginn der Glaubenskämpfe mit dem Islam

»Den Freunden des Kreuzes über das adriatische Meer – Sich nähern wird ein schrecklicher Fisch.«

Es beginnt die endgültige Auseinandersetzung mit dem Islam. Die Christen auf der Erde werden bis etwa 2550 in der Unterdrückung leben.

Vers 26 für 2326

»Könige und Prinzen üben sich, um Christentum vorzutäuschen – Wahrsager und Christen erheben sich gegen Byzantinisches.«

Ich deute diesen Vers so, daß es im gemäßigten Islam Persönlichkeiten gibt, die das Gemeinsame herausstellen wollen.

Vers 36 für 2336
»Verschüttet, nicht zerstört durch den Papst wird die Ethik. Wird sein entdeckt, um zu sehen, die mit Händen essen. Wenn die Stadt verdammt die heldenhafte Ethik. Statt ihre zehn Gesetze zu haben, dies ihnen wie ein Wechsel erscheinen wird.«

Ein recht dunkler Vers. Ein Papst wird anscheinend gezwungenermaßen Glaubensethik bewußt verfälschen, um zu retten, was noch zu retten ist. In dieser Zeit gibt es große Zwistigkeiten zwischen den Weltraumbewohnern und der Erdbevölkerung. Es ist auch die Zeit, in der Grundlagen für den großen Frevel an der Schöpfung geschaffen werden: die Entwicklung eines dem Menschen dienstbaren Tieres. Nostradamus ist außer sich, wie an anderer Stelle beschrieben wird. Er beginnt, von der Strafe zu sprechen, welche die Menschen zu erwarten haben.

Vers 40 für 2340
»Der große Gott, der das Leben gemaßregelt hat, kommt, um es wieder zu maßregeln. Die Thesen verwerfen sie, das Ansehen werden sie schon behalten.«

Im nächsten Vers steckt eine weitere Information. In der veränderten Welt nach 2340 wird der Sitz des Papstes im Schwarzwald sein.

Vers 58 für 2358
»Nahe dem Rhein in den schwarzen Bergen. Wird ein Großer geboren, der für die Menschheit zu spät kommt. Welcher verteidigen wird sein fünftes Rom und Banner wie der Erste – So daß man nicht wissen wird, wohin er gehen wird.«

Was hier zu lesen ist, überrascht, denn Nostradamus hat dies an keiner Stelle sonst erwähnt. Bis 2358 wird der Papst und somit die Kurie insgesamt fünfmal ihren Sitz gewechselt haben.

Vers 61 für 2361
»Die große Vereinigung und Sekte des Gekreuzigten sich ausgebildet in Mesopotamien.«

In dieser Zeit kommt es zu einer Bewegung innerhalb des Christentums. Ein neues Religionszentrum der Christen entsteht im heutigen Irak. Vergessen Sie bitte nicht, daß der Islam Europa im Griff hat.

Vers 65 für 2365
»Wenn das Grab des getöteten großen Römers entdeckt wird – Am Tage danach der Papst gewählt wird.«

Ein Hinweis auf eine Papstwahl und kurze Zeit später die Ankündigung einer neuen philosophischen Denkrichtung.

Vers 67 für 2367 Die Sekte der Philosophie
»Verachtend den Tod, Verdienste, Ehren und Reichtum – Deutschlands Berge nicht in der Luft haben werden eine Begrenzung – Gehen in der Folge, um sie zu unterstützen und durchzusetzen.«

Vers 76 für 2376
»In Deutschland geboren werden verschiedene Sekten – Sich annähern zuvor der Macht der glücklichen Heiden – Das Herz gefangen und zurückgeschnitten – Zurückgebildet, um die Tönebildung auf das Richtige zurückzuführen.«

Bedingt durch die Gesamtentwicklung in dieser Zeit, wird es durch Glaubenserneuerer zu Spaltungen kommen. Daher ist es erklärlich, wenn gerade jetzt in der Umgebung des Papstsitzes neue Sekten entstehen, die aus dem dann etablierten Christentum hervorgehen.

Centurie IV, Vers 5 für 2405 Ankündigung des Sieges der Christen.
»Die Länder des Kreuzes unter Einem vollenden das göttliche Wort.«
Es ist eine große Zeit für die Christen.

Vers 43 für 2443
»Sie werden die runde Scheibe im Himmel besitzen, die bewaffneten Patres. Im selben Jahr selbst die Göttlichen Feinde sind. Sie werden wollen die Lehre der Zehn Heiligen ungerecht diskutieren. Durch Entrüstung und Krieg der Glaube nicht zerstört wird.«

Die Kirche beginnt mit einer eigenen Raumstation das Weltall zu missionieren, was an sich logisch ist.

Und nun kommen die für die Christen auf Erden vielleicht freudigsten Prophezeiungen. Der Niedergang des Islam zeichnet sich ab.

Vers 61 für 2461
»Die alte Moschee wird ihres Platzes streitig gemacht.«

In den folgenden achtzig Jahren kommt es dann laut Nostradamus zum großen Krieg zwischen dem Islam einerseits sowie Juden- und Christentum andererseits. Ein Mann, der von Nostradamus als »Heinrich der Glückliche« gefeiert wird, beendet die Herrschaft der Muslime. Die Christen kehren um 2556 nach Rom zurück. Und nun wird etwas sehr Merkwürdiges geschehen.

Centurie V, Vers 56 für 2556
»Man spricht oftmals vom sehr alten Pontifex. Wird sein erhoben ein Römer von sehr hohem Alter. Welcher bestimmen wird, daß der Thron kraftlos wird. Und lang wird er halten und von spitzen Eröffnungen.«

Dieser Pontifex hat offenbar die Autorität, die Institution des Papsttums zu verändern. Das mag gläubigen Katholiken heutiger Tage zwar wie eine Todsünde erscheinen, wird aber im Sinne der Gesamtentwicklung sein.

Ausblick

Wurden die Sehersprüche schon in den letzten zwei Jahrhunderten deutlich spärlicher, so hören sie nach dem Sieg des Christentums fast ganz auf. Welchen Grund kann es dafür geben?

Etwa ab 2700 haben sich die Weltreligionen jeweils auf einen eigenen Kontinent zurückgezogen. Das Christentum scheint Afrika zugewiesen bekommen zu haben. Aufgrund dieser weisen Vereinbarung kommt es fortan nicht mehr zu den Spannungen zwischen den Weltanschauungen, weil sie ab jetzt entflochten nebeneinander existieren, aber Wissenschaft, Forschung und Technik gemeinsam betreiben.

Einige Anzeichen sprechen dafür, daß sich Religion und Wissenschaft zu einer Symbiose vereinigt haben. Die Religion kontrolliert, ohne den Fortschritt in der Wissenschaft zu behindern. Dieses Zusammengehen führt zu einer Konzentration auf das Wesentliche der Religion – die Zukunft der Menschheit zu sichern – und der Wissenschaft, die hierfür das Werkzeug schaffen soll.

Die Weltanschauungen haben in ihrem Entwicklungszyklus ein Stadium erreicht, in dem Toleranz und Güte vorherrschen werden. Denken Sie bitte daran, daß unter dem Zwang der dann vorhandenen Gegebenheiten (nichtmenschliche Lebensformen als Feinde von außen), ein Zusammengehen geradezu dringend erforderlich wird.

Ziehen Sie weiter in Betracht, daß man Beweise für die Bibel und den Ursprung mancher alttestamentarischen Überlieferung gefunden hat. Das alles rechtfertigt einen väterlichen Ältesten in der Gemeinde. Und das könnte einen durch Amtsautorität herrschenden Papst überflüssig machen.

Wenn Ihnen dies alles immer noch sehr unglaubwürdig erscheint, dann versuchen Sie, sich vorzustellen, daß man eine Brüderlichkeit beziehungsweise Schwesterlichkeit praktizieren wird und sich die Rassen so vermischt haben, daß optisch keine Unterschiede mehr zu sehen sind.

11.
Dinge, von denen heute niemand etwas ahnt: Kopf, Tier, Erfindungen

Der »Kopf«

Dies ist einer der Begriffe, die ab Mitte des nächsten Jahrhunderts immer wieder in den Prophezeiungen des Nostradamus auftauchen.

Erst in einem entsprechenden Überblick über die Nostradamus-Visionen der nächsten fünfhundert Jahre stellt sich dieser »Kopf« als eine Superrechenanlage, nach heutigem Sprachgebrauch also als Großrechner heraus. Mehr und mehr werden die routinemäßigen Versorgungsbelange und Steuerungen der Staaten von der Größe eines Kontinents, Energie- sowie Nahrungs- und Bedürfnismittelversorgung aller Menschen von Großrechnern übernommen und verwaltet.

Dies wird zu ihrem Wohl geschehen, ohne daß wir mit einem Mißbrauch, wie wir ihn in dem Roman »1984« beschrieben bekommen haben, rechnen müssen.

Wenn die Menschen nicht mehr arbeiten müssen, um essen, trinken, an einen bestimmten Ort reisen zu können, werden sie sich anderen Aufgaben widmen müssen; diese Veränderungen sind in diesem Kapitel allerdings kein zentrales Thema.

Die erste von den Menschen nach dem Dritten Weltkrieg erbaute Großrechenanlage wird sich umgehend bewähren, denn sie hilft, einen weiteren Krieg zu vermeiden.

Centurie X, Vers 41 für 2041
»In der Runde der Drei die den Kopf gebrauchen – Nein, was für einen Krieg man getötet hat – Sterne.«

Es sind die drei Großmächte – die USA/Europa, Japan/China und Südamerika/Spanien – letztere werden von Nostradamus oft als lateinischer Staat bezeichnet. Neun Jahre später erfolgt eine genauere Beschreibung, wo der Großrechner installiert worden ist.

Vers 50 für 2050
»Spitzer Berg und ebene Stadt ist dann Kopf der Bürger.«

Demnach steht dieser Rechner in einem spitzen Hochhaus innerhalb einer Stadt, die als Charakteristikum ein besonders flaches Umland hat.

Vers 59 für 2059
»Für vier Jahre entsteht entfesselter Wind – der Kopf tötet die nicht atmen.«

»Entfesselter Wind« heißt bei Nostradamus eine Kraftanlage, die außer Kontrolle gerät. In diesem Kontext können wir annehmen, daß sich der Großrechner in einer kritischen Situation im Jahre 2059 erneut bewähren wird.

Vers 99 für 2099
»Schüchterner Kopf, der Menge in der Luft mit der Masse sich einweiht.«

Eine faszinierende Aussicht. Nostradamus kündigt hier an, daß um 2100 – zu einem Zeitpunkt, an dem alles, was man zum Leben benötigt, praktisch kostenlos zur Verfügung stehen wird –, die Stationierung des ersten Großrechners im Weltraum erfolgt. Möglicherweise wegen der Kühlung seiner Aggregate? Aber die Hauptaufgabe wird sein, daß diese Anlage allen Menschen ein Studium ermöglichen wird: »mit der Masse sich einweiht«. Man studiert also in Kommunikation mit einem Zentralrechner.

Irgend etwas wird aber bereits vierzig Jahre später das Elektronengehirn aus der Umlaufbahn getragen haben.

Centurie I, Vers 37 für 2137
»Der gute Kopf ist verschwunden an zwei unbekannte Orte.«

Fünf Jahre benötigt man offenbar, um einen neuen Rechner zu bauen und zu installieren. Und hier ist er:

Vers 42 für 2142
»Die Zehn ist für denjenigen, der der Kopf geworden ist, im April durch die gotische Tatsache.«

Infolge politischer Veränderungen wird dieser Rechner zwanzig Jahre später abgeschaltet oder zerstört.

Vers 61 für 2161

»Der Fall wird eintreten, daß der Kopf des neuen Rates getötet wird.«

Nach weiteren zwei Jahrzehnten – es fällt auf, daß alle zwanzig Jahre Probleme mit diesen »Köpfen« auftreten – steht bei Nostradamus ein recht mysteriöser Text, der sich wohl auf die Konstruktion oder die Software des »Kopfes« bezieht:

Vers 81 für 2181

»Kopf nicht T – hurra – T ist gleich A – zweifach D.«

Und tatsächlich muß – wieder um nach zwanzig Jahren – ein neues Programm oder eine neue Konstruktion her. Sei es, weil die Kapazität nicht ausreicht, sei es, weil die Fülle der zu verwaltenden Informationen das Gerät an den Rand seiner Funktionsmöglichkeiten gebracht hat.

Centurie II, Vers 2 für 2202

»Der blaue Kopf wird zum weißen Kopf gemacht werden.«

Ganz klar: Ein neues Elektronengehirn hat den alten, weißen »Kopf« abgelöst. Hier spielt nun ein Konkurrenzunternehmen erstmals eine Rolle. Islamische Wissenschaftler versuchen einen eigenen Großrechner des obigen Typs zu bauen und im All zu installieren. Das mißlingt.

Vers 4 für 2204

»Das durch die Barbaren Gestapelte den Kopf wird nicht zum Fliegen bringen.«

Nach etwas mehr als zwanzig Jahren wird ein oder der »Kopf« außer Funktion geraten und alles durcheinanderbringen. Nostradamus beschreibt diese Katastrophe so:

Vers 28 für 2228

»Lange Leere wird sein durch den tobsüchtigen Kopf – Delirium ist einem großen Volk auferlegt.«

»Lange Leere« müßte wohl als Funktionsausfall des Großrechners interpretiert werden.

Vers 41 für 2241
»Wenn der große Pontifex wechseln wird den Kopf des Irrtums.«
Wieder etwa im Zwanzig-Jahre-Turnus wird ein Papst in der Lage sein, einen defekten Rechner auszuwechseln.
Hintergrund: Einer Reihe von Wissenschaften steht eine Kontrolle durch Priester bevor. Möglich, daß der Chef dieser Geistlichen – es muß nicht mehr ein Papst im heutigen katholischen Sinne sein! – die Genehmigung erteilt, den falsch arbeitenden Rechner zu erneuern.

Vers 80 für 2280
»Das Bärtige hat den Kopf der Zeit, es einrastet mit dem in das Innere gestellte. Der Punkt, wo man den Zugang gestattet für die große Befreiung. Von den Sinnen nicht gestellt sind zurückgestellte im rechten Augenblick.«
Eine mysteriöse Botschaft, die wir kaum interpretieren können. Aber nach erneuten zwei Jahrzehnten fällt auf:
Vers 97 für 2297
»Römischer Ponifex bewacht den Kopf, der herankommt.«
Jetzt wird die Sache problematisch für uns. Rom ist zu dieser Zeit bereits hundertdreißig Jahre islamisch. Der römische Pontifex, das Oberhaupt des Islam, hat demnach die Macht übernommen. Er scheint jetzt doch einen »Kopf«, das heißt einen solchen Rechner zu besitzen. Es stellt sich die Frage, ob wir nicht zu voreilig mit der Schlußfolgerung für Vers 41 waren. Wir sind es gewesen. Die islamischen Geistlichen verfügen ab 2241 ebenfalls über einen, wenn auch unzuverlässigen Rechner – »Kopf des Irrtums«.

Ein erster Weltraumkrieg entbrennt um eine oder mehrere Großrechenanlagen.
Centurie III, Vers 22 für 2322
»Bekleidet wird sein der goldene Kopf nach der Schlacht – Vier Könige den Kopf zurückgeben und Pardon bekommen – Die übrigen im Feuer der Engel zerschnitten werden.«
Da ist also so ein Großrechner besetzt oder beraubt worden. Grund genug, radikal gegen die Urheber vorzugehen.

Nostradamus beschreibt einen Nutzen, möglicherweise die Überwachung der Beleuchtung der Nachtseite unserer Erde, um auf dieser selbst Energie und Kosten zu sparen.
Vers 30 für 2330
»Für das Leuchten von dem Kopf der Luft leuchtet die Tatsache des schönen Bundes.«

Vers 43 für 2343
»Wenn Menschen gehen um den Kopf – Den Kopf, wenn man ihn baut – Bewacht die Berge, damit das Durchdringen der Forschung vorübergeht.«

Ein neuer Typ »Kopf« wird entwickelt. Nostradamus beginnt erstmals, vor allzu großer Unbekümmertheit der Konstrukteure zu warnen.

Eine neue Ära nimmt ihren Anfang, man scheint Großrechner auch auf Expeditionen ins Universum zu schicken.
Vers 64 für 2364
»Abreise des Kopfes, aber der Kopf zermalmt die sich verabschiedende Zeitperiode.«

Das 25. Jahrhundert ist der eigentliche Sprung, die wahre Epoche der »Köpfe«. Wurden bisher die Großrechner nur zum Wohl der Menschen eingesetzt, so scheint es nun zu einer andersgearteten Aufgabe für die »Köpfe« zu kommen.
Centurie IV, Vers 9 für 2409
»Dann wenn die Menschen sich neu bewaffnen und den Kopf trainieren.«

Für denjenigen, der plant, die Macht mit Hilfe umprogrammierter »Köpfe« an sich zu reißen, wird es laut Nostradamus noch eine Überraschung geben.
Vers 14 für 2414
»Der plötzliche Tod des Kopfes, des ersten der Menschheit. In Wut acht Engel geraten und stellen einen anderen in die Regierung.«

Acht im Weltraum herrschende Mächte sind über das mißlungene Vorhaben so erbost, daß sie den Urheber dieser Idee, offenbar den

Ersten unter ihnen, absetzen. Es ist ein Machtkampf um die Computersteuerung entbrannt.

Vers 19 für 2419
»Bevor sich der gerissene Kerl der Vorbedingung des Throns rühmt. Durch den Schutz beim Kopf ist etwas übriggeblieben. Der Kopf denjenigen des Bundes gehört.«

Von den alten Konstrukteuren der Großrechenanlagen wurden in weiser Voraussicht offenbar einige Sicherungen eingebaut, weil sie eine solche Entwicklung vorhergesehen haben. Aus diesem Vers geht hervor, daß derjenige, der den Schlüssel zum Rechner besitzt, der Mächtige ist, das heißt »den Thron« besteigen kann. Und siehe da, fast wie im Märchen, der »gerissene Kerl«, wie ihn Nostradamus bezeichnet, erreicht sein Ziel nicht. Das Gerät gehorcht weiter einem Staat, den Nostradamus als den »Bund« bezeichnet.

Nun beschreibt Nostradamus ein besonderes Exemplar, das er »öliger Kopf« nennt.
Vers 42 für 2442
»Zufrieden der Knochen Jahr nicht durch die Höhe vernichtet wird vom öligen Kopf. Sie werden seine Zehn verraten haben für Geld, bevor sie markieren.«

Das klingt nach Werkspionage, Sabotage, Machtkämpfen.

Vers 44 für 2444
»Zwei dicke Lügen im Kopf der Luft fünf Lehren und tausend Gebräunte. Das ist die Stunde der brennenden Lunte für hundert Sterne schlechtes Ende.«

Offenbar ist es den Rechnerpiraten doch gelungen, den entscheidenden Rechner falsch, laut Nostradamus mit »Lügen«, zu programmieren. Damit beginnen für hundert Staaten, also den vorhin genannten Bund, vermutlich Unterdrückung und Tyrannei.

Vers 68 für 2468   Der Rechner erteilt falsche Befehle
»Schrei Tropfen des Übels Kopf seitlich der Liga.«

Vers 71 für 2471

»Die Verschmelzung ausgelöscht, um den Kopf zu seiner Insel hochzuheben.«

Jemand versucht, den Rechner in eine andere Umlaufbahn zu bringen, damit eine Vereinigung erfolgen kann. Weiter heißt es:

Vers 71 für 2471

»Am Ort der Verschmelzung der Inseln – Loch der Sterne. Vernichtet der große Fehler, nichts als Aberglaube sein wird. Inmitten der Macht des Schwitzens getötet die Eins ohne Lehre. Die Verschmelzung auslöscht, um den Kopf zu seiner Insel hochzuheben.«

Dieser Vers beschreibt einen Platz, wo sich ein Schwarzes Loch befindet. Man will offenbar einen Großrechner so konstruieren, daß er erst nach seiner Komprimierung im Schwarzen Loch funktionsfähig wird. So stelle ich mir zumindest im Augenblick eine mögliche Deutung dieses Verses vor.

Vers 92 für 2492

»Zerlegter Kopf wird durch den wachsamen Kapitän vernichtet. Zuvor wird der Kopf vor seinen Widersacher geworfen. Sein Körper sich einhängt in die Abtei der Zuhörenden. Verwirrt werden sie fliehen, scheinbar entstanden aus der Macht des Gegensatzes.«

Es geht hier in erster Linie um die Zerstörung eines Großrechners, damit er nicht in die falschen Hände gerät. Etwa zu dieser Zeit hat bereits das Endszenario der islamischen Weltreligion begonnen.

Während auf der einen Seite der Kampf um die alles steuernden Elektronengehirne weitergeht, beschreibt Nostradamus den Rechner, der besondere Informationen für die Menschen erarbeiten wird.

Centurie V, Vers 5 für 2505

»Unter dem Schatten der Knochen befindet sich der Kopf der Erde, die Lehre des ganzen Lebens. Volk ist gestellt in das Interesse an den zwei Zeiten durch ihn selbst.«

Dieser mysteriöse Spruch bezieht sich erneut auf eine Informationsdeponie, die für uns knochenbesitzende Intelligenzträger auf unserem Planeten Erde angelegt worden ist. Man wird in fünfhundert Jahren Zugang zu diesem Nachlaß unserer Vorfahren bekommen und dadurch einen bestimmten Aspekt besonders beachten. Es scheint sich um die Frage zu handeln, wie sie auch während der Renaissance in den geheimen Stuben der Gelehrten und Geistlichen diskutiert wurde: »Wieviel Zeit vergeht im Diesseits, wenn im Jenseits ein Tag, ein Monat, ein Jahr vergangen ist?«

Im nächsten Vers haben wir es mit einer neueren Version zu tun:
Vers 18 für 2518
»Alter Kopf wird sterben, das Unglückliche für die Liga verlängert.«
   Die Steuerung für den Bund der hundert Staaten wird durch den Ausfall der Funktionen des alten Großrechners nicht weiterhin möglich sein.

Ein neues zentrales Rechner- und Steuersystem ist entwickelt und nimmt seinen Betrieb auf.
Vers 52 für 2552
»Der silberne Kopf dieser Engel die Erde und den Pol haben werden. Und mit Macht einen neuen Bund schließen werden.«

Zur Vernichtung eines anderen Rechners kommt es im Jahre 2582:
Vers 82 für 2582
»Haben wird der Berg des Pols gestoßen diesen feindlichen Kopf.«

Es wird noch ein weiterer Rechner beschrieben. Urin ist für mich Harnstoff. Könnte es möglich sein, daß Harnstoff im übertragenen Sinne ein Bauelement für besonders leistungsfähige Rechner liefern wird?

Vers 88 für 2588
»Haltende sich haben werden eingeschlossen im Kopf des Urins.«

Vers 91 für 2591 Ein Hinweis auf die Geschichte der Menschheit
»In den großen tausend Archen, wo man anordnete die Lehren der Lügenirrtümer. Getötet wurden alle goldenen Geheimnisse im Kopf des Großartigen. Werden überrascht werden durch die wiedergegebenen Pferde. Keine Demonstrationen der Bannerträger. Mars im Löwen seinen Umlauf ändert.«

Vers 99 für 2599
»Der nicht braune Kopf schikaniert die keltischen Menschen – Durch den Löwen und die Phalanx der wäßrigen.«

Schlußbemerkung zum »Kopf«

Mit Vers 99 endet unsere Betrachtung dieses Themas. Wer vielleicht zu Beginn des Kapitels noch zweifelte, ob man den »Kopf« des Nostradamus als einen Rechner anzusehen hat, sollte jetzt davon überzeugt worden sein.

Wir können festhalten, daß die »Köpfe« im Weltraum stationiert werden, weil sie vermutlich dort schneller und besser arbeiten können. Diese Großrechnerstationen im Weltraum werden aber nur eine begrenzte Lebensdauer haben. Überschlägt man die Zeitangaben, so kommt man zu einer Lebensdauer von etwa zwanzig bis dreißig Jahren.

Das »Tier«

Das Desaster: Risiko und Debakel der Genmanipulation

Das ist das unangenehmste und schwärzeste Kapitel in der künftigen Geschichte unserer Nachkommen. Etwa ab 2600, einer für uns also noch unvorstellbar langen Zeit bis zum Eintreffen dieser Vorhersagen, wird ein Geschöpf von Menschenhand der menschlichen Rasse allergrößte Schwierigkeiten bereiten.

Die Kreatur, die von den Menschen im 24. Jahrhundert genmäßig verändert worden ist, hat sich so stark vermehrt, daß sie Kriege oder kriegsähnliche Angriffe gegen die dann lebenden Menschen beginnen kann.

Dieses anfänglich gutartige »Tier«, als williger Diener des Menschen vom Menschen geschaffen, mutiert zu einer wütenden Bestie. Mit unvorstellbarer Aggressivität bekämpft es alle menschlichen Wesen, und zwar mit halbintelligenten, dem Menschen ähnlichen Strategien.

Das geht so weit, daß die außer Kontrolle geratene Kreatur die Menschen auf der Erde in einen unvorstellbaren Kampf verwickelt, so daß diese, was sie schließlich ohnehin zu tun gezwungen sind, gezwungen sein werden, die Erde zu verlassen –, weil die Erde unbewohnbar geworden ist. Dabei fängt alles vermeintlich ganz harmlos an.

Wir befinden uns im 24. Jahrhundert, als der Schöpfungsfrevel ins Rollen kommt. Zu dieser Zeit spielen die USA und die »Östlichen«, also Japan und China, keine Rolle mehr. Trotzdem wird diese Sünde aller Sünden auf dem nordamerikanischen Kontinent begangen.

Centurie III, Vers 7 für 2307
»Die Suggestiven haben getötet den Himmel unter dem zweifachen Welchen. Nächster Streit der Tiere mit Herz bereits bevorsteht. Von der Erde man schreit um Hilfe. Der Beistand erfolgt von denjenigen des Bundes. Wenn nahe den Mauern die Kämpfenden sein werden.«

Nostradamus sieht die Idee für ein solches »Tier«, das man offensichtlich zunächst zu Kampfzwecken schaffen will, etwa um 2307 entstehen. Er sagt, wenn der Konflikt Mensch gegen Mensch ausgestanden ist (etwa 2600), dann beginnt der Kampf gegen das »Tier« mit »Herz«, ein Geschöpf mit Mut, daß zu diesem Zeitpunkt im Entstehen begriffen ist.

Faßt man die Textpassagen zusammen, die Nostradamus in die Verse der Jahre zwischen 2307 bis 2360 untergestreut hat, dann spürt man seine Unruhe über die Entwicklung – genauer: über die Fehlentwicklung.

Vers 19 für 2319
»Großes Tier und Krieg liebe dich selbst werde sehend.«

Als eine der Charaktereigenschaften des »Tieres« wird dessen Egoismus betont.

Vers 20 für 2320
»Eine Ausschmückung des Tieres verrät die Übereinkunft.«

Die Menschen stellen einen Vorteil des »Tieres« heraus – oder ist damit die eigentliche Manipulation an den Keimzellen gemeint?

Der folgende Text deutet auf eine künstliche Befruchtung einer Frau durch ein Tier hin:
Vers 39 für 2339
»Aber die Frau des Tieres und der Bund die Kunst zurückerhalten. Diejenigen die für diese Verbindung sind einvernehmlich ruiniert werden.«

Nostradamus schildert im folgenden, wie die Menschen das »Tier«, das er als schwarz, gekräuselt behaart beschreibt, trainieren. Man denkt an einen Orang Utan, aber das mag ein Irrtum aus der heutigen Sicht sein.

Vers 43 für 2343
»Das Schwarze, Behaarte, Gekräuselte wird triumphieren durch Übung.«

Und dann wird Nostradamus noch genauer:
Vers 44 für 2344
»Wenn das Tier dem Menschen dienstbar wird. Nach großen Mühen und Sprüngen werden sie soweit kommen, um zu sprechen. Gott ist außer sich, was das Leben anrichtet von solchem Übel. Von der Erde genommen werden sie und aufgehängt in der Luft.«

Hier lesen wir es schwarz auf weiß. Die Menschen machen sich ein Tier dienstbar, das heißt zum vermeintlich billigen Diener. Das Vorhaben wird nach vielen und großen Mühen auch »gelingen«, wobei es darauf ankommt, daß dieses »Tier« zu sprechen imstande ist und Sprache verstehen lernt. Dann kann es eben für alle niederen Arbeiten herangezogen werden. Man verwirklicht sich sozusagen den heimlichen Traum vom willigen Sklaven.

Nostradamus sagt allerdings weiter, daß dies der schlimmste Frevel an der Schöpfung sein wird, den Menschen je auf Erden angerichtet haben. Die Strafe – vielleicht besser die bittere, aber folgerichtige Konsequenz – wird sein, daß die Menschen deshalb die Erde verlassen müssen – »in der Luft aufgehängt« –, um im Weltraum zu leben.

Vers für 2356
»Heraufsteigt die Speise des Banners des mißlichen Lebens, welches nicht ist erwünscht. Tier, dein Krieg ist sandig zum Ende des Mars. Zum Teil Antwort, in dem man Mauern an den schönen Berg anbindet. Auf sechshundert und sieben zwanzig kommen drei Teile.«

Hier gibt Nostradamus schon im Vorgriff das Ende des fürchterlichen Geschehens bekannt.

Der Inhalt dieses Verses läßt sich folgendermaßen interpretieren: Wenn das entartete »Tier« fähig geworden ist, sich zu organisieren (Banner), dann beginnt das schlechte Leben für die Menschen. Das »Tier« wird gegen den Menschen so lange Krieg führen, bis der Mars den Umbau unseres Sonnensystems auslöst (siehe Weltraumfahrt, Geschichte unseres Sonnensystems). Der letzte Satz ist heutzutage noch nicht interpretierbar.

Wie gesagt, die Entartung des »Tieres« wird erst nach weiteren etwa zweihundertfünfzig Jahren erfolgt sein. Nostradamus benutzt die Verse unmittelbar nach Entstehung des Problems, um die Perspektive auszumalen, die den Menschen durch diese Manipulation bevorsteht.

Im Vers für das Jahr 2447 steht es letztmals klar und deutlich:
Centurie IV, Vers 47 für 2447
»Das schwarze Ungezähmte, wenn es erprobt wird. Seine Hand wird blutig, das Leben kann weder durch Feuer, Eisen noch Bogen erhalten werden. Vor allem das Volk wird sehr erschrocken sein.«

Schlußbemerkung zum »Tier«

Es ist töricht, heute schon gegen etwas zu sein, was erst in vierhundert Jahren akut wird. Der Segen in der Erforschung der Gene wird unseren Nachfahren ermöglichen, die biblische Erbsünde (die nichts anderes als ein Gendefekt ist, mit dem wir alle behaftet sind) zu erkennen und schließlich in letzter Minute kurz vor dem Ende unseres Planeten auszumerzen.

Gegen diesen Mutanten jedoch, der hier als »Tier« bezeichnet wird, werden sämtliche Waffen der Menschen versagen. Nostradamus schildert in den Versen nach 2500, wie sich zum Ende dieses Dramas, nach 3000, die Menschen auf nur noch einen einzigen Kontinent zurückziehen und ihn mit allen technischen Mitteln zu einer Festung mit fünfzig Kilometer hohen, vermutlich elektronischen Absicherungen ausbauen.

In den folgenden fünfhundert Jahren, bis 3605, wird sich die Erde in einen trockenen und sandigen Planeten wandeln. Das »Tier«, nicht fähig von hier zu fliehen, wird aufgrund der Lebensbedingungen, die dann vorherrschen, aussterben. Der »Sitz des Lebens«, wie Nostradamus weiter schreibt, ist gereinigt.

Erfindungen und Technik

Im Bereich der Technik wird es in den nächsten fünfhundert Jahren zu etlichen Höhepunkten kommen. Beginnen wir zunächst mit einem Rückblick auf die Aufzeichnungen des Nostradamus für die Zeit von 1900 bis heute.

Centurie IX, Vers 9 für 1909
»Wenn die Lampen vom nicht löschbaren Feuer brennen.«

Nostradamus sieht die Glühbirne als eine der Großtaten der Technik.

Vers 27 für 1927
»Abgerissen die Aufbewahrung des Windes, eingeschlossen würde es besser sein. Hohes empfängt er, geschlagen wie ein Maulwurfshügel wird er. Es erwacht das Spiel der Töne.«

Hier wird der Durchbruch zur Atomenergie beschrieben. Nostradamus meint jedoch, daß es besser gewesen wäre, wenn man auf diese Entwicklung verzichtet hätte. Als »Maulwurfshügel« bezeichnet Nostradamus die Atommeiler. Sodann kündigt er den Beginn von Radiosendungen durch den Äther an.

Die nächste technische Großtat ist laut Nostradamus die Landung des ersten Menschen auf dem Mond.

Vers 65 für Vers 1965
»Innerhalb von vier Jahren wird die Sorgfalt ein Sternenschiff einrichten – Das dort festmacht, wo der Prinz gestellt wird auf fremde Erde.«

Vom Text her ein sehr interessanter Modellfall. Die Zeitangabe laut Verskoordinate ist 1965. Nun steht im Text »innerhalb von vier Jahren«, also 1969. Siehe da, 1969 betreten die Amerikaner Armstrong und Aldrin als erste den Mond und leiten damit den künftig regen Flugverkehr von Planet zu Planet ein.

Vers 76 für 1976
»Inmitten zweier Ströme erheben sich Gegensätze im Chemischen, dann Bett in der Luft.«

Schmunzeln wir ruhig, wie Nostradamus aus seiner Sicht den Start einer »Ariane«-Rakete beschreibt und wie sie beziehungsweise ihre Nutzlast in einer Erdumlaufbahn ihr »Bett« findet.

Vers 78 für 1978
»Durch die griechische Dame von häßlicher Schönheit – Gibt es glückliche Hilfen durch unzählige Protokolle.«

»Griechische Dame« ist bei Nostradamus sowohl die »Ariane« als auch der Ausdruck für Chemie. »Ionischer Kalk« oder »griechisches Feuer« sind weitere Begriffe, die er für chemische Prozesse und Ereignisse benutzt.

Die Ankündigung eines Desasters drei bis vier Jahre vorher ist bei Nostradamus üblich. Im folgenden Vers könnte das technische Desaster von Tschernobyl beschrieben sein, wobei Nostradamus andeutet, daß dieser sogenannte »GAU« (größter anzunehmender Unfall, also die Kernschmelze) relativ glimpflich ablaufen wird.

Vers 82 für 1982
»Das schnell Spaltende ist verwahrt von der Hand des Todes – Plötzlicher Kampf diese Majestät nicht kränken wird.«

Nicht so gut scheint der Verlauf eines technischen Problems in der Nähe von Lyon zu sein.

Vers 98 für 1998
»Bei der zehn – bei Lyon Nüsse lügen – was für Zeit des Streits – Zurückgegeben wird das große niedergerissene Pferd.«

Die Gebäude der Atomreaktoren werden von Nostradamus an anderen Stellen in einem anderen Zusammenhang auch als »trojanische Pferde« bezeichnet. Es kommt offenbar zu einem großen Disput und schließlich zum Abbau der Anlage.

Die mißglückte Reise zum Mars Anfang des nächsten Jahrtausends kann nicht als großartige technische Leistung interpretiert werden. Auch sind die Menschen nach 2011 so mit sich selbst beschäftigt, daß es weitere fünfundzwanzig Jahre dauert, bis eine zwar etwas mysteriöse Textpassage vermutlich auf eine weitere technische Großtat hinweist: die Reise zur Venus.

Centurie X, Vers 25 für 2025
»Wenn du nicht für das Öffnen des Zerbrechlichen bist – überquere es nicht.«

Techniker schaffen zusammen mit den Wissenschaftlern offenbar um diese Zeit die Voraussetzungen für eine neue Energiequelle.

Drei Jahre später, 2028, ist es dann soweit. Die Erfindung des Jahrtausends ist gelungen:
Vers 28 für 2028
»Das Geheimnis kennt man – und drei gründen die erste Musik. Werden sein durch den König in Ehren unsterblich gemacht.«

Im nächsten Vers, also für 2029, definiert Nostradamus näher, worum es gehen wird: Die große Erfindung hat etwas mit der neuen Energiegewinnung zu tun.
Vers 29 für 2029
»Vom Pol für tausend Jahre die Sonne in die veränderliche Höhle gebracht. Versteckt und gefangen – nach außerhalb gezogen durch den Bart. Gefangen geführt. Wie Kranke die Masse der Eingeweihten. Der Hof des Bärtigen in Zuleitung nach den vier Bäumen.«

Tatsächlich werden wir in den nächsten fünfzig Versen immer wieder bei Nostradamus lesen, daß Dinge von den Menschen erfunden werden, die ungeheuer viel Energie verschlingen; das heißt, es ist den Wissenschaftlern gelungen, das Energieproblem der Menschheit erstmals vernünftig zu lösen und diese Technik der Energiegewinnung ständig zu verbessern. Unbegrenzte und noch dazu billige Energie wird zur Verfügung stehen.

Und hier die Beschreibung, wie das Grundprinzip angelegt sein wird. Versuchen wir einmal, diese Information zu zerlegen:

Der Nostradamus-Text	**Deutungsversuch**
»Vom Pol	Sonne ist Plus, Erde ist Minus
der Sonne	Sonne ist Plasma
in eine veränderliche Höhle	Bauwerk unter der Erde das größer und kleiner wird
versteckt und	abgeschirmt und
gefangen	gespeichert
nach außerhalb gezogen	Ableitung der Energie
durch den Bart	mit vielen Drähten bzw. Ableitungen
Hof des Bärtigen	Ring mit vielen Drähten
Zuleitung nach den vier Bäumen«	Verteiler auf vier Masten

Künftige Erfinder könnten sich also vielleicht Anregungen aus dieser Beschreibung holen.
Nun beginnt eine weitere für Europa interessante Entwicklung. Nach dem Dritten Weltkrieg wird es Spanien sein, das zur technischen Nation Nummer eins in Europa aufsteigt.

Vers 30 für 2030
»Nicht stinkend angezogen. Engel des heiligen Neuen kommt. Durch den Beinamen unterhält man das Tor, das entdeckt wurde. Es wird sein gejagt – hingestellt zum Sterben – nackt gejagt. Aus Rotem und Schwarzen umgewandelt – ihr Grün.«

Was hier nach einem Martyrium klingt, ist in Wirklichkeit die Beschreibung eines chemisch-physikalischen Vorgangs:

Der Nostradamus-Text	**Deutungsversuch**
»Nicht stinkend angezogen	Nicht Chemie, Physik usw.
Engel des heiligen Neuen	neue Entdeckung
Durch den Beinamen	Zusatzphänomen
unterhält man das Tor	eine neue Art des Zugangs
wird gejagt sein	auf hohe Geschwindigkeit gebracht
hingestellt zum Sterben	zertrümmert
nackt gejagt	das von der Schale Befreite erneut beschleunigt

Aus Rotem und Schwarzem ihr Grün«	unbekannte Bestandteile Grüne Kerne nannte Nostradamus an anderer Stelle schon mal die Atomkerne

Bedenken Sie bitte immer, daß Nostradamus im späten Mittelalter gelebt hat. Wir Menschen des ausklingenden Jahrtausends könnten hier durchaus die Beschreibung eines Teilchenbeschleunigers erkennen.

Die Sache mit der Energiegewinnung ist für Nostradamus so wichtig, daß er schon für das Jahr 2034 erneut darauf eingeht. Die Erfindung des »Tons«, wie es Nostradamus immer wieder bezeichnet, wird den Idealisten – den »armen Brüdern« –, die daraus keinen Gewinn schlagen wollen, aus der Hand genommen.

Vers 34 für 2034
»Durch den schönen Ton – Arme Brüder werden verraten. Durch das derbe Pferd – Zeit der riesigen Gewölbe. Der Tatsachen wegen das Seltene lange Zeit wird eingezäunt sein.«

Aus heutiger Sicht kann man nur spekulieren, warum Nostradamus diese Erfindung mit dem Begriff »Ton« verbindet. Hat das etwas mit Frequenzen zu tun? Es wäre denkbar, denn Begriffe wie »geschmückte Töne« und »graue Töne« kommen jetzt häufiger in den Prophezeiungen vor.

Daß diese Frequenzen – müssen wir womöglich von Hyperfrequenz-Energieträgern sprechen? – auch als Waffen eingesetzt werden, liegt im Charakter jener Menschen begründet, welche die staatliche Gewalt bestimmen.

Für das Jahr 2038 ist Nostradamus schon gezwungen, eine solche Waffe zu beschreiben:

Vers 38 für 2038
»Die heiligen Angreifer werden haben geschmückte Töne. Verlaßt den Haß – ich um der Gallier klage. Aus Angst ergeben sie sich der Armee der grauen Töne.«

Sechs Jahre sind vergangen. Wir befinden uns im Jahre 2044. Weitere technische Einrichtungen sind erbaut worden. Bei Nostradamus liest sich das so.

Vers 44 für 2044
»Bergkuppe ist Herz der Röhre und der tropfsteinartigen Materie.«

Ab der Mitte des nächsten Jahrhunderts entwickelt sich Spanien zur neuen technischen Großmacht in Europa.

Vers 48 für 2048
»Das Gründlichste die Spanier unterrichtet – Gewinnen die Spitze und die Enden von Europa.«

Irgendeine technische Panne in einem »Zyklotron« führt zu einer Energiekatastrophe. Gleichzeitig gibt Nostradamus einen weiteren wichtigen Hinweis für künftige Erfinder. Der Wirkungsgrad, also die Energieausbeute, wird durch einen bestimmten chemischen Prozeß (»entzündeter Schwefel«) erheblich verstärkt.

Vers 49 für 2049
»Der Garten der Welt – nahe der neuen Stadt – brennt es. Auf dem Weg der Lüge – scharf ist die Gruft. Wird sein gepfändet und abwärts gerichtet in den Keller. Stärke des Windes durch die Kraft des entzündeten Schwefels.«

Auch hier lohnt sich eine genauere Textbetrachtung:

Der Nostradamus-Text	**Deutungsversuch**
»Nahe der neuen Stadt brennt es	Ein neuer Energiepool
Auf dem Weg der Lüge	etwas wird überlistet
Scharf ist die Gruft	besondere unterirdische Einrichtung
Wird sein gepfändet	wird abgeschöpft
abwärts gerichtet	in die Tiefe
in den Keller	unterirdisch geleitet
Stärke des Windes	Energiestärke wird
Kraft des entzündeten Schwefels«	durch einen chemischen Prozeß bestimmt

Wir sollten die Sache mit dem Schwefel nicht unbedingt wörtlich nehmen. Nostradamus meint sicher, daß die Umwandlung auf chemischem Wege erfolgt. Vielleicht wagen sich Wissenschaftler in einigen Jahren an eine erste abgesicherte Interpretation.

Vieles hat sich inzwischen auf anderen Gebieten ereignet. Nostradamus gibt weiter Hinweise auf wissenschaftliche Neuerungen, so lesen wir im Vers für das Jahr 2052:

Vers 52 für 2052
»Zu der Bodenhefe will man werfen Zellgewebe, damit es sich verheiratet. Es werden sein die Edelmütigen, die dieses für lange Zeit handhaben werden. Am Ort des Afters – Irrtümer wo die Kröte kutschiert. Spielt nicht – seid wachsam – wegen der Bequemlichkeit, die die indischen Freunde lieben.«

Nostradamus beschreibt den Beginn einer Entwicklung, die das Leben aller Menschen auf Erden grundlegend verändern wird. 2052 wird die Methode ausgereift sein, wie man tierisches Eiweiß mittels Pflanzen züchtet, also salopp ausgedrückt »Steaks an Bäumen« wachsen läßt.

Die Konsequenzen sind für das soziale Gefüge der Staaten unabsehbar. Schon vierzig Jahre später berichtet Nostradamus, daß er gesehen hat, wie die Staaten die Grundversorgung der Bürger mit allem Lebensnotwendigen übernehmen. Weitere Schritte sind dann die politische Entwicklung zur Unterschiedslosigkeit zwischen den Menschen und schließlich die Abschaffung des Geldes. Letzteres wird aber kurze Zeit später wieder rückgängig gemacht, weil ein solcher Schritt in der Praxis offenbar doch zu zu vielen und großen Schwierigkeiten geführt hat.

Man wird also Pflanze und Tier miteinander kreuzen könne Nostradamus warnt aber vor den Stoffwechselprodukten dieser Eiweißverbindung, denn in den Abwässern könnten sich Mutationen entwickeln, die nicht erwünscht sind! Dieses Problem wird man aber bewältigen können, denn Nostradamus erwähnt keine weiteren Komplikationen. Unwillkürlich denken wir an die bekannten und die vermutlich zahlreichen unbekannten, geheimgehaltenen Genmanipulationen, mit denen man sich in vor der Öffentlichkeit gut abgeschirmten Labors schon jetzt beschäftigt.

Es geht wirklich Schlag auf Schlag in diesem 21. Jahrhundert. Schon zwei Jahre später, also 2054, wird das »erste göttliche Geheimnis« entdeckt. Nach den bisherigen Informationen dürfte in diesem Jahr eines der Naturgesetze endgültig durchschaut werden, aber die in diese neuen Erkenntnisse gesetzten Erwartungen werden sich nicht erfüllen.

Vers 54 für 2054

»Geboren von dieser Welt – durch die aneinandergefügten Körper – göttliches Geheimnis. Bei der zwei hochgestellt – durch sie traurige Neuigkeiten.«

Lassen Sie uns auch diesen Text analysieren.

Der Nostradamus-Text	**Deutungsversuch**
»Geboren von dieser Welt	Auf unserer Erde konstruiert
durch die aneinander-	zusammengebautes
gefügten Körper	Instrument
göttliches Geheimnis	Entdeckung eines Naturgesetzes
bei der zwei hochgestellt	zwei Raumstationen
durch sie traurige Neuigkeit«	bringt nicht das erwartete Ergebnis

Es scheint so, als ob Nostradamus seine Leser schon lange vor dem Ereignis nicht im ungewissen lassen will. Im Vers 55 beschreibt er, welches Naturgesetz er einen Vers zuvor gemeint hat. Gleichzeitig ist dies eine Sensation besonderer Art, denn es zeigt uns schon heute in der Vorausschau, daß man sich bereits in knapp sechzig Jahren sehr kenntnisreich und detailliert mit den Schwarzen Löchern auseinandersetzen kann.

Vers 55 für 2055

»Die unglücklichen Knoten werden gefeiert werden. Darüber große Freude sein wird – aber das Ende ist unglücklich. Hochzeit mit dem schwarzen Meer wird ungnädig aufgenommen. Beide tot, und das Schwarze ist sehr erbärmlich.«

Der Nostradamus-Text	**Deutungsversuch**
» . . . unglückliche Knoten	unglückliche Verbindung
wird gefeiert	erwartete Vorteile

Ende ist unglücklich	es wurde etwas übersehen
Hochzeit mit schwarzem Meer	Verbindung zu Schwarzem Loch
ungnädig aufgenommen	geht schief
beide tot	Ausgangsmaterial zerstört
Schwarze sehr erbärmlich«	keine Gesetzmäßigkeiten

Ein Weltraumunternehmen mit großartigen Ergebnissen auf der Basis der neuen Erfindungen wurde von Nostradamus für 2057 vorausgesehen.

Vers 57 für 2057

»Das unter dem Erhebenden sich Befindliche – nicht Umsetzbare – ist Zepter der Töne. Wird den Wissenschaften Jahre des Spiels gebären – davon ganz große Ehrungen. Diejenigen welche sich machen eine bessere Art des Ballastes. Für ihre fünf Stöße – Zum Sterben schwarze Fahnen erscheinen.«

Zumindest in den letzten beiden Zeilen des vorangegangenen Verses beschreibt Nostradamus ein Raumschiff. Wir müssen wissen, daß wir kurz vor größeren Weltraumprojekten stehen und Nostradamus hier den Beginn dieser Epoche der Entdeckungen markieren will. Die »fünf Stöße« sind die Triebwerke, deren Energievorrat dadurch stirbt, daß »schwarze Fahnen« aus dem Antriebssystem ausgestoßen werden.

2058 steht ein Wettlauf im Weltall bevor.

Vers 58 für 2058

»Versuche in der Grube der Wissenschaft gelingen – Einvernehmen wird erhalten.«

Offenbar gelingt es, eine Energie für vier Jahre zu binden, eine Voraussetzung für die nächsten Zeilen.

Vers 59 für 2059

»Für vier Jahre entsteht gefesselter Wind – Der Kopf tötet, die nicht atmen. Fünf Staatsbürger der Luft – Hände drücken – dort Einweihung. Abreise unter edler Führung steht bevor – lange Schleppe. Und man entdeckt Grünes – Parabolisches der Masse-Zeit der Einweihung.«

Der Nostradamus-Text	Deutungsversuch
»Fünf Staatsbürger der Luft	fünf Piloten
Hände drücken	treffen Vereinbarungen
dort Einweihung	technische Schulung?
Abreise unter	Abflug mit Wissenschaftlern
lange Schleppe	sehr langgestrecktes Raumschiff
man entdeckt Grünes	man entdeckt Leben
Parabolisches der Masse-Zeit	?

Im 68. Vers ab Zeile 2 befaßt sich Nostradamus mit einer Reise ohne Luft, also einer Raumexpedition, die schon etwa zehn Jahre vorher begonnen hat. »Langes Gehen« heißt, sie ist lange unterwegs gewesen.
Vers 68 für 2068
»Dann Abfahrt ohne Luft – langes Gehen. Die Einwohner großen Raub begehen, in dem sie die Erde nehmen werden. Zurückgekehrt – Hundert werden zurückgelassen – Großes auf Anhieb.«

Diese Expedition wird ein großer Erfolg sein. Man besetzt und raubt eine »Erde«, also einen anderweitigen Planeten. Hundert Teilnehmer der Expedition verbleiben am Zielort. »Großes auf Anhieb« bedeutet, daß man auch wichtige, bislang unbekannte Dinge entdecken wird. Ein wenig schimmert hier die Mentalität des Wilden Westens durch.

Im Vers 69 sieht Nostradamus einen neuen Mond. Was meint er damit? Es hängt auf jeden Fall mit den zuvor angesprochenen Entdeckungen zusammen. »Altes erwacht« heißt, daß archäologische Reste einer außerirdischen Zivilisation aktiviert werden. Schade, daß viele Leser unserer Zeit im Jahre 2069 vermutlich nicht mehr leben werden.
Vers 69 für 2069
»Beginn die Tatsache des neuen Mondes – Altes erwacht. Wird sehr groß werden durch den Süden – Aquilon. Von seiner Schwester beginnt sich Eigenständiges aufzubauen.«

Nun schildert Nostradamus, wie die Menschheit den Klimaschock überwinden wird – eine Herausforderung im Zusammenhang mit der schwächer werdenden Sonne. Und auf welche Weise wird man das Problem lösen? Ganz einfach: Die Atmosphäre der Erde wird künstlich aufgeheizt.

Vers 70 für 2070
»Das Öl, das aus dem Gegenstand kommt, wird solche Ausmaße erreichen. So sehr und so brennend, daß es zum Grab der Zeit des Schnees wird. Auf dem Kiesfeld gebraucht, macht es – davon wird kommen die Abnahme.«

Etwa um 2079 beschreibt man im Osten den Weg einer neuen Physik, man reinigt die verschmutzten Weltmeere:
Vers 79 für 2079
»Die alten Wege werden alle verschönert werden. Man verläßt sie – Zeit der gleichen Physik im Osten kommt. Das große Meer wird durch den Gewaltigen von den Blumen der Unordnung geheilt.«

Nun noch ein kurzer Blick auf die letzte Dekade des 21. Jahrhunderts. Der 93. Vers beschreibt erneut, wie ein Raumfahrzeug ins All startet. Man fährt offenbar los, um die neuen Besitzungen zu sichern. Eine Weltraumkolonie aus grauer Vorzeit, von der wir bisher nichts wußten, wurde entdeckt. Die Anlage auf diesem Planeten ist durch Einschläge für Menschen unbewohnbar geworden, so daß Schäden repariert werden, damit die Station wieder besiedelt werden kann und die sensationellen Entdeckungen ausgewertet werden können.

Vers 81 für 2081
»Der Schatz wird in den Tempel der Bewohner Spaniens gelegt. Vier Jahre das am geheimen Ort ist.«

Aber es ist auch die Zeit neuer Entdeckungen und Erfindungen. Ich deute diese Weissagungen so, daß wir zur gleichen Zeit eine Annäherung von Gesetzmäßigkeiten der Physik und Chemie erwarten können.
Vers 93 für 2093
»Das neue Schiff wird brennend seine Reise aufnehmen. Dort und in der Nähe wird das Reich umgestaltet werden. In das Fell Hundert haben gebohrt – Rückgewinnung der Beherbergung. Nahe zweier Kolonien wird gefunden werden Zerriebenes.«

Vers 94 für 2094
»Sechs entkommen in engelhafter Kleidung.«
 Sechs Menschen entkommen »in engelhafter Kleidung«, das heißt in einem Flugzeug. Man wird demnach zum Ende des 21. Jahrhunderts das problemlose Fliegen des einzelnen bewerkstelligt haben.

Zu Beginn des 22. Jahrhunderts wird von Nostradamus die künstliche Beleuchtung der Nachtseite der Erde angekündigt. Wahrscheinlich hat man sich ausgerechnet, daß es billiger ist, eine zentrale »Nachtbeleuchtung« am Himmel zu installieren, als mittels Elektrizität die Nacht zum Tage zu machen.

Centurie I, Vers 100 für 2100
»Für lange Zeit wird im Weltraum das Geheimnis der Zeit des griechischen Feuers zu sehen sein. Geschickt bereitet aus vier Ölen und vom dosierbaren Rohr dreifach zurückgekehrt. Gehalten die Morgendämmerung – hundert von einem grünen Unnützen zuvor verzweigt werden.«

Vers 1 für 2101
»Die Lampe erlischt weil sie das Bett der Sonne des Deutschen verläßt.«
 Die erste künstliche Sonne macht den Technikern noch Probleme, weil sie vermutlich nicht auf einer bestimmten Umlaufbahn stabilisiert werden kann.

Vers 2 für 2102
»Hat man die reinigenden Herstellungsverfahren in der Hand, wird es in das Wasser der tausend verzweigten Orte geleitet.«
 Offenbar ist es eine großartige Zeit. Es gelingt den Menschen, die Wasserverschmutzung in den Griff zu bekommen, so daß brauch- und trinkbares Wasser wieder per Rohrleitung in die Häuser geleitet werden kann.

Vers 3 für 2103
»Die Raumfahrt wird haben das Universum.«
 Nostradamus sagt die Entwicklung der wirklich zu Recht so genannten Raumfahrt ab dem Jahre 2203 voraus. Aber anscheinend geht es eben doch nicht alles so reibungslos vonstatten.

Vers 28 für 2128
»Für eine Zeit lange Zeit nach dem spanischen Boot. Kranke Flügel der beweglichen Menschen alle beide im Weltraum haben werden großen Mangel.«

Anscheinend bekommen die bemannten Weltraumstationen Energieprobleme. Denn neun Jahre später vermerkt Nostradamus im Protokoll seiner Versionen:

Vers 37 für 2137
»Etwas vorher werden die Sonnenflügel die Wissenschaften untergraben. Der Streit steht bevor, das große Volk ist voller Zweifel.«

Gleichzeitig beginnen Streitigkeiten zwischen weltraumorientierten und erdgebundenen Menschen. Die Ingenieure geraten in Schwierigkeiten. Sie reagieren mit neuen Techniken.

Vers 43 für 2143
»Zuvor – was für ein Zulauf der Wechsel der Herrschaft hat – Die Insel wird hinzukommen – ein Fall besonderer Großartigkeit – Der Platz entwickelt sich durch den Stützpfeiler des fein Zerriebenen. Hingestellt – verwandelt unter dem Feld des Nichtöligen, um es zu haben.«

Damit scheint die politische Krise überwunden zu sein, aber Nostradamus sieht eine Katastrophe am Himmel heraufziehen.

Vers 45 für 2146
»Alles nach dem großen Thau vom östlichen Gold und Spiegel – Großes Feuer des Himmels in drei Nächten herabfallen wird. Deshalb wird hinzukommen bald Dummes und Spiegelndes.«

Die künstliche Sonne stürzt ab. Achtzehn Jahre später ist anscheinend eine Nachfolgerin gebaut und im Orbit stationiert worden:

Vers 64 für 2164
»Des Nachts hat man die Sonne – ausgedacht hat man das Feuer.«

Eine neue Ära bricht an. Die Menschen beginnen, ihre Wohnsitze unter das Meer zu verlegen. Dazu sind einige technische Erfindungen nötig:

Vers 77 für 2177
»Zwischen zwei Meeren erbaut wird die Förderung – Bis sie dann sterben wird durch den Tod des Pferdes – Die Wissenschaften des Neptun werden zusammenfalten das schwarze Segel. Zwei Tore werden gebaut – hundert verlassen die Nähe des rosa Pferdes.«

Die Energieversorgung wird über irgendwelche unausgereiften Techniken bereitgestellt, denn Nostradamus benutzt hier erneut den Begriff Pferd, womit er vermutlich wieder ein Trojanisches Pferd meint.

Eine Weltraumstation wird wieder mit Energie versorgt.
Vers 79 für 2179
»Wiedererneuerung des Weltraums der kraftlosen Thau-Stadt.«
Die Dynamik der Fortschritte von Technik und Erfindungen scheint sich zum Ende des 22. Jahrhunderts verlangsamt zu haben.

Das Jahr 2221 erlebt die Expedition einer schrecklichen außerirdischen Lebensform zur Erde:
Centurie II, Vers 21 für 2221
»Die satanische Lampe wird abgeschickt durch das Allerschlimmste. Auf halbem Weg in das unbekannte Neue antwortet Abstoßendes.«
Die Menschen dieses Jahrhunderts versuchen, mit einer außerirdischen Intelligenz in Kontakt zu kommen. Die Intelligenz antwortet auf halbem Wege. Laut Nostradamus ist diese Kontaktaufnahme ein großer Fehler.

Im Jahre 2224 werden zum erstenmal vernunftbegabte Maschinen entwickelt sein:
Vers 24 für 2224
»In Käfigen aus Eisen das Große wird gemacht vernunftbegabt. Wenn nicht davon vorher von Deutschen überwacht wird.«
Hier verwirklicht sich der Alptraum vieler Schriftsteller. Maschinen lernen, wie Menschen zu denken und offenbar ebenso zu handeln. Es gibt aber auch eine Überwachungsinstitution, die von Nostradamus immer als »der Deutsche« bezeichnet wird. Wer oder was sich dahinter verbirgt, läßt sich aus den Texten nicht ableiten. Möglich, daß nach dem Dritten Weltkrieg ein Deutscher mit besonders großem ethischen Anspruch aufgetreten ist, in dessen Tradition solche Dinge kontrolliert werden.

Im Jahr 2241 wird die künstliche Sonne, welche die Nachtseite unserer Erde beleuchtet hat, zerstört:

Vers 41 für 2241
»Der große Stern während sieben Tage verbrennen wird. Nackte werden zwei Sonnen erscheinen lassen. Die große Masse der Wissenschaftler alle Nächte tosten.«

Infolge des Durcheinanders auf der Erde und der Streitigkeiten unter den Menschen gerät das künstliche Kraftwerk am Himmel außer Kontrolle und verbrennt sich selbst beziehungsweise schmilzt durch.

Aus Verzweiflung über die klimatischen Konsequenzen zündet man zwei künstliche Sonnen, die offenbar größten Schaden anrichten werden. Voraussehende Wissenschaftler und Techniker sind außer sich wegen dieses gefährlichen Unternehmens.

Im Jahre 2281 bereiten die künstlichen Sonnen am Himmel erneut Probleme:
Vers 81 für 2281
»Wegen des Feuers des Himmels die Stadt beinahe zerstört ist. Die Urne droht noch zwei diesem Löwen.«

Im Jahre 2282 gelingt eine weitere Erfindung:
Vers 82 für 2282
»Aus Liebe die Beute wird gemacht dort, wo zwei gefangengenommen sind. Das Angegriffene infolgedessen in extremen Notstand gerät. Das Unbefangene haben wird zu den zwei vorher das letzte. Das Große nicht entweicht im Mittelpunkt unter dem Druck.«

Zwei Substanzen, die sich ergänzen, vereinigen sich zu etwas Neuem. Der dritte Bestandteil wird davon fast aufgelöst. Es folgt eine weitere Manipulation. Alles wird unter Druck produziert.

Im Jahre 2292 versucht man, mit einer Physik des Universums das Problem mit der Sonne zu lösen – die Folgen sind jedoch neue Schwierigkeiten:
Vers 92 für 2292
»Durch den Himmel das golden gefärbte Feuer auf Erden sie besitzen werden. Ermahnt von der Höhe für die Unbefangenen gemacht der wunderbare Fall.«

Ein neues Beleuchtungssystem für die Erde wird installiert:
Centurie III, Vers 30 für 2330
»Für das Leuchten, von dem der Kopf der Luft leuchtet die Tatsache des schönen Bundes. Erscheinen wird die Grenze des Größten, welches leuchtet dem Verrückten. Des Nachts im Bett der sechs Leuchten die Luft haben wird die Strebe.«

Die Menschheit erkennt die Ursache für das Ende unseres Sonnensystems und kann den Zeitpunkt genau berechnen:
Vers 37 für 2337
»Bevor die Ermüdung in der Höhe erfolgt, dem O die Gründe bekanntgegeben werden.«

Zwei neue künstliche Sonnen für die Erde bringen wiederum Probleme:
Vers 53 für 2353
»Wenn die zwei Leuchten gerühmt werden ist, große Wut über den Preis. Festhalten wird der Herrscher nichts als Wasser, um zu werfen diejenigen der Bälle. Durch sorgfältige Forschung bei den Ranzigen die Macht wiedergekehrt.«

Aufgrund des Defekts einer künstlichen Sonne verbrennen ganze Landstriche:
Vers 54 für 2354
»Das eine der zwei Lichter diejenigen zur Flucht bringt, wo das Land entstanden ist. So daß es für lange in den zwei Schneisen ausbluten wird.«

Neue Erkenntnisse zur Physik des Geistes bringt das Wissen um die Urheimat der Menschheit zurück:
Centurie IV, Vers 8 für 2408
»Die große Stadt des Haufens in der Höhe sofort bereuen wird. Überraschung, in der Nacht die Bewachung wird unterbrochen. Die sechs Würfel dieser alten Heiligen – welch Kraft der Einweihung. Finde die bewachte Stätte und die rhombusförmigen Zugänge.«

Infolge einer Umweltproblematik erhalten die Menschen einen künstlichen »Überlebensschwanz«, der ihnen die weitere Existenz sichert:
Vers 17 für 2417
»Wechselt die schöne Zeit, ist es nicht schädlich für das Schleppnetz und das zweifach Chemische. Der Führer will zuvor eine Verbesserung von dem vermeiden. Gemacht wird der Schwanz, getragen wird er zusammengepreßt sein.«

Maschinenintelligenz versucht biologische Lebensintelligenz zu täuschen:
Vers 81 für 2481
»Die Brücke man umgehend bauen wird. Lüge derjenigen die keine Zellen haben. Vorüber ist die Armee des großen Prinzen der schönen Beine. In gründlicher Luft dies nicht lange Stumpf der Zellen ist. Empörung geht vorüber – zerlegte sieben am Spieß.«

Schlußbemerkung zum Thema Wissenschaft und Technik

Wer sich auf den letzten Seiten Anregungen geholt hat, wie sich die Entwicklung künftiger Techniken gestalten wird, dessen Phantasie wurde stark gefordert. Allein schon in den nächsten fünfhundert Jahren werden Wissenschaft und Technik in Bereiche vorstoßen, die selbst von amerikanischen Sience-fiction-Filmen noch nicht entdeckt worden sind.

Zuerst kommt es zu einer Lösung des Energieproblems für die Menschheit. Danach werden Forschungsprojekte möglich, die eine Physik hinter der Plasmaphysik entdeckt. So wird der Schrecken für die Menschheit, in einem System mit einer sterbenden Sonne zu leben, relativiert. Man versteht das Problem und ist dem kommenden nicht mehr völlig ausgeliefert.

Die Methode, Schwarze Löcher zu erforschen, erfordert Instrumente, die erst dann, wenn sie komprimiert sind, zu funktionieren beginnen.

Schließlich wird eine Regenerationstechnik für die Ver- und Entsorgung eines jeden Menschen entwickelt, die nach dem Prinzip eines geschlossenen Systems arbeitet. Wissen Sie, was das bedeutet? Ihr

Urin wird gereinigt und die Flüssigkeit Ihrem Körper wieder zugeführt. Die Ballaststoffe, die Sie ausscheiden, werden gereinigt und wiederverwendet. Und der Vorteil: weniger Entsorgung – weniger Versorgung.

Und warum? Weil die sterbende Sonne ein anderes Leben nicht mehr zuläßt und Technik und Wissenschaft, behindert durch kurzsichtige Zeitgenossen, nicht rechtzeitig mit den notwendigen Vorbereitungen für einen Exodus fertig geworden sind.

Verzeihen Sie mir, daß ich Sie geschockt habe, aber ich werde von vielen Seiten gefragt, warum ich zögere, die Details nach 2700 zu veröffentlichen. Wir sind noch nicht reif für solche Weltbilder, weil wir noch aus Quellen trinken können – soviel wir wollen. Und wer bei der Beschreibung des »Schwanzes« an die christlichen Vorstellungen von einem Teufel gedacht haben mag, liegt nicht falsch. Der zusammengefaltete Schwanz ist Teil eines solchen Regenerierungssystems, wie der Mensch, der ihn benutzen muß, ein Mensch der Endzeit dieser Erde ist.

Darum meine ich, daß in zwei-, dreihundert Jahren möglichst viele Menschen begreifen lernen müssen, daß die Technik es sein wird – und nicht die Politik und nicht die Religionen –, die den Menschen die Grundversorgung mit allem Lebensnotwendigen sichert und die entsprechenden Voraussetzungen schafft.

Wer die Text des Nostradamus liest, wird zwangsläufig auf die Wissenschaftler und Techniker wütend, weil sie durch ihre Arroganz und Maßlosigkeit immer wieder die Masse der Menschen gegen sich aufbringen und so den weiteren Fortschritt selbst behindern.

Wird man mir, aus dem Jahre 2700 heraus gesehen, gestatten, über die dann aktuellen Absichten wütend zu sein?

ANHANG

Neues aus der Nostradamus-Forschung

Die drei Wege zu den Weissagungen

Mit Beginn der achtziger Jahre kristallisierte sich zunehmend das Bild heraus, nach welchem System Nostradamus seine geheimnisvollen Texte vor Zensur und Verfolgung geschützt hat. War es anfangs nur das Wissen um den Zeit- und Textschlüssel, so kamen von Jahr zu Jahr mehr Details hinzu, die den Entschlüssler erstaunen ließen.

Nostradamus hatte sein Buch sorgfältig mit Geheimnissen aus der Vergangenheit der Menschheit und aus der Zukunft unserer Nachfahren vollgepackt, gefaltet und veröffentlicht. Aber bis zu seiner Entschlüsselung war es ein weiter Weg.

Als ich 1982 daranging, in das Rätsel des Nostradamus einzudringen, bestand die Problematik darin, daß ich mir Zugang zu seinem Buch verschaffen mußte. Ein Glücksfall half mir, einen der richtigen Einstiege zu den lateinischen Floskeln im Vorwort zu finden. Die Übersetzung war dann nicht mehr schwer, und so lagen schließlich jene merkwürdigen Ausdrucke vor mir, die ich erstmals 1986 als »Buch der Anweisungen« veröffentlicht habe.

So sagt er, daß

- er die Zeit entfernt habe und man den Text mit der Zeit wieder verbinden soll.
- er mit eigener Hand die Zeit angehalten habe und man sie am Vormittag wieder in Bewegung setzen soll. (Wir wissen, daß das Buch der Centurien praktisch in der Mitte mit der Centurie V, 55 anfängt, also einer Uhrzeit von sechs Uhr dreißig entspricht.)
- er die Verse wie Beete in einem Garten angeordnet habe, und die Interpunktion und die Leerzeichen wie Unkraut zu betrachten seien.
- er drei Zugänge zu seinem Text geschaffen habe.

Diese drei Einstiege sind:
- der sprachliche Zugang,
- der mathematische Zugang,
- der intuitive Zugang.

Ich habe meinen Weg zum Werk des Nostradamus über den sprachlichen Zugang gefunden, gelegentlich unter Mithilfe der Intuition aufgrund der Kenntnis der Fakten.

In diesem Kapitel will ich versuchen, denjenigen unter meinen Lesern, die das Geheimnis der Geheimnisse des Nostradamus selbst entdecken wollen, weitere Hinweise zu geben.

Hierbei denke ich nicht nur an die Leser, die dieses Buch heute gekauft haben und es lesen. Vielleicht sind seit Veröffentlichung dieses Buches inzwischen Jahrzehnte vergangen, und gerade das von Ihnen erworbene Exemplar ist bestimmt, einem vom Schicksal ausersehenen Erben des Nostradamus den nächsten Schritt zur Enthüllung der »Großen Verheißung« zu ermöglichen.

Der sprachliche Einstieg, der Weg über die Buchstaben

Wir wissen heute, daß Nostradamus mit einem der drei Zugänge den sprachlichen Einstieg meint, der bereits im Band »Die Weissagung des Nostradamus – Neu entschlüsselt« (Goldmann Taschenbuch Nr. 12166) erläutert wurde.
- Buchstaben wie b – p, d – t, c – q, g – c, i – y, s – f, u – v und andere können vertauscht sein.
- Worte müssen vom »Unkraut« befreit werden, das heißt die Verszeile ist von Interpunktion und Leerräumen zu reinigen. Aus dieser Buchstabenkette sind die Worte neu zu bilden.
- Zeilen können in die Schablone des »Strahlenden Bechers« (siehe Kapitel; Die »Etruskische Bruderschaft«) geschrieben werden, die Nostradamus auch als »das zwölfteilige Täfelchen« bezeichnet.
- Verse können eine Einheit bilden, das heißt innerhalb der Centurie den Inhalt der Prophezeiung für ein Jahr wiedergeben.
- Zehn Verse: Neu ist die Methode der dritten Lesart des Textes, die

hier erstmals veröffentlicht wird und innerhalb von zehn Versen den Inhalt der Ereignisse einer Dekade beschreibt.
- Hundert Verse: zehn Centurien, die ein in sich abgeschlossenes »Buch« ergeben.
- Tausend Verse: Das Buch, das selbst aus einer Texttafel entstanden ist, bildet nun das Gesamtwerk.

Erläuterung der wichtigsten Begriffe aus dem Buch der Anweisungen, den sprachlichen Zugang betreffend

Im »Buch der Anweisungen«, wie ich es genannt habe, findet man Begriffe wie:
- das zwölfteilige Täfelchen,
- der Igel,
- Sequenz ohne Zeit,
- der Nabel der Zahl,
- die 1000 streichelt der Esel,
- die Erben teilen die Haut wohl der Länge nach,
- das Werk hat acht Seiten.

Solche und viele andere Ausdrücke warten darauf, durch die praktische Arbeit der Entschlüsselung erklärt und/oder bestätigt zu werden.

Anmerkung: In »Die Weissagungen des Nostradamus – Neu entschlüsselt« (Goldmann Taschenbuch Nr. 12166) finden Sie ab Seite 247 den Text der 942 Verse, ab Seite 116 »Das Buch der Anweisungen«, das heißt die Übersetzung der lateinischen Einschübe, die Nostradamus den Begleittexten (Vorwort an seinen Sohn Cesar und Huldigung seines Königs Heinrich II.) beigemischt hatte. In diesem Begleittext beschreibt Nostradamus den Weg zur Entschlüsselung seiner Prophezeiungen.

Das zwölfteilige Täfelchen

Hier habe ich die wichtigsten Auszüge aus dem Buch der Anweisungen, die das zwölfteilige Täfelchen betreffen, zusammengestellt:
- »Nun wohl, beginne mit dem Weissagen. Im übrigen wird die Inspiration selbst, durch das leichtbewegliche Gesetzestäfelchen dir den verschlossenen Sinn eingeben.

- Wenn im Durcheinander der nächste Schritt auf gleiche Weise zu gehen schwierig oder nicht möglich ist, dann gehe ich in die viereckigen Täfelchen mit der Losung, in dem das Wesen der Sache, ohne Jahresangabe, auf beiden Seiten beschnitten ist.
- Das Arbeitswerk ist mit Mühe verdeckt, denn es ist angestrebt, daß es sich weit verbreitet. Zahl und Zeit werden durch das zwölfteilige Täfelchen neu geboren.
- Härte die Prophezeiung. Wiederhole du am Täfelchen unten, wo zwei Zeiten und das Wort gekittet sind.
- Das Täfelchen wird die unbekannten Jahre zum Vorschein bringen.
- Wenn du das Täfelchen, die Marke oberhalb reparierst des Nachmittags,
- Ergänze das Täfelchen um die beschnittene Zeit. Jubel!
- Lasse fließen die entflammte Weissagung. Kräftige und stärke sie. Stoße an die laufende Zahl. Lege sie kundig in das zwölfteilige Täfelchen, dem sie entstammt.
- Der Tempel Gottes wird durch eine Hütte bewacht. Mit dem alles enthaltenen zwölfteiligen Brettchen kannst du den Tempel durch fromme Gesinnung und dankbare Liebe und Pflichtgefühl erringen.
- Alle zwölfteiligen Brettchen müssen erschienen sein.«

Soweit die Auszüge aus dem »Buch der Anweisungen«, die Nostradamus dem Entschlüssler hinterlassen hat. Es stellt sich nun die Frage, wie man zum zwölfteiligen Täfelchen des Nostradamus findet.

Stellen Sie sich bitte ein Schachbrett vor, daß aus fünfmal fünf schwarz-weißen Feldern besteht.

```
0 1 0 1 0           0 1 0 1 0              0 1-0-1 0
1 0 1 0 1           1 0 1 0 1              1 0 1 0 1
0 1 0 1 0   wird    0-1-0-1-0     und      0 1 0 1 0
1 0 1 0 1           1 0 1 0 1              1 0 1 0 1
0 1 0 1 0           0 1 0 1 0              0 1-0-1 0
Ausgangs-           Strahlender            zwölfteiliges
Muster              Becher                 Täfelchen
```

Aus diesem Grundmuster erhalten wir zum einen den »Strahlenden Becher« des Nostradamus, die Schablone für die göttlichen Verheißungen, und das zwölfteilige Täfelchen, die Schablone für die weltlichen Prophezeiungen. Übrigens haben die Ritter des Malteserordens sich dieses Symbol für ihr Kreuz auserwählt, denn ihre Aufgabe war es, die Pilger und Kreuzfahrer mit dem Schwert zu schützen.

Wir erproben unsere Entdeckung des zwölfteiligen Täfelchens:

Nehmen wir die letzten fünf Zeilen des Textes für die letzte Dekade dieses Jahrhunderts. Denken Sie bitte dabei daran, daß Vers 100 vor Vers 1 einer Centurie steht und die Prophezeiung für das Jahrhundert wiedergibt. Wenn wir die letzten fünf Zeilen, also Zeile 4 des Verses 98 und die vier Zeilen des Verses 99, als die letzten fünf Zeilen dieses Jahrhunderts ansehen, dann bilden Sie eine der acht Grundlagen für die Prophezeiung der letzten Dekade dieses Jahrtausends.

IX,98,4 bis IX,99,4:

I	II	III	IV	V	IV	VII
seron	tdere	ndrel	egran	dched	emoli	te
venta	quilo	nerap	artir	lesie	ge	
parmu	rsget	terce	ndres	chaul	setpo	ussier e
parpl	uyesa	presq	uille	urera	bienp	iege
derni	resec	ourse	ncont	releu	rront	iere

```
          I
   s  e   r   o  n        s               eon                 n
   v   e  n   t  a              e                       t
   p   a  r   m  u    pua           r              r       mal
   p   a  r   p  l                      b            a
   d   e  r   n  i                       i        d
                                           ner
```

Auswertung I:
Die Diagonale **serpi** (p wird zu b) ergibt also **Serbi** = Serbien
Die Diagonale **dartn** (t wird zu d) ergibt also **tard n** = zögert nicht
Das zwölfteilige Täfelchen
mal = schlechtes, übles
eon = Zeitalter
Pua ner: wird zu = **puan er** = stinkender Luft

II

t	d	e	r	e		t					e		dir
q	u	i	l	o			u			l			
u	r	s	g	e				s			s		qur ago
u	y	e	s	a			s		y				
e	r	s	e	c				c	e				ere

Auswertung II:
Die Diagonalen **tuss ce ysle** = alles diese Inseln
Das zwölfteilige Täfelchen:
ago = agnie = im Todeskampf (sterben)
dir = spricht
qu = was
rere = geschoren, rasiert (wurde)

III

n	d	r	e	l		n					l		prq
n	e	r	a	p			e			a			
t	e	r	c	e				r			r		ter pn
p	r	e	s	q			s		r				
o	u	r	s	e				e	o				tue s

Auswertung III.
Die Diagonalen: **ner se o rralt** = geboren hat sich Omega wahre
Das zwölfteilige Täfelchen:
prq = Kürzel für presque = fast, beinahe
ter = (d wird zu T) Erde
pn = (Kürzel evtl. für) kann nicht
tue s = töten das S (meist Kürzel für Geheimnis, hier vielleicht auch für Serbien)

IV

```
e g r a n     e                 n      atg
a r t i r     r           i
n d r e s     r           r        tua ere
u i l l e        l  i
n c o n t           t n               nlc
```

Auswertung IV.:
die Diagonalen: **err l t ni rin** = Irrtum des t (Kürzel), niemals fließt
Das zwölfteilige Täfelchen:
erect = (g wird zu c) aufgerichtet
a = zum
tua = töten (im)
an ld = Jahr 99

V

```
d c h e d     d                 d     sec
l e s i e     e           i
c h a u l        a           a     hul au e
u r e r a           r     r
r e l e u              u r            eee
```

Auswertung V.:
Die Diagonalen: **de** = von, durch
arur = aroer = drehen,
raid = Überfall
Das zwölfteilige Täfelchen:
au = bei
e = fünf (e kann auch für 5 stehen; 1995)
sec = geheimes
hulee = Gekreische
e = ist (oder e kann auch für 5 stehen) dann: fünfmal geheimes Gekreische

Das sechste Feld ist nicht mehr vollständig. Vermutlich wird dieses und jedes weitere Feld nach einer Regel, die zur Zeit nicht bekannt ist, mit den Restbuchstaben aus dem nächstfolgenden Feld aufgefüllt.

Ohne diesen so gefundenen Text weiter zu kommentieren, kann unser Experiment als gelungen angesehen werden. Es geht um Serbien, es geht um eine neue Waffe, es geht um diesen Überfall im achten Abschnitt der letzten Dekade dieses Jahrhunderts.

Wenn Sie daran Interesse haben, können Sie anstelle eines Kreuzworträtsels die anderen sieben fünfzeiligen Abschnitte dieser Dekade selbst entschlüsseln.

Die Tafel mit den 144 000 Buchstaben

Diese nach Art der Buchrolle aufgebaute Tafel hatte Nostradamus mit 144 000 Buchstaben beschriftet, die in 400 Zeilen senkrecht und 360 Spalten waagerecht angeordnet waren.

Die Tafel bestand aus beschriebenen Pergamentblättern und dürfte an der Stirnwand seines Arbeitszimmers im ersten Stock, und zwar

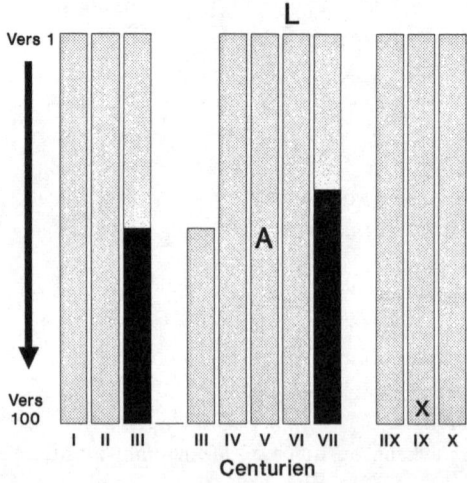

Die Texttafel, ohne die Begleittexte geschrieben, verändert nichts an der Position des Anfangs (bei 1555), der genau in der Mitte der Tafel liegt. A bedeutet Position 1550 als den Anfang. L ist die Position des fünfzeiligen Lateinverses an die Kritiker. X ist die Position der Verse 1990 bis 1999.

auf der gegenüberliegenden Seite der Aufgangstreppe, in seinem Haus in Salon en Provence aufgebaut gewesen sein.

Als er die Arbeit an diesem Werk beendet hatte, zerlegte er die Tafel. Denken Sie bitte an die Bemerkung: »Die Erben teilen die Haut der Länge nach.« (Die Originale hinterließ Nostradamus säuberlich gebündelt, wie man es in seinem Testament nachlesen kann, demjenigen seiner Kinder, das sich dafür interessierte.)

Ein Fingerzeig auf die Offenbarungen des Johannes
Es ist natürlich kein Zufall, daß es gerade 144 000 Buchstaben sind, läßt sich doch so bestens der Bezug zu einem anderen prophetischen Werk herstellen, das für Nostradamus von größter Bedeutung war: den Offenbarungen des Johannes.

Die Zahl 144 000 läßt auch einen weiteren Bezug zu den alten jüdischen Schriften zu, denn dort wird von zwölf Stämmen zu je 12000 Menschen gesprochen.

Es würde zur Philosophie des Nostradamus gut passen, wenn er bewußt jedem Menschen, der eines Tages vor dem Jüngsten Gericht besteht, einen Buchstaben gewidmet hätte.

Der Nabel
Relativ früh (1983), weil von Nostradamus ständig darauf hingewiesen wurde, vermochte ich eine andere Textformatierung zu erkennen. Die Frage, ob sich damit eine weitere Möglichkeit, Prophezeiungen des Nostradamus zu entschlüsseln, ergeben hat, konnte erst in den letzten Jahren mit Sicherheit positiv beantwortet werden.

Dem »Buch der Anweisungen« habe ich für Sie die wichtigsten Hinweise auf den sogenannten Nabel oder »Mittelpunkt« oder »das Nest« entnommen, die zu dieser Formatierung führen:
»Du mußt das Runde wieder aufrichten und zurückführen. Wenn sich jedoch nach Hin- und Herdrehen eben Dieses himmlisch erstrahlen soll, dann richte die Quelle auf den Mittelpunkt.

Der Nabel der Zahl ist 1000.

1000 Zahlen wogen hin und her.

Nabel 1000, 2000. Vortrefflich.

Nabel. Drehe die Scheibe im Kreis und in Muße hast du Zeit 1.

Zusammen mit dem Nabel 1000. Fließt 1.«

Laut Anweisung des Nostradamus wird für alle 400 Zeilen das A im Abstand von Position 36 gesucht und das erste A am Zeilenanfang fixiert.

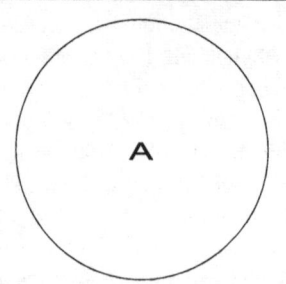

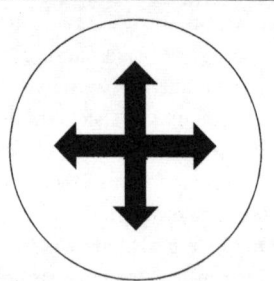

Mitte = Alpha Rand= Omega

Zieht man nun das erste dieser beiden A einer jeden Zeile zusammen, dann entsteht eine Textscheibe, die Nostradamus auch den Igel nennt, weil strahlenförmig vierhundert Stacheln hervorsprießen.
An der Textscheibe führen vierhundert Strahlen zu dreihundertsechzig Buchstaben vom Mittelpunkt weg. Wie die Textscheibe sich mit den Anweisungen deckt

Die Frage stellte sich nun dem Rekonstrukteur, wie man zu dieser Texttafel gelangt. Da kam der Zufall zur Hilfe. Im Zusammenhang mit der Buchstabenanalyse durch den Computer wurden Strukturen in der großen Texttafel sichtbar. Auf der Suche nach reproduzierbaren Gesetzmäßigkeiten entdeckte ich in 356 von 400 Zeilen die Regel, daß zwei A im Abstand von 36 Positionen voneinander standen. Das ist signifikant.

Die Methode, zu der Textscheibe zu gelangen, kann somit wie folgt beschrieben werden.

1. Innerhalb der großen Texttafel ist eine Markierung von Nostradamus bewußt angebracht worden. Für jede der 400 Zeilen dieser Tafel stehen einmal im Abstand von 36 Positionen zwei Buchstaben A.
2. Das erste von den beiden A wird zum Buchstaben einer jeden Zeile gemacht, das heißt, die ganze Zeile wird entsprechend verdreht, bis dieser Buchstabe A in Position 1 ist.
3. Dieser erste Buchstabe, der jeweils ein A ist, verschmilzt nun zu einem einzigen A und bildet damit automatisch den Nabel.

Aus dieser Konstruktion werden nun weitere Hinweise des Nostradamus, die er in seinem Buch der Anweisungen gibt, verständlich.

Stellt man sich die Scheibe als Uhr vor, so liegt die Centurie V bei sechs Uhr, da es ja nur zehn Centurien gibt! Nostradamus hinterlegte:

»Der Zugang liegt bei VI.

Das Dunkel liegt bei VI.

Mein Freund, wenn du umherirrst wie eine Kichererbse, suche die Weissagung bei VI. Ha, hei, dort ist sie stärker als anderswo.

Die Weissagung mit der Zeit und der halben Sequenz fahre weg bei 55. V, VI, VII, 11 48.

Der Zugang liegt am Vormittag.

1 hinzufüge 500.

Anfang am Vormittag.

Das Richtmaß.

5 Zeitzahlen binde an den Vormittag.

Für den Sprachkundigen wächst ein Zweig am Vormittag, wenn er die Sequenz auf seine Art findet.

Trage kühl zusammen, am Vormittag, wo die Worte selbst nicht Last tragen.
Füge hinzu das Unverrückbare, Feste, gemäß den Regeln am Vormittag.«

Es wird bei genauer Betrachtung klar, was Nostradamus mit »Vormittag« und sechs Uhr meint. Gleichzeitig ist es eine Bestätigung, daß der Zeitschlüssel, also welcher Vers für welches Jahr oder welche Zeit geschrieben wurde, tatsächlich mit der Nummer der Centurie und den Nummern der Verse in den Centurien zusammenhängt.

Der mathematische Einstieg

Auf den ersten Blick ist nichts von Mathematik bei Nostradamus zu erkennen. Jedoch ist in einer Reihe von Veröffentlichungen versucht worden, kabbalistisches Ideengut in seinen Texten wiederzufinden: zum Beispiel, daß der Wert der einzelnen Buchstaben einen Gesamtwert je Zeile ergibt, der mystisch-esoterische Bedeutung hat.

Die Mathematik des Nostradamus ist meiner Ansicht nach frei von okkultem Hintergrund. Man findet am leichtesten den Zugang, wenn man dem Ritus des Mittelalters entsprechend den kleinstmöglichen und größtmöglichen Wert der Formel festlegt. Tun wir es.

Analysiert man den Gesamttext, der aus 144000 Buchstaben besteht, so ist deutlich zu sehen, daß Nostradamus die kleinste Einheit des Werkes mit einem Buchstaben und die größte Einheit, das Buch, mit 144 000 Buchstaben festgelegt hat.

Was jahrhundertelang nicht zu erkennen war, wurde bei Analyse des Gesamtwerks 1986 deutlich. Die Urform des Textes hatte Nostradamus in eine einzige Texttafel geschrieben, so wie es die Sitte der jüdischen Buchrollen vorgab.

Mathematische Auffälligkeiten im Gesamtwerk des Nostradamus

So hat er seine zehn Centurien auf zweihundert Seiten seines Originalbuchs verteilt, das heißt, je Buchseite wurden fünf Verse gedruckt. Eine Centurie wurde auf zwanzig Seiten untergebracht.

Da wir zehn Centurien kennen, bestand der Kerninhalt der Nostra-

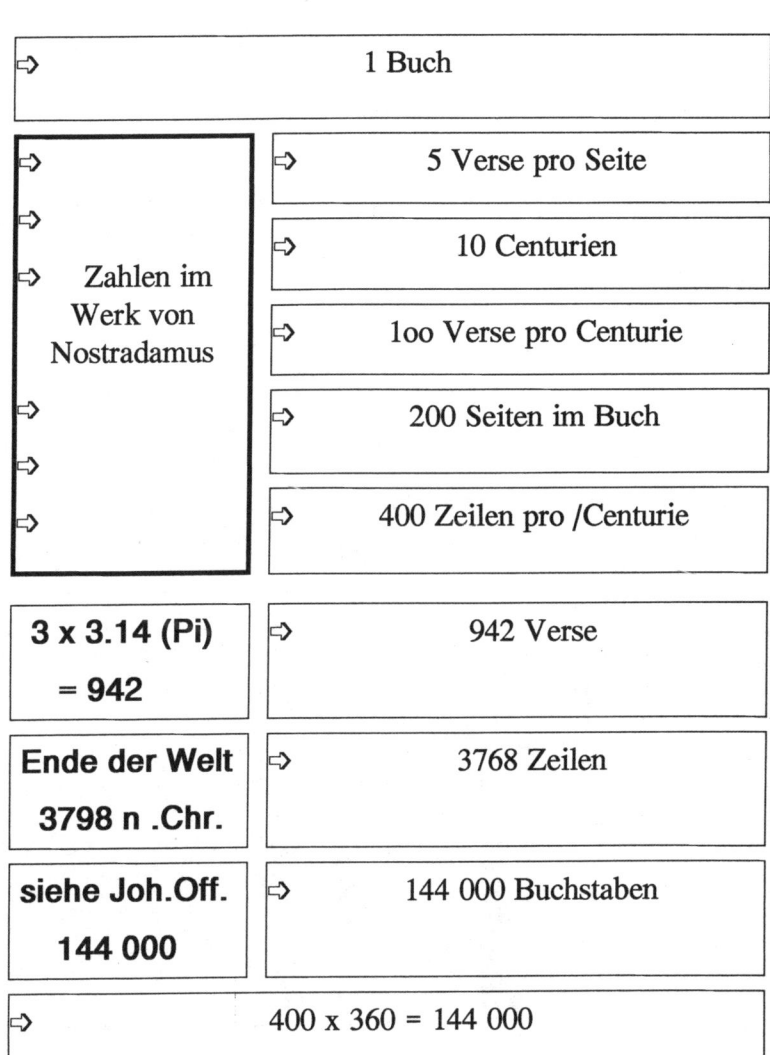

Zahlen, die bisher sichtbar wurden

damus-Prophezeiungen aus einem zweihundertseitigen Buch, was wiederum bei der Suche nach sogenannten verschollenen Versen hilfreich ist.

Diesen zweihundert Seiten stellte Nostradamus ein Vorwort an seinen Sohn César voran, das genau die Länge einer Centurie – also 400mal 36 Buchstaben – hat, also eine elfte Centurie sein könnte, und fügte eine Epistel an Heinrich II. zwischen der fünften und sechsten Centurie ein, die, wenn man 36 Buchstaben je Zeile formatiert, die Länge von etwa knapp anderthalb Centurien aufwies.

Wäre die Epistel an Heinrich II. eine eigenständige Centurie, dann würde dies das Zwölfmal-zwölftausend-System sprengen (siehe Abbildung unten), weil wir es mit der Länge von anderthalb Centurien zu tun haben. Also muß der Nostradamus-Entschlüßler überlegen:

Nostradamus Texttafel
Struktur mit Begleittext

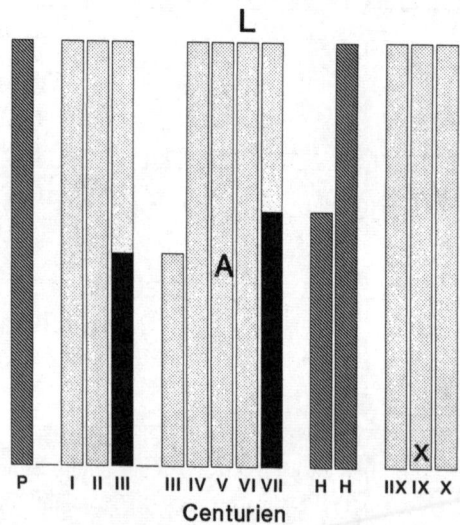

Das Gesamtwerk, also Vorwort, Centurien, Epistel an Heinrich II., wurde in drei Teilen veröffentlicht.
Die Abbildung zeigt schematisch den Aufbau der Texttafel.
In der Mitte der Tafel steht der Vers für das Jahr 1555!

Die geheimnisvolle Zahl 3768
Die 942 Verse bestehen aus je vier Zeilen, was 3768 Zeilen ergibt.

Nostradamus hat uns Prophezeiungen für die Zeit von 1555 bis zum Jahr 3797 hinterlassen. Das Ende der Welt wäre somit von ihm auf das Jahr 3797 nach Christus datiert.

Vergleichen wir nun die Zahl 3797 mit der Anzahl der Zeilen, dann kommen wir bis auf 29 Zeilen genau diesem Wert nahe.

Wo sind – falls unsere Vermutung zutrifft, daß hier ein Zusammenhang bestehen muß – diese 29 Zeilen geblieben? Auch das läßt sich beantworten:

Da gibt es erstens den Vers an die Kritiker seines Werkes, bestehend aus fünf Zeilen in Latein, und – zweitens – sechs Verse = 24 Zeilen, die nachträglich veröffentlicht wurden (VII,43 bis VII,48). Somit wäre der Verbleib der fehlenden 29 Zeilen erklärt.

Ein Fingerzeig auf einen geheimen Text
Was könnte an der Hypothese dran sein, daß jede Zeile für sich eine Prophezeiung vom Jahr 1 nach Christus bis 3797 enthält?

Schon seit 1985 ist bekannt, daß Nostradamus mehrere Texte in einem komprimiert hat. Diese Auffälligkeit – 3797 Zeilen für 3797 Jahre ab unserer Zeitrechnung – ist ganz eindeutig als Hinweis zu verstehen, daß dieser Text anders formatiert einen weiteren für uns völlig neuen Inhalt ergeben wird.

Die Zeilen 1 bis 3797, hintereinander geschrieben, ergeben offenbar einen eigenen Sinn, der allerdings nichts mit Prophezeiungen zu tun hat. Wir können in den nächsten Jahren mit einer weiteren Sensation der Nostradamus-Forschung rechnen, wenn wir rechnerisch die erste Zeile dieses Textes gefunden haben.

Die Zahl 144 000
Es ergibt 12 mal 12 000 genau 144 000. Rein rechnerisch müssen wir von zwölf Abschnitten zu 30 Buchstaben ausgehen. Zehn Centurien gibt es, somit bleiben für das Vorwort an Sohn César und für die Epistel an Heinrich II. zwei Abschnitte übrig.

Sie stellen aber fest, daß es dreizehn Abschnitte geworden sind. Somit paßt der dreizehnte Abschnitt, bestehend aus einer halben Centurie, augenscheinlich nicht in das Schema.

Nach einiger Überlegung stellt sich die Frage: Gehört das Vorwort an den Sohn César nicht zur Texttafel?

Druckt man das Vorwort an Sohn César im Format 30 Buchstaben je Zeile aus, so sieht man, daß es genau 400 Zeilen sind.

Die Antwort auf die erste Frage lautet: Das Vorwort an den Sohn César scheint in die Tafel zu passen.

Stimmt irgend etwas mit der Epistel an den König Heinrich II. nicht?

Das Huldigungsschreiben an Heinrich II. besteht aus 28 946 Zeichen, also Buchstaben, Interpunktionen und Leerräumen. Wenn man, wie bei dem Vorwort an Sohn César bereits praktiziert, alle Lateineinflechtungen, die Interpunktion und die Leerräume sowie gemäß Anweisung den Buchstaben »F«, entfernt, dann zählen wir noch 21 814 Zeichen.

Formatieren wir diesen Text nun zu 36 Buchstaben je Zeile, dann kommen wir auf knapp 606 Zeilen. Demnach ergäben sich für eine Spalte in der Gesamttafel 400 Zeilen und für eine weitere Spalte weitere 205 Zeilen.

Paßt das zusammen? Jawohl: 42 + 6 Verse der siebten Centurie sind 48 x 4 Zeilen = 192 Zeilen + Vers an die Kritiker (Legis cantio = 5 Zeilen) ergibt 197 Zeilen.

Die siebte Centurie besteht somit aus 197 Zeilen. Der Rest aus der Huldigung enthält 205, . . . Zeilen, was 402, . . . Zeilen ergibt. Die überzähligen Zeilen dürften durch Satz- oder Übertragungsfehler vom Orginalmanuskript zu erklären sein. Natürlich kann nicht ausgeschlossen werden, daß sie ein Indiz für Textmanipulationen sind.

In der Abbildung auf Seite 280 sehen Sie, wie der eben analysierte Text in die Gesamttafel paßt.

Betrachten wir diese Tafel, dann ist die Schlußfolgerung erlaubt, daß das Vorwort (Preface) an den Sohn César zwar Teil der Arbeit des Nostradamus ist, dieser Text aber nicht in die Gesamttafel gehört.

Man sieht, wie P = Preface, sowie die Centurien I bis VII angeordnet sind. H steht für die Epistel an Heinrich II., und die Centurie VIII bis X schließen sich an.

Nostradamus und die Zahl Pi.
Zwar hat diese Konstante ihren Namen erst später bekommen, sie war jedoch jedem Mathematiker im Mittelalter geläufig. Auf eine Besonderheit möchte ich noch hinweisen. Genaugenommen ist es die Antwort auf die Frage, warum Nostradamus nicht von Anfang an die siebte Centurie mit 48 Versen veröffentlicht hat.

Nostradamus wollte damit einen Hinweis auf eine Besonderheit geben:

3 x 3,14 x 100 = 942, wobei – erstens – der Hinweis auf das Hundertfache von Pi = 314 von Nostradamus gewollt ist und er – zweitens – auf die Zahl 4 x 3,14 x 100 = 1256 hinweisen wollte.

Die Zahl, die sich aus 4 x Pi errechnet, spielt in der Schöpfung, mit 1, 10, 100, 1000, 100000 usw. multipliziert, eine große Rolle. Sie scheint, jedenfalls stellt sich mir heute dies so dar, der von Nostradamus als »Transaktionston« bezeichnete Vorgang zu sein. Ich deute das als eine Frequenz, bei der man in die nächsthöhere Dimension eintreten kann.

Aber Vorsicht! Um die Tür zur vierten Dimension offen zuhalten, benötigt man anscheinend dort den Wert, oder was auch immer, 1256, während auf unserer Seite dieser Tür 2512 des gleichen »ETWAS« erforderlich ist. Und diese 2512 ist ja nichts anderes als 8 mal Pi zu 3,14 mal 100.

Schlußbemerkung

Sie sehen, das Werk des Nostradamus entpuppt sich als eine Fundgrube. Voraussetzung jedoch ist, daß Sie die Texte beliebig formatieren können. Es hätte den Rahmen dieses Buches gesprengt, wenn hier auch nur die Standardformatierungen abgedruckt worden wären. Daher habe ich mich entschlossen, Ihnen eine Text- und Programmdiskette aus meiner Werkstatt zur Verfügung zu stellen. Nutzen Sie diese Möglichkeit zu Ihrem Wohl.

Nostradamus-Computertexte

Ein ungewöhnliches Angebot:
Das erste Nostradamus-Computerprogramm

Erstmals gibt es eine Computerdiskette zur eigenen Deutung mit Original-Nostradamus-Texten und einem Ent-Codierungsprogramm für die Original-Texte.

Der Autor bietet in Zusammenarbeit mit WRAGE Hamburg und POSIVITA Zürich eine Computerdiskette mit Anleitungsheft an für Nostradamusforscher, Hobbydeuter und allgemein Interessierte, die folgende Texte und Möglichkeiten liefert:
- den vollständigen französischen Text aller zehn Centurien
- den vollständigen französischen bzw. lateinischen Text der Vorrede an César
- den vollständigen französischen bzw. lateinischen Text der Huldigung an Heinrich II.
- den Text der deutschen Standardübersetzung nach Manfred Dimde für die Jahre 1900 bis 2600
- das selbstlernende (und damit individuell erweiterbare!) Übersetzungslexikon zur systematischen Erforschung von Buchstabenketten unter Berücksichtigung des alt-französischen Sprachgebrauchs
- diverse Formatierungsprogramme, um Texte nach verschiedenen Darstellungsformen systematisch zu überprüfen (»strahlender Becher«, automatischer Buchstabentausch, »große Texttafel«, »Fünfer-Quadrate« – Infos zu diesen Spezialthemen siehe Literaturverzeichnis, Bücher von Manfred Dimde).

Eine besondere Gelegenheit als leichter Einstieg in die Zukunft und für Nostradamus-Forscher, die eigene Textdeutungen entwickeln möchten.'

Systemanforderungen: : Ab AT-386, 550 Kb freier Arbeitsspeicher, 2 MB Platz auf der Festplatte verfügbar, 3,5" Diskettenlaufwerk.

Anfragen und Bestellungen bitte für Deutschland und Österreich an WRAGE Versandservice, Schlüterstraße 4, 20146 Hamburg 13, Telefon (040) 45 5240, Telefax (040) 44 2469;
für die Schweiz an: POSIVITA, Rotbuchstraße 16, CH 8033 Zürich, Telefon (01) 362-3040, Fax 362-3039.

Preis DM 198,–/sfr 190,– plus Versandspesen (DM/sfr 6,–). Senden Sie bitte mit der Bestellung einen Euroscheck über den entsprechenden Betrag. Bei Anfragen legen Sie einen adressierten und frankierten Rückumschlag bei. Danke sehr!

Literaturhinweise

* = aus der Sicht des Autors besonders empfehlenswerte Titel

Deutschsprachige Nostradamus-Literatur

* *Nostradamus entschlüsselt.* Manfred Dimde, Bergen 1987 (560 Seiten, als Privatdruck in Kleinauflage von 300 Stück direkt beim Autor beziehbar solange Vorrat reicht für DM 48,– auf Postbank Dortmund, Konto 0057 114460, BLZ 440 10046, unter Stichwort »Dimde-Buch«)
* *Die Weissagungen des Nostradamus – Neu entschlüsselt.* M. Dimde, München, 7. Aufl. 1993, Goldmann Taschenbuch Nr. 12166
Nostradamus – Prophetische Weltgeschichte. N. Alexander Centurio, Goldmann Taschenbuch Nr. 11772
* *Nostradamus.* Karl Drude, Berlin 1968 (Privatdruck)
Was Nostradamus wirklich sagte. Max de Fontbrune, Wien, 2. Aufl 1981
Ich, Nostradamus, Magier und Prophet. Liz Greene, München 1983 (vermutlich vergriffen)
Nostradamus – Prophetische Weltgeschichte von 1547 bis gegen 3000. Bruno Noah, Berlin 1928
* *Nostradamus – die Prophezeiungen.* Carlo Patrian, Fribourg 1982 (vermutlich vergiffen)
Nostradamus und seine Prophezeiungen für das zwanzigste Jahrhundert. Bruno Winkler, Görlitz 1939
Das Mysterium des Nostradamus. Christian Wöllner, Leipzig 1926

Französischsprachige Literatur

* *Les Prophéties de M. Michel Nostradamus.* Nizza 1981
* *Nostradamus Trahi.* Elisabeth Bellecour, Paris 1981
Nostradamus – Historien et Prophete. Jean Charles de Fontbrune, Monaco 1982
* *Les Prophéties de Nostradamus.* Serge Hutin, Paris, 3. Aufl. 1981
Nostradamus – Le mage de Salon. Christian Kert, Salon, ohne Jahresangabe

Les Prophéties de Nostradamus. Jean-Quentin Laroche-Valmont, Paris 1981
* *Nostradamus – Ses origines, Sa Vie, Son oeuvre.* Edgar Leroy, Bergerac 1982
* *Nostradamus et Les de Nostredame.* Camille Rouvier, Marseille, ohne Jahresangabe

Englischsprachige Literatur

The Man Who Saw Tomorromw. Erika Cheetham, New York, 18. Aufl. 1987
The Further Prophecies Of Nostradamus. E. Cheetham, New York, 11. Aufl. 1985
Nostradamus – Prophecies Of Present Times?, David Pitt Francis, Wellingborough, 2. Aufl. 1986
* *Nostradamus and His Prophecies.* Edgar Leoni, New York 1982
Nostradamus – The Man Who Saw Through Time. Lee McCann, New York, 8. Aufl. 1986
Prophecies On World Events By Nostradamus. Stewart Robb, New York 1961
The Complete Prophecies Of Nostradamus. Henry C. Roberts, Oyster Bay, 46. Aufl. 1981

Literaturhinweise zu christlichen Sehern

* *Das dritte Weltgeschehen – Hellseher berichten.* Wolfgang Johannes Bekh, Knaur Taschenbuch 4139, München, 1985
Prophecy. Wladyslaw Biernacki Fraternity Publications Ainsworth, Bolton, BL2 5PY England, 1986
Prophezeiungen aus dem bayrisch-böhmischen Raum. Paul Friedl, Rosenheim, 1974
Hinweis zu den Offenbarungen des Johannes: Bibeltexte, die im Vergleich zu den Nostradamus-Prophezeiungen herangezogen wurden, entstammen der Stuttgarter Jubiläumsbibel: Dr. M. Luther, Privileg. Württemb. Bibelanstalt, Stuttgart, 1954. Es ist empfehlenswert, sich auch zu orientieren an E. Dietzfelbinger: Das Neue Testament, Interlinearübersetzung Griechisch-Deutsch, 4. Aufl., Hänssler, Stuttgart 1990